2025대비

COMPACT 변시
2024년 10모 민사법
(선택·사례·기록형) 해설

변호사/법학박사 이관형 공저
변호사　　　　　송재광 공저

머리말

10월 모의고사 해설서를 내놓게 되었습니다. 6, 8월 모의고사와 작업을 같이한 송재광 변호사가 수고를 해주었습니다. 이후 박혜원 변호사 검수를 해주어서 해설서의 완성도를 높일 수 있었습니다. 10월 모의고사 선택형의 경우 판결 요지뿐만 아니라 판결 이유에서도 선지로 구성된 문제들이 있어서 시험시간에 정오 판단이 쉽지 않았을 것입니다. 참고로, 민사법 선택형 39번 문제는 정답없음으로 처리되었습니다. 당해 연도 모의고사 문제는 실제 변호사시험에 동일한 유형으로 출제되지는 않지만 변형된 유형 즉, 선택형에 출제된 판례는 사례형이나 기록형으로 출제되고 역으로 변형 출제되는 경우가 많으니 시험 전에 반드시 학습하셨으면 합니다. 추운 겨울이 다가오지만 합격의 봄은 여러분께 반드시 찾아올 것입니다.

이관형 & 송재광 변호사 올림

목 차

제1편 선택형 ·· 1
제2편 사례형 ·· 97
제3편 기록형 ·· 143

COMPACT 변시 2024년 10모 민사법 해설

제1편
선택형

1. 계약의 성립에 관한 설명으로 옳지 <u>않은</u> 것은? (다툼이 있는 경우 판례에 의함)

   ① 청약자의 의사표시나 관습에 의하여 승낙의 통지가 필요하지 않은 경우에는 계약은 승낙의 의사표시로 인정되는 사실이 있는 때에 성립한다.
   ② 계약이 의사의 불합치로 불성립하는 경우 그로 인하여 손해를 입은 당사자는 상대방이 계약의 불성립을 알았거나 알 수 있었음을 이유로 민법 제535조를 유추적용하여 계약체결상의 과실책임을 물을 수 있다.
   ③ 甲과 乙 사이에 乙 소유 러시아산 킹크랩 1톤을 3달 뒤 그때의 시가로 매수하기로 약정한 경우, 甲과 乙 사이에 매매계약은 성립한 것이다.
   ④ 승낙의 기간을 정하지 아니한 계약의 청약은 청약자가 상당한 기간내에 승낙의 통지를 받지 못한 때에는 그 효력을 잃는다.
   ⑤ 승낙자가 청약에 대하여 조건을 붙이거나 변경을 가하여 승낙한 때에는 그 청약의 거절과 동시에 새로 청약한 것으로 본다.

   해설

   ① (○) 청약자의 의사표시나 관습에 의하여 승낙의 통지가 필요하지 아니한 경우에는 계약은 승낙의 의사표시로 인정되는 사실이 있는 때에 성립한다(민법 제532조).
   ② (✕) 계약이 의사의 불합치로 성립하지 아니한 경우 그로 인하여 손해를 입은 당사자가 상대방에게 부당이득반환청구 또는 불법행위로 인한 손해배상청구를 할 수 있는지는 별론으로 하고, 상대방이 계약이 성립되지 아니할 수 있다는 것을 알았거나 알 수 있었음을 이유로 민법 제535조를 유추적용하여 계약체결상의 과실로 인한 손해배상청구를 할 수는 없다(대법원 2017. 11. 14. 선고 2015다10929 판결).
   ③ (○)
   1) 계약이 성립하기 위하여는 당사자 사이에 의사의 합치가 있을 것이 요구되고 이러한 의사의 합치는 당해 계약의 내용을 이루는 모든 사항에 관하여 있어야 하는 것은 아니나 그 본질적 사항이나 중요 사항에 관하여는 구체적으로 의사의 합치가 있거나 적어도 장래 구체적으로 특정할 수 있는 기준과 방법 등에 관한 합의는 있어야 한다(대법원 2001. 3. 23. 선고 2000다51650 판결).
   2) 매매계약에 있어서 그 목적물과 대금은 반드시 계약체결 당시에 구체적으로 특정할 필요는 없고 이를 사후에라도 구체적으로 특정할 수 있는 방법과 기준이 정해져 있으면 족하다(대법원 1997. 1. 24. 선고 96다26176 판결).
   ④ (○) 승낙의 기간을 정하지 아니한 계약의 청약은 청약자가 상당한 기간 내에 승낙의 통지를 받지 못한 때에는 그 효력을 잃는다(민법 제529조).
   ⑤ (○) 승낙자가 청약에 대하여 조건을 붙이거나 변경을 가하여 승낙한 때에는 그 청약의 거절과 동시에 새로 청약한 것으로 본다(민법 제534조).

   정답 ②

2. 동시이행항변권에 관한 설명으로 옳지 않은 것은? (다툼이 있는 경우 판례에 의함)

① 주택임대차보호법상의 임차권등기명령에 의하여 임차권이 등기된 경우 임대인의 임대차보증금 반환의무와 임차인의 임차권등기말소의무는 동시이행관계에 있다.
② 채무를 담보하기 위하여 어음이 발행된 경우 채권자가 원인채권을 행사함에 있어서 채무자는 원칙적으로 어음과 상환으로 지급하겠다는 항변으로 채권자에게 대항할 수 있다.
③ 부동산매수인이 매매계약을 체결하면서 매매목적물에 관한 근저당권의 피담보채무를 인수하는 한편 그 채무액을 매매대금에서 공제하기로 하는 이행인수계약이 함께 이루어진 경우 매수인의 인수채무 불이행으로 인한 손해배상채무와 매도인의 소유권이전등기의무는 동시이행관계에 있다.
④ 매도인의 매매계약상 소유권이전등기의무가 이행불능임을 이유로 매수인이 매매계약을 해제함에 있어서는 동시이행관계에 있는 잔대금지급의무의 이행제공을 할 필요는 없다.
⑤ 공사도급계약상 수급인의 공사대금채권은 특별한 사정이 없는 한 도급인의 지체상금채권과는 동시이행관계에 있지 않다.

해설

① (✗) 주택임대차보호법 제3조의3 규정에 의한 임차권등기는 이미 임대차계약이 종료하였음에도 임대인이 그 보증금을 반환하지 않는 상태에서 경료되게 되므로, 위 임차권등기는 임차인으로 하여금 기왕의 대항력이나 우선변제권을 유지하도록 해 주는 담보적 기능만을 주목적으로 하는 점 등에 비추어 볼 때, 임대인의 임대차보증금의 반환의무가 임차인의 임차권등기 말소의무보다 먼저 이행되어야 할 의무이다(대법원 2005. 6. 9. 선고 2005다4529 판결).

② (○)
1) 기존의 원인채권과 어음, 수표채권이 병존하는 경우에 채권자가 원인채권을 행사함에 있어서는 어음, 수표의 반환이 필요하고, 이는 채무자의 채무이행과 동시이행의 관계에 있다고 할 것이고, 따라서 채무자는 어음, 수표와 상환으로 지급하겠다고 하는 항변으로 채권자에게 대항할 수 있고, 이와 같은 항변이 있을 때에는 법원은 어음, 수표와 상환으로 지급하라는 취지의 상환이행 판결을 하여야 할 것이다(대법원 1985. 11. 26. 선고 85다카848 판결).
2) 그러나 기존의 원인채권에 터잡은 이행청구권과 상대방의 어음, 수표의 반환청구권이 민법 제536조에 정하는 쌍무계약상의 채권채무관계나 그와 유사한 대가관계가 있어서 그러는 것은 아니므로, 원인채무의 이행과 어음, 수표의 반환이 동시이행의 관계에 있다 하더라도 이는 어음, 수표의 반환과 상환으로 하지 아니하면 지급을 할 필요가 없으므로 이를 거절할 수 있다는 것을 의미하는 것에 지나지 아니한다고 할 것이다. 따라서 채무자가 어음, 수표의 반환이 없음을 이유로 원인채무의 변제를 거절할 수 있는 권능을 가진다고 하여 채권자가 어음, 수표의 반환을 제공을 하지 아니하면 채무자에게 적법한 이행의 최고를 할 수 없다고 할 수는 없고, 채무자는 원인채무의 이행기를 도과하면 원칙적으로 이행지체의 책임을 지고, 채권자로부터 어음, 수표의 반환을 받지 아니하였다 하더라도 이 어음, 수표를 반환하지 않음을 이유로 위와 같은 항변권을 행사하여 그 지급을 거절하고 있는 것이 아닌 한 이행지체의 책임을 면할 수 없다고 보아야 할 것이다(대법원 1993. 11. 9. 선고 93다11203 판결).

③ (○) 부동산매매계약과 함께 이행인수계약이 이루어진 경우 매수인이 인수한 채무는 매매대금지급채무에 갈음한 것으로서 매도인이 매수인의 인수채무불이행으로 말미암아 또는 임의로 인수채무를 대신 변제

하였다면 그로 인한 손해배상채무 또는 구상채무는 인수채무의 변형으로서 매매대금지급채무에 갈음한 것의 변형이므로 매수인의 손해배상채무 또는 구상채무와 매도인의 소유권이전등기 의무는 대가적 의미가 있어 이행상 견련관계에 있다고 인정되고, 따라서 양자는 동시이행의 관계에 있다고 해석함이 공평의 관념 및 신의칙에 합당하다(대법원 1993. 2. 12. 선고 92다23193 판결).

④ (○)
[1] 채무의 이행이 불능이라는 것은 단순히 절대적·물리적으로 불능인 경우가 아니라 사회생활에 있어서의 경험법칙 또는 거래상의 관념에 비추어 볼 때 채권자가 채무자의 이행의 실현을 기대할 수 없는 경우를 말한다.
[2] 매도인의 매매계약상의 소유권이전등기의무가 이행불능이 되어 이를 이유로 매매계약을 해제함에 있어서는 상대방의 잔대금지급의무가 매도인의 소유권이전등기의무와 동시이행관계에 있다고 하더라도 그 이행의 제공을 필요로 하는 것이 아니다(대법원 2003. 1. 24. 선고 2000다22850 판결).

⑤ (○) 공사도급계약상 도급인의 지체상금채권과 수급인의 공사대금채권은 특별한 사정이 없는 한 동시이행의 관계에 있다고 할 수 없다(대법원 2015. 8. 27. 선고 2013다81224 판결).   정답 ①

3. 매도인의 담보책임에 관한 설명으로 옳지 않은 것은? (다툼이 있는 경우 판례에 의함)

① 매매의 목적이 된 권리의 일부가 타인에게 속함으로 인하여 매도인이 그 권리를 취득하여 매수인에게 이전할 수 없는 때에는 매수인은 그 부분의 비율로 대금의 감액을 청구할 수 있다.

② 민법 제571조 제1항은 선의의 매도인이 매매의 목적인 권리의 전부를 이전할 수 없는 경우에 적용될 뿐 매매의 목적인 권리의 일부를 이전할 수 없는 경우에는 적용될 수 없고, 수 개의 권리를 일괄하여 매매의 목적으로 정하였으나 그 중 일부의 권리를 이전할 수 없는 경우에도 마찬가지다.

③ 매매계약을 체결함에 있어서 토지의 면적을 기초로 평당 가액에 면적을 곱하여 대금을 산정하였는데 그 토지의 일부가 매매계약 당시에 이미 도로부지로 편입되어 있었고 매수인이 그와 같은 사실을 알지 못 한 채 매매계약을 체결한 것이라면, 매수인은 매도인에 대하여 그 토지 중 도로부지로 편입된 부분의 비율로 대금의 감액을 청구할 수 있다.

④ 매매의 목적이 된 권리가 타인에게 속하여 매도인이 그 권리를 취득하여 매수인에게 이전할 수 없게 된 경우, 그 권리가 타인에게 속함을 알지 못한 매수인이 매도인에게 배상을 청구할 수 있는 손해에는 그 계약의 이행으로 인하여 매수인이 얻을 수 있었던 이익의 상실분은 포함되지 않는다.

⑤ 저당권이 설정된 부동산을 매수한 자가 매도인과 이행인수의 특약을 하고 그 저당권으로 담보된 채무를 공제한 금액을 매매대금으로 정했다면, 그 후 특별한 사정이 없는 한 그 저당권이 실행되어 매수인이 취득한 소유권을 잃었다고 하더라도 매도인에게 담보책임을 물을 수 없다.

해설

① (○) 매매의 목적이 된 권리의 일부가 타인에게 속함으로 인하여 매도인이 그 권리를 취득하여 매수인에게 이전할 수 없는 때에는 매수인은 그 부분의 비율로 대금의 감액을 청구할 수 있다(민법 제527조 제1항).

전항의 경우에 잔존한 부분만이면 매수인이 이를 매수하지 아니하였을 때에는 선의의 매수인은 계약 전부를 해제할 수 있다(민법 제527조 제2항). 선의의 매수인은 감액청구 또는 계약해제 외에 손해배상을 청구할 수 있다(민법 제527조 제3항).

② (○) 민법 제571조 제1항은 선의의 매도인이 매매의 목적인 권리의 전부를 이전할 수 없는 경우에 적용될 뿐 매매의 목적인 권리의 일부를 이전할 수 없는 경우에는 적용될 수 없고, 마찬가지로 수 개의 권리를 일괄하여 매매의 목적으로 정하였으나 그 중 일부의 권리를 이전할 수 없는 경우에도 위 조항은 적용될 수 없다(대법원 2004. 12. 9. 선고 2002다33557 판결).

③ (○)

1) 제572조(권리의 일부가 타인에게 속한 경우와 매도인의 담보책임), 제573조(전조의 권리행사의 기간 : 수인이 선의인 경우에는 사실을 안 날로부터, 악의인 경우에는 계약한 날로부터 1년 내에 행사)의 규정은 수량을 지정한 매매의 목적물이 부족되는 경우와 매매목적물의 일부가 계약당시에 이미 멸실된 경우에 매수인이 그 부족 또는 멸실을 알지 못한 때에 준용한다(민법 제574조).

2) 매매계약을 체결함에 있어 토지의 면적을 기초로 하여 평수에 따라 대금을 산정하였는데 토지의 일부가 매매계약 당시에 이미 도로의 부지로 편입되어 있었고, 매수인이 그와 같은 사실을 알지 못하고 매매계약을 체결한 경우 매수인은 민법 제574조에 따라 매도인에 대하여 토지 중 도로의 부지로 편입된 부분의 비율로 대금의 감액을 청구할 수 있다(대법원 1992. 12. 22. 선고 92다30580 판결).

④ (×) 매매의 목적이 된 권리의 일부가 타인에게 속함으로 인하여 매도인이 그 권리를 취득하여 매수인에게 이전할 수 없게 된 때에는 선의의 매수인은 매도인에게 담보책임을 물어 이로 인한 손해배상을 청구할 수 있는바, 이 경우에 매도인이 매수인에 대하여 배상하여야 할 손해액은 원칙적으로 매도인이 매매의 목적이 된 권리의 일부를 취득하여 매수인에게 이전할 수 없게 된 때의 이행불능이 된 권리의 시가, 즉 이행이익 상당액이라고 할 것이어서, 불법등기에 대한 불법행위책임을 물어 손해배상청구를 할 경우의 손해의 범위와 같이 볼 수 없다(대법원 1993. 1. 19. 선고 92다37727 판결). 즉, 이 사건 토지를 매수하기 위하여 출연한 매매대금 상당액만이 손해액이라고 주장한 피고의 항변을 배척하고, 이행이익 상당액이 손해액이라는 원고의 주장을 인용한 판시이다.

⑤ (○) 매매의 목적이 된 부동산에 설정된 저당권의 행사로 인하여 매수인이 취득한 소유권을 잃은 때에는 매수인은 민법 제576조 제1항의 규정에 의하여 매매계약을 해제할 수 있지만, 매수인이 매매목적물에 관한 근저당권의 피담보채무를 인수하는 것으로 매매대금의 지급에 갈음하기로 약정한 경우에는 특별한 사정이 없는 한, 매수인으로서는 매도인에 대하여 민법 제576조 제1항의 담보책임을 면제하여 주었거나 이를 포기한 것으로 봄이 상당하므로, 매수인이 매매목적물에 관한 근저당권의 피담보채무 중 일부만을 인수한 경우 매도인으로서는 자신이 부담하는 피담보채무를 모두 이행한 이상 매수인이 인수한 부분을 이행하지 않음으로써 근저당권이 실행되어 매수인이 취득한 소유권을 잃게 되더라도 민법 제576조 소정의 담보책임을 부담하게 되는 것은 아니다(대법원 2002. 9. 4. 선고 2002다11151 판결). 정답 ④

4. **임대차에 관한 다음 설명 중 옳은 것(○)과 옳지 않은 것(×)을 바르게 표시한 것은? (다툼이 있는 경우 판례에 의함)**

> ㄱ. 임대인의 수선의무 면제특약에 면제되는 수선의무의 범위를 명시하지 않은 경우, 특별한 사정이 없는 한 대파손의 수리, 건물의 주요 구성부분의 대수선, 기본적 설비 교체 등 대규모 수선은 여전히 임대인이 수선의무를 부담한다.

ㄴ. 임차인이 임차주택을 직접 점유하여 거주하지 않고 그곳에 주민등록을 하지 아니하였더라도 임차인이 임대인의 승낙을 받아 적법하게 임차주택을 전대하고 그 전차인이 주택을 인도받아 자신의 주민등록을 마쳤다면 임차인은 적법한 대항요건을 갖추었다고 주장할 수 있다.

ㄷ. 주택임대차보호법 제3조 제1항의 대항요건을 갖춘 임차인의 임대차보증금반환채권에 대한 압류 및 전부명령이 확정되어 임차인의 임대차보증금반환채권이 집행채권자에게 이전된 후 소유자인 임대인이 당해 주택을 제3자에게 매도한 경우 그 임대인은 전부금 지급의무를 부담하지 않는다.

ㄹ. 임차인이 임대차보증금반환채권에 질권을 설정하고 임대인이 그 질권 설정을 승낙한 후에 주택임대차보호법상 대항력 있는 임차권이 설정된 임대주택이 양도된 경우에 양수인의 법률상 당연승계 규정을 기초로 하여 질권의 제3채무자 지위도 양수인이 승계한다.

① ㄱ(O), ㄴ(×), ㄷ(O), ㄹ(×)
② ㄱ(O), ㄴ(O), ㄷ(O), ㄹ(O)
③ ㄱ(O), ㄴ(O), ㄷ(×), ㄹ(×)
④ ㄱ(×), ㄴ(O), ㄷ(O), ㄹ(O)
⑤ ㄱ(×), ㄴ(×), ㄷ(×), ㄹ(O)

해설

㉠ (O)
[가] 임대차계약에 있어서 임대인은 목적물을 계약 존속 중 그 사용·수익에 필요한 상태를 유지하게 할 의무를 부담하는 것이므로, 목적물에 파손 또는 장해가 생긴 경우 그것이 임차인이 별 비용을 들이지 아니하고도 손쉽게 고칠 수 있을 정도의 사소한 것이어서 임차인의 사용·수익을 방해할 정도의 것이 아니라면 임대인은 수선의무를 부담하지 않지만, 그것을 수선하지 아니하면 임차인이 계약에 의하여 정해진 목적에 따라 사용·수익할 수 없는 상태로 될 정도의 것이라면 임대인은 그 수선의무를 부담한다.
[나] '[가]'항의 임대인의 수선의무는 특약에 의하여 이를 면제하거나 임차인의 부담으로 돌릴 수 있으나, 그러한 특약에서 수선의무의 범위를 명시하고 있는 등의 특별한 사정이 없는 한 그러한 특약에 의하여 임대인이 수선의무를 면하거나 임차인이 그 수선의무를 부담하게 되는 것은 통상 생길 수 있는 파손의 수선 등 소규모의 수선에 한한다 할 것이고, 대파손의 수리, 건물의 주요 구성부분에 대한 대수선, 기본적 설비부분의 교체 등과 같은 대규모의 수선은 이에 포함되지 아니하고 여전히 임대인이 그 수선의무를 부담한다고 해석함이 상당하다(대법원 1994. 12. 9. 선고 94다34692 판결).

㉡ (O) 주택임차인이 임차주택을 직접 점유하여 거주하지 않고, 간접 점유하여 자신의 주민등록을 이전하지 아니한 경우라 하더라도 임대인의 승낙을 받아 임차주택을 전대하고 그 전차인이 주택을 인도받아 자신의 주민등록을 마친 때에는 그 때부터 임차인은 제3자에 대하여 대항력을 취득한다(대법원 1994. 6. 24. 선고 94다3155 판결).

㉢ (O)
1) 임차주택의 양수인은 임대인의 지위를 승계한 것으로 본다(주택임대차보호법 제3조 제2항).
2) 주택임대차보호법 제3조 제1항의 대항요건을 갖춘 임차인의 임대차보증금반환채권에 대한 압류 및 전부명령이 확정되어 임차인의 임대차보증금반환채권이 집행채권자에게 이전된 경우 제3채무자인 임대인으로서는 임차인에 대하여 부담하고 있던 채무를 집행채권자에 대하여 부담하게 될 뿐 그가 임차목적물인 주택의 소유자로서 이를 제3자에게 매도할 권능은 그대로 보유하는 것이며, 위와 같이 소유자인 임대인이 당해 주택을 매도한 경우 주택임대차보호법 제3조 제2항에 따라 전부채권자에 대한 보증금지급

의무를 면하게 되므로, 결국 임대인은 전부금지급의무를 부담하지 않는다(대법원 2005. 9. 9. 선고 2005다23773 판결).

ㄹ (O)
1) 임차주택의 양수인은 임대인의 지위를 승계한 것으로 본다(주택임대차보호법 제3조 제2항).
2) 구 주택임대차보호법 제3조 제3항(현행 제3조 제2항)은 같은 조 제1항이 정한 대항요건을 갖춘 임대차의 목적이 된 임대주택의 양수인은 임대인의 지위를 승계한 것으로 본다고 규정하고 있다. 이는 법률상의 당연승계 규정으로 보아야 하므로, 임대주택이 양도된 경우에 양수인은 주택의 소유권과 결합하여 임대인의 임대차계약상 권리·의무 일체를 그대로 승계한다. 그 결과 양수인이 임대차보증금반환채무를 면책적으로 인수하고, 양도인은 임대차관계에서 탈퇴하여 임차인에 대한 임대차보증금반환채무를 면하게 된다. 이는 임차인이 임대차보증금반환채권에 질권을 설정하고 임대인이 그 질권 설정을 승낙한 후에 임대주택이 양도된 경우에도 마찬가지라고 보아야 한다. 따라서 이 경우에도 임대인은 구 주택임대차법 제3조 제3항(현행 제3조 제2항)에 의해 임대차관계에서 탈퇴하고 임차인에 대한 임대차보증금반환채무를 면하게 된다(대법원 2018. 6. 19. 선고 2018다201610 판결).

정답 ②

5. 도급계약에 관한 설명으로 옳지 <u>않은</u> 것은? (다툼이 있는 경우 판례에 의함)

① 공사도급계약에서 하자보수보증금이 손해배상의 예정에 해당하는 경우 실손해액의 증명이 있다고 하더라도 수급인으로부터 그 초과액 상당의 손해배상을 받을 수 없다.
② 수급인이 도급인으로부터 설계도면을 넘겨받아 설계도면의 기재대로 시공하였는데 완성된 부분에 하자가 발생한 경우 그 설계도면의 부적당함을 알고서도 이를 고지하지 않은 수급인은 도급인에 대하여 하자담보책임을 진다.
③ 공사도급계약의 도급인이 될 자가 수급인 선정을 위한 입찰절차를 거쳐 낙찰자를 결정한 경우 입찰을 실시한 자와 낙찰자 사이에는 도급계약의 본계약 체결의무를 내용으로 하는 예약관계가 성립된다.
④ 도급계약에 따라 완성된 목적물에 하자가 있는 경우 수급인의 하자담보책임과 채무불이행책임은 별개의 권원에 의하여 경합적으로 인정되며, 이는 도급인이 하자보수비용을 하자보수에 갈음하여 손해배상으로 구하는 경우에도 마찬가지이다.
⑤ 건물을 완성하지는 못하였지만 사회통념상 독립한 건물이라고 볼 수 있는 상태에서 건축주의 사정으로 공사가 중단된 후 다른 사람이 그 미완성의 건물을 인도받아 나머지 공사를 마치고 완성한 경우 특별한 사정이 없는 한 그 완성건물의 원시취득자는 자기의 비용과 노력을 들인 원래의 건축주이다.

해설

① (×)
1) 공사도급계약서 또는 그 계약내용에 편입된 약관에 수급인이 하자담보책임 기간 중 도급인으로부터 하자보수요구를 받고 이에 불응한 경우 하자보수보증금은 도급인에게 귀속한다는 조항이 있을 때 이 하자보수보증금은 특별한 사정이 없는 한 손해배상액의 예정으로 볼 것이고, 다만 하자보수보증금의 특성상 실손해가 하자보수보증금을 초과하는 경우에는 그 초과액의 손해배상을 구할 수 있다는 명시 규정이 없다고

하더라도 도급인은 수급인의 하자보수의무 불이행을 이유로 하자보수보증금의 몰취 외에 그 실손해액을 입증하여 수급인으로부터 그 초과액 상당의 손해배상을 받을 수도 있는 특수한 손해배상액의 예정으로 봄이 상당하다(대법원 2002. 7. 12. 선고 2000다17810 판결).

2) **참고** : 손해배상액의 예정과 관련하여, 실제 발생한 손해액이 예정액보다 크다는 것을 입증하더라도 증액을 요구하지 못하고, 적다는 것을 입증해도 감액을 요구하지 못하는 것이 원칙이다(대법원 2008. 11. 13. 선고 2008다46906 판결). 예외적으로, 판례는 하자보수보증금은 특수한 손해배상액의 예정으로서 실제 발생한 손해액이 예정액보다 크다면 초과손해의 배상이 항상 가능하다고 1)과 같이 판시하였다. 이와 같은 '특수성' 법리에 대해서 비판적인 평석이 다수 존재한다.

② (O)
1) 완성된 목적물 또는 완성전의 성취된 부분에 하자가 있는 때에는 도급인은 수급인에 대하여 상당한 기간을 정하여 그 하자의 보수를 청구할 수 있다. 그러나 하자가 중요하지 아니한 경우에 그 보수에 과다한 비용을 요할 때에는 그러하지 아니하다(민법 제667조 제1항). 도급인은 하자의 보수에 갈음하여 또는 보수와 함께 손해배상을 청구할 수 있다(민법 제667조 제2항). 도급인이 완성된 목적물의 하자로 인하여 계약의 목적을 달성할 수 없는 때에는 계약을 해제할 수 있다. 그러나 건물 기타 토지의 공작물에 대하여는 그러하지 아니하다(민법 제668조).
2) 전2조의 규정은 목적물의 하자가 도급인이 제공한 재료의 성질 또는 도급인의 지시에 기인한 때에는 적용하지 아니한다. 그러나 수급인이 그 재료 또는 지시의 부적당함을 알고 도급인에게 고지하지 아니한 때에는 그러하지 아니하다(민법 제669조).
3) 건축 도급계약의 수급인이 설계도면의 기재대로 시공한 경우, 이는 도급인의 지시에 따른 것과 같아서 수급인이 그 설계도면이 부적당함을 알고 도급인에게 고지하지 아니한 것이 아닌 이상, 그로 인하여 목적물에 하자가 생겼다 하더라도 수급인에게 하자담보책임을 지울 수는 없다(대법원 1996. 5. 14. 선고 95다24975 판결).

③ (O) 공사도급계약의 도급인이 될 자가 수급인을 선정하기 위해 입찰절차를 거쳐 낙찰자를 결정한 경우 입찰을 실시한 자와 낙찰자 사이에는 도급계약의 본계약체결의무를 내용으로 하는 예약의 계약관계가 성립하고, 어느 일방이 정당한 이유 없이 본계약의 체결을 거절하는 경우 상대방은 예약채무불이행을 이유로 한 손해배상을 청구할 수 있다. 이러한 손해배상의 범위는 원칙적으로 예약채무불이행으로 인한 통상의 손해를 한도로 하는데, 만일 입찰을 실시한 자가 정당한 이유 없이 낙찰자에 대하여 본계약의 체결을 거절하는 경우라면 낙찰자가 본계약의 체결 및 이행을 통하여 얻을 수 있었던 이익, 즉 이행이익 상실의 손해는 통상의 손해에 해당한다고 볼 것이므로 입찰을 실시한 자는 낙찰자에 대하여 이를 배상할 책임이 있다. 그리고 낙찰자가 본계약의 체결 및 이행을 통하여 얻을 수 있었던 이익은 일단 본계약에 따라 타방 당사자에게서 지급받을 수 있었던 급부인 낙찰금액이라고 할 것이나, 본계약의 체결과 이행에 이르지 않음으로써 낙찰자가 지출을 면하게 된 직·간접적 비용은 그가 배상받을 손해액에서 당연히 공제되어야 하고, 나아가 손해의 공평·타당한 분담을 지도원리로 하는 손해배상제도의 취지상, 법원은 본계약 체결의 거절로 인하여 낙찰자가 이행과정에서 기울여야 할 노력이나 이에 수반하여 불가피하게 인수하여야 할 사업상 위험을 면하게 된 점 등 여러 사정을 두루 고려하여 객관적으로 수긍할 수 있는 손해액을 산정하여야 한다(대법원 2011. 11. 10. 선고 2011다41659 판결).

④ (O)
[1] 액젓 저장탱크의 제작·설치공사 도급계약에 의하여 완성된 저장탱크에 균열이 발생한 경우, 보수비용은 민법 제667조 제2항에 의한 수급인의 하자담보책임 중 하자보수에 갈음하는 손해배상이고, 액젓 변질로 인한 손해배상은 위 하자담보책임을 넘어서 수급인이 도급계약의 내용에 따른 의무를 제대로 이행하지 못함으로 인하여 도급인의 신체·재산에 발생한 손해에 대한 배상(민법 제390조)으로서 양자는 별개의 권원에 의하여 경합적으로 인정된다.

[2] 수급인의 하자담보책임은 법이 특별히 인정한 무과실책임으로서 여기에 민법 제396조의 과실상계 규정이 준용될 수는 없다 하더라도 담보책임이 민법의 지도이념인 공평의 원칙에 입각한 것인 이상 하자 발생 및 그 확대에 가공한 도급인의 잘못을 참작할 수 있다(대법원 2004. 8. 20. 선고 2001다70337 판결).

⑤ (O)
[1] 건축주의 사정으로 건축공사가 중단되었던 미완성의 건물을 인도받아 나머지 공사를 마치고 완공한 경우, 건물이 공사가 중단된 시점에서 사회통념상 독립한 건물이라고 볼 수 있는 형태와 구조를 갖추고 있었다면 원래의 건축주가 그 건물의 소유권을 원시취득한다.
[2] 원래의 건축주가 4층까지 전체 골조 및 지붕공사를 완료하여 전체의 45% 내지 50% 정도의 공정에 이르렀을 무렵 부도가 나서 더 이상 공사를 계속할 수 없게 되자, 건축허가상의 건축주 명의를 원고로 변경하여 약 20%의 공정을 더 시공하였으나 원고도 부도를 내어 공사를 중지하였고, 그 후 건물의 일부를 취득하기로 한 수분양자 등이 건물에 관한 잔여 공사를 직접 행한 후 소유권보존등기도 마치지 않은 상태에서 일부씩을 점유하고 있는 경우, 건축허가상의 건축주 명의를 변경한 시점에서 위 건물은 4층 전체의 골조와 지붕의 공사가 완료된 상태이어서 사회통념상 독립한 건물이라고 볼 수 있는 형태와 구조를 갖추었으므로 원래의 건축주가 건물을 원시취득하였다(대법원 1997. 5. 9. 선고 96다54867 판결). **정답** ①

6. 조합계약에 관한 설명으로 옳지 <u>않은</u> 것은? (다툼이 있는 경우 판례에 의함)

① 조합채무는 조합원들이 조합재산에 의하여 합유적으로 부담하는 채무이고 2인으로 이루어진 조합관계에 있어 그 중 1인이 탈퇴하면 탈퇴자와의 사이에 조합관계는 종료된다 할 것이나, 특별한 사정이 없는 한 조합은 해산되지 아니하고 조합원들의 합유에 속한 조합재산은 남은 조합원에게 귀속하게 되므로 이 경우 조합채권자는 잔존 조합원에게 그 조합채무 전부에 대한 이행을 청구할 수 있다.
② 조합원 중 1인이 조합에서 탈퇴하고 조합재산에 대한 그 지분을 포기하기로 하는 의사를 표시하였다 하더라도 등기를 하지 아니하는 한 지분권자는 제3자에 대하여는 여전히 조합재산인 부동산의 합유지분권자의 지위를 가진다.
③ 별도의 정함이 없는 한 조합원의 2/3 찬성으로 업무집행조합원을 선임할 수 있지만, 해임 시에는 조합원 전원의 동의가 있어야 한다.
④ 조합원이 사망한 경우 조합을 당연히 탈퇴한 것으로 되고 특별한 약정이 없는 한 조합원의 지위가 그 자의 상속인에게 승계되지 않는다.
⑤ 조합을 탈퇴할 수 있는 권리는 일신전속권에 해당하므로 조합원의 지분을 압류한 채권자라 하더라도 특별한 사유가 없는 한 채무자의 조합탈퇴의 의사표시를 대위행사할 수는 없다.

해설

① (O) 조합채무는 조합원들이 조합재산에 의하여 합유적으로 부담하는 채무이고, 두 사람으로 이루어진 조합관계에 있어 그 중 1인이 탈퇴하면 탈퇴자와의 사이에 조합관계는 종료된다 할 것이나 특별한 사정이 없는 한 조합은 해산되지 아니하고, 조합원들의 합유에 속한 조합재산은 남은 조합원에게 귀속하게 되므로, 이 경우 조합채권자는 잔존 조합원에게 여전히 그 조합채무 전부에 대한 이행을 청구할 수 있다(대법원 1999. 5. 11. 선고 99다1284 판결).

② (O) 합유지분 포기가 적법하다면 그 포기된 합유지분은 나머지 잔존 합유지분권자들에게 균분으로 귀속하게 되지만 그와 같은 물권변동은 합유지분권의 포기라고 하는 법률행위에 의한 것이므로 등기하여야 효력이 있고(민법 제186조) 지분을 포기한 합유지분권자로부터 잔존 합유지분권자들에게 합유지분권 이전등기가 이루어지지 아니하는 한 지분을 포기한 지분권자는 제3자에 대하여 여전히 합유지분권자로서의 지위를 가지고 있다고 보아야 할 것이다(대법원 1997. 9. 9. 선고 96다16896 판결). 즉, 아직 합유지분권 포기에 의한 등기를 마치지 않은 조합원을 포함한 원고들은 모두가 이 사건 부동산들에 관한 합유지분권자들로서 그에 관한 보존행위로서 각자 위헌 무효인 법률을 근거로 마쳐진 피고들 명의 소유권이전등기의 말소를 구할 수 있다고 본 판시이다.

③ (O)
1) 조합계약으로 업무집행자를 정하지 아니한 경우에는 조합원의 3분의 2이상의 찬성으로써 이를 선임한다(민법 제706조 제1항). 조합의 업무집행은 조합원의 과반수로써 결정한다. 업무집행자수인인 때에는 그 과반수로써 결정한다(민법 제706조 제2항). 조합의 통상사무는 전항의 규정에 불구하고 각 조합원 또는 각 업무집행자가 전행할 수 있다. 그러나 그 사무의 완료전에 다른 조합원 또는 다른 업무집행자의 이의가 있는 때에는 즉시 중지하여야 한다(민법 제706조 제3항).
2) 업무집행자인 조합원은 정당한 사유없이 사임하지 못하며 다른 조합원의 일치가 아니면 해임하지 못한다(민법 제708조).

④ (O)
1) 조합에 있어서 조합원의 1인이 사망한 때에는 민법 제717조에 의하여 그 조합관계로부터 당연히 탈퇴하고 특히 조합계약에서 사망한 조합원의 지위를 그 상속인이 승계하기로 약정한 바 없다면 사망한 조합원의 지위는 상속인에게 승계되지 아니한다(대법원 1987. 6. 23. 선고 86다카2951 판결).
2) 조합의 소유형태는 합유인데, 이는 공동소유자 사이의 공동사업경영을 목적으로 재산을 공동 소유하는 형태이다(민법 제271조). 조합은 강한 인적 결합형태이므로, ① 조합원들의 인적상호신뢰를 기초로 하고 ② 각 구성원들의 책임이 무겁기 때문에, 별도의 특약이 없는 한 사망한 조합원의 지위는 상속인에게 상속으로서 당연승계된다고 볼 수 없다. 조합원의 지위는 귀속상 일신전속적인 권리의무관계로서, 민법 제1005조 단서에 해당하는 것이기 때문이다.
3) 재산상속인은 상속개시된 때로부터 피상속인의 재산에 관한 포괄적 권리의무를 승계한다. 그러나 피상속인의 일신에 전속한 것은 그러하지 아니하다(민법 제1005조).

⑤ (×)
1) 민법상 조합원은 조합의 존속기간이 정해져 있는 경우 등을 제외하고는 원칙적으로 언제든지 조합에서 탈퇴할 수 있고(민법 제716조 참조), 조합원이 탈퇴하면 그 당시의 조합재산상태에 따라 다른 조합원과 사이에 지분의 계산을 하여 지분환급청구권을 가지게 되는바(민법 제719조 참조), 조합원이 조합을 탈퇴할 권리는 그 성질상 조합계약의 해지권으로서 그의 일반재산을 구성하는 재산권의 일종이라 할 것이고 채권자대위가 허용되지 않는 일신전속적 권리라고는 할 수 없다. 따라서 채무자의 재산인 조합원 지분을 압류한 채권자는, 당해 채무자가 속한 조합에 존속기간이 정하여져 있다거나 기타 채무자 본인의 조합탈퇴가 허용되지 아니하는 것과 같은 특별한 사유가 있지 않은 한, 채권자대위권에 의하여 채무자의 조합 탈퇴의 의사표시를 대위행사할 수 있다 할 것이고, 일반적으로 조합원이 조합을 탈퇴하면 조합목적의 수행에 지장을 초래할 것이라는 사정만으로는 이를 불허할 사유가 되지 아니한다(대법원 2007. 11. 30. 자 2005마1130 결정).
2) 채권자는 자기의 채권을 보전하기 위하여 채무자의 권리를 행사할 수 있다. 그러나 일신에 전속한 권리는 그러하지 아니하다(민법 제404조 제1항).

3) 민법 제1005조 단서는 귀속상의 일신전속권은 상속되지 않는다는 의미임에 반하여, 민법 제404조 제1항 단서는 행사상의 일신전속권은 대위할 수 없다는 의미이다. 조합원의 지위는 귀속상의 일신전속권 이지만 행사상의 일신전속권이므로, ① 상속의 대상은 되지 않으나 ② 채권자대위권의 피대위권리는 된 다고 구분해서 알아두어야 한다.

정답 ⑤

7. 부당이득에 관한 설명으로 옳지 않은 것은? (다툼이 있는 경우 판례에 의함)

① 유효한 도급계약에 기하여 수급인 丙이 도급인 乙로부터 甲 소유의 물건을 인도받아 수리한 결과 그 물건의 가치가 증가한 경우 丙은 甲을 상대로 직접 증가액 상당의 민법 제203조에 의한 비용상환이나 제741조에 의한 부당이득반환을 청구할 수 없다.
② 수익자가 법률상 원인 없이 이득한 재산을 처분함으로 인하여 원물반환이 불가능한 경우 반환 하여야 할 가액은 특별한 사정이 없는 한 가액반환 당시의 시가를 기준으로 할 것이 아니라 처분 당시의 대가를 기준으로 하여야 한다.
③ 급부부당이득의 경우 법률상 원인이 없다는 점에 대한 증명책임은 부당이득반환을 주장하는 사람에게 있고, 침해부당이득의 경우에는 부당이득반환청구의 상대방이 스스로 그 이익을 보유할 정당한 권원이 있다는 점을 증명하여야 한다.
④ 토지매수인이 소유권이전등기를 마치기 전에 매매계약의 이행으로 목적토지를 인도받아 점유·사용하는 경우 매도인이 매수인에 대하여 임료 상당의 부당이득반환을 청구할 수 있다.
⑤ 권원 없이 타인의 건물을 점유사용하고 있는 선의점유자는 그 점유사용으로 인한 이득을 그 타인에게 반환할 의무가 없다.

해설

① (O)
[1] 계약상의 급부가 계약의 상대방뿐만 아니라 제3자의 이익으로 된 경우에 급부를 한 계약당사자가 계약 상대방에 대하여 계약상의 반대급부를 청구할 수 있는 이외에 그 제3자에 대하여 직접 부당이득반환청구를 할 수 있다고 보면, 자기 책임하에 체결된 계약에 따른 위험부담을 제3자에게 전가시키는 것이 되어 계약법의 기본원리에 반하는 결과를 초래할 뿐만 아니라, 채권자인 계약당사자가 채무자인 계약 상대방의 일반채권자에 비하여 우대받는 결과가 되어 일반채권자의 이익을 해치게 되고, 수익자인 제3자가 계약 상대방에 대하여 가지는 항변권 등을 침해하게 되어 부당하므로, 위와 같은 경우 계약상의 급부를 한 계약당사자는 이익의 귀속 주체인 제3자에 대하여 직접 부당이득반환을 청구할 수는 없다.
[2] 유효한 도급계약에 기하여 수급인이 도급인으로부터 제3자 소유 물건의 점유를 이전받아 이를 수리한 결과 그 물건의 가치가 증가한 경우, 도급인이 그 물건을 간접점유하면서 궁극적으로 자신의 계산으로 비용지출과정을 관리한 것이므로, 도급인만이 소유자에 대한 관계에 있어서 민법 제203조에 의한 비용상환청구권을 행사할 수 있는 비용지출자라고 할 것이고, 수급인은 그러한 비용지출자에 해당하지 않는다(대법원 2002. 8. 23. 선고 99다66564 판결).
② (O) 일반적으로 수익자가 법률상 원인 없이 이득한 재산을 처분함으로 인하여 원물반환이 불가능한 경우에 있어서 반환하여야 할 가액은 특별한 사정이 없는 한 그 처분 당시의 대가이나, 이 경우에 수익자가 그 법률상 원인 없는 이득을 얻기 위하여 지출한 비용은 수익자가 반환하여야 할 이득의 범위에서 공제되어야 하고, 수익자가 자신의 노력 등으로 부당이득한 재산을 이용하여 남긴 이른바 운용이익도 그것이

사회통념상 수익자의 행위가 개입되지 아니하였더라도 부당이득된 재산으로부터 손실자가 당연히 취득하였으리라고 생각되는 범위 내의 것이 아닌 한 수익자가 반환하여야 할 이득의 범위에서 공제되어야 한다(대법원 1995. 5. 12. 선고 94다25551 판결).

③ (O) 민법 제741조는 "법률상 원인 없이 타인의 재산 또는 노무로 인하여 이익을 얻고 이로 인하여 타인에게 손해를 가한 자는 그 이익을 반환하여야 한다."라고 정하고 있다. 당사자 일방이 자신의 의사에 따라 일정한 급부를 한 다음 급부가 법률상 원인 없음을 이유로 반환을 청구하는 이른바 급부부당이득의 경우에는 법률상 원인이 없다는 점에 대한 증명책임은 부당이득반환을 주장하는 사람에게 있다. 이 경우 부당이득의 반환을 구하는 자는 급부행위의 원인이 된 사실의 존재와 함께 그 사유가 무효, 취소, 해제 등으로 소멸되어 법률상 원인이 없게 되었음을 주장·증명하여야 하고, 급부행위의 원인이 될 만한 사유가 처음부터 없었음을 이유로 하는 이른바 착오 송금과 같은 경우에는 착오로 송금하였다는 점 등을 주장·증명하여야 한다. 이는 타인의 재산권 등을 침해하여 이익을 얻었음을 이유로 부당이득반환을 구하는 이른바 침해부당이득의 경우에는 부당이득반환 청구의 상대방이 이익을 보유할 정당한 권원이 있다는 점을 증명할 책임이 있는 것과 구별된다(대법원 2018. 1. 24. 선고 2017다37324 판결).

④ (×) 토지의 매수인이 아직 소유권이전등기를 마치지 않았더라도 매매계약의 이행으로 토지를 인도받은 때에는 매매계약의 효력으로서 이를 점유·사용할 권리가 있으므로, 매도인이 매수인에 대하여 그 점유·사용을 법률상 원인이 없는 이익이라고 하여 부당이득반환청구를 할 수는 없다. 이러한 법리는 대물변제 약정 등에 의하여 매매와 같이 부동산의 소유권을 이전받게 되는 사람이 이미 부동산을 점유·사용하고 있는 경우에도 마찬가지로 적용된다(대법원 2016. 7. 7. 선고 2014다2662 판결).

⑤ (O) 민법 제201조 제1항에 의하면 선의의 점유자는 점유물의 과실을 취득한다고 규정하고 있는바, 건물을 사용함으로써 얻는 이득은 그 건물의 과실에 준하는 것이므로, 선의의 점유자는 비록 법률상 원인 없이 타인의 건물을 점유·사용하고 이로 말미암아 그에게 손해를 입혔다고 하더라도 그 점유·사용으로 인한 이득을 반환할 의무는 없다(대법원 1996. 1. 26. 선고 95다44290 판결).

정답 ④

8. 불법행위에 관한 설명으로 옳지 않은 것은? (다툼이 있는 경우 판례에 의함)

① 유효한 고용관계는 없지만 사실상 어떤 사람이 다른 사람을 위하여 그 지휘·감독 아래 그 의사에 따라 사업을 집행하는 관계에 있을 때에도 사용자책임이 성립하기 위한 사용자와 피용자의 관계가 인정될 수 있다.

② 불법행위 당시 기간을 정한 계약에 따라 근무하고 있는 피해자의 일실수익 중 그 계약기간 이후의 것에 대하여는 특별한 사정이 없는 한 일용노동임금을 기초로 산정하여야 한다.

③ 사용자가 피용자의 고의에 의한 불법행위로 인하여 사용자책임을 부담하는 경우 피해자에게 그 손해의 발생과 확대에 기여한 과실이 있다면 사용자책임의 범위를 정함에 있어 이러한 피해자의 과실을 고려하여 그 책임을 제한할 수 있다.

④ 피해자의 공동불법행위자 각인에 대한 과실비율이 서로 다르더라도 피해자의 과실을 공동불법행위자 각인에 대한 과실로 개별적으로 평가할 것이 아니고 그들 전원에 대한 과실로 전체적으로 평가하여야 한다.

⑤ 피용자가 제3자와 공동불법행위를 저질러 사용자가 피용자와 제3자의 책임비율에 의하여 정해진 피용자의 부담부분을 초과하여 피해자에게 손해를 배상한 경우 사용자는 제3자에 대하여도 구상권을 행사할 수 있으나 그 구상의 범위는 제3자의 부담부분에 국한된다.

해 설

① (○) 민법 제756조의 사용자와 피용자의 관계는 반드시 유효한 고용관계가 있는 경우에 한하는 것이 아니고, 사실상 어떤 사람이 다른 사람을 위하여 그 지휘·감독 아래 그 의사에 따라 사업을 집행하는 관계에 있을 때에도 그 두 사람 사이에 사용자, 피용자의 관계가 있다(대법원 1996. 10. 11. 선고 96다30182 판결). 이삿짐센터와 고용관계에 있지는 않았으나, 오랫동안 그 이삿짐센터의 이삿짐 운반에 종사해 온 작업원들을 사용자의 손해배상책임에 있어서 피용자라고 본 사례.

② (✕) 피해자가 사고 당시 근무하고 있던 직장이 기간을 정한 타인과의 계약에 기한 것이어서 그 계약기간이 만료된 후에는 그 직장에 계속 근무할 수 없는 사정이 있다 하더라도 <u>피해자가 그 이후에는 일용노동에 종사하여 벌 수 있는 수익밖에 올릴 수 없다고 단정할 수는 없고, 특별한 사정이 없는 한 그 가동연한까지 종전 직장에서와 같은 정도의 수익이 있는 유사한 직종에 계속 종사할 수 있는 것으로 봄이 타당하다</u>(대법원 1995. 4. 25. 선고 93다61703 판결).

③ (○)
1) 고의 또는 과실로 인한 위법행위로 타인에게 직접 손해를 가한 피용자 자신의 손해배상의무와 그 사용자의 손해배상의무는 별개의 채무일 뿐만 아니라 불법행위로 인한 손해의 발생에 관한 피해자의 과실을 참작하여 과실상계를 한 결과 피용자와 사용자가 피해자에게 배상하여야 할 손해액의 범위가 각기 달라질 수 있다(대법원 1994. 2. 22. 선고 93다53696 판결).
2) 이러한 상황에서 다액채무자인 피용자가 일부변제 하는 경우 변제로 인하여 먼저 소멸하는 부분은 당사자의 의사와 채무 전액의 지급을 확실히 확보하려는 부진정연대채무 제도의 취지에 비추어 볼 때 다액채무자가 단독으로 채무를 부담하는 부분으로 보아야 한다(대법원 2018. 3. 22. 선고 2012다74236 전원합의체 판결). 즉, 외측설의 법리이다.

④ (○)
[1] 공동불법행위의 성립에는 공동불법행위자 상호간에 의사의 공통이나 공동의 인식이 필요하지 아니하고 객관적으로 각 행위에 관련공동성이 있으면 족하므로, 관련공동성 있는 행위에 의하여 손해가 발생하였다면 그 손해배상책임을 면할 수 없다.
[2] 공동불법행위책임은 가해자 각 개인의 행위에 대하여 개별적으로 그로 인한 손해를 구하는 것이 아니라 가해자들이 공동으로 가한 불법행위에 대하여 그 책임을 추궁하는 것으로, 법원이 피해자의 과실을 들어 과실상계를 함에 있어서는 피해자의 공동불법행위자 각인에 대한 과실비율이 서로 다르더라도 피해자의 과실을 공동불법행위자 각인에 대한 과실로 개별적으로 평가할 것이 아니고 그들 전원에 대한 과실로 전체적으로 평가하여야 한다(대법원 1998. 6. 12. 선고 96다55631 판결).

⑤ (○) 피용자와 제3자가 공동불법행위로 피해자에게 손해를 가하여 그 손해배상채무를 부담하는 경우에 피용자와 제3자는 공동불법행위자로서 서로 부진정연대관계에 있고, 한편 사용자의 손해배상책임은 피용자의 배상책임에 대한 대체적 책임이어서 사용자도 제3자와 부진정연대관계에 있다고 보아야 할 것이므로, 사용자가 피용자와 제3자의 책임비율에 의하여 정해진 피용자의 부담부분을 초과하여 피해자에게 손해를 배상한 경우에는 사용자는 제3자에 대하여도 구상권을 행사할 수 있으며, 그 구상의 범위는 제3자의 부담부분에 국한된다고 보는 것이 타당하다(대법원 1992. 6. 23. 선고 91다33070 전원합의체 판결).

정답 ②

9. 가등기에 관한 다음 설명 중 옳지 <u>않은</u> 것은? (다툼이 있는 경우 판례에 의함)

① 채무자가 유일한 재산인 부동산에 관하여 가등기의 효력이 소멸한 상태에서 새로 매매계약을 체결하고 말소되어야 할 가등기를 기초로 하여 본등기를 한 행위는 가등기의 원인인 법률행위와 별개로 일반채권자의 공동담보를 감소시키는 행위로서 특별한 사정이 없는 한 채권자취소권의 대상인 사해행위이고, 이때에는 본등기의 원인인 법률행위를 기준으로 사해행위 여부나 제척기간의 준수 여부를 판단해야 한다.

② 소유권이전등기 청구권 보전을 위한 가등기에서 가등기권자가 가등기에 기한 본등기절차에 의하지 아니하고 가등기설정자로부터 별도의 소유권이전등기를 경료받았다고 하여 가등기권리자의 가등기에 의한 본등기청구권은 혼동의 법리에 의하여 소멸하지 않는다.

③ 가등기가 이루어진 부동산에 관하여 제3취득자 앞으로 소유권이전등기가 마쳐진 후 그 가등기가 말소된 경우 말소된 가등기의 회복등기절차에서 회복등기의무자는 제3취득자이다.

④ 사해행위인 매매예약에 기하여 수익자 앞으로 가등기를 마친 후 전득자 앞으로 가등기 이전의 부기등기를 마치고 나아가 가등기에 기한 본등기까지 마쳤다면, 채권자는 수익자를 상대로 사해행위인 매매예약의 취소를 청구할 수 없다.

⑤ 가등기에 의하여 순위 보전의 대상이 되어 있는 소유권이전등기청구권이 양도된 경우, 그 가등기상의 권리의 이전등기를 가등기에 대한 부기등기의 형식으로 경료할 수 있다.

해설

① (○)
[1] 가등기에 기하여 본등기가 마쳐진 경우 가등기의 원인인 법률행위와 본등기의 원인인 법률행위가 다르지 않다면 사해행위 요건의 구비 여부는 가등기의 원인인 법률행위를 기준으로 하여 판단해야 한다. 그러나 가등기와 본등기의 원인인 법률행위가 다르다면 사해행위 요건의 구비 여부는 본등기의 원인인 법률행위를 기준으로 판단해야 하고 제척기간의 기산일도 본등기의 원인인 법률행위가 사해행위임을 안 때라고 보아야 한다.
[2] 채무자가 유일한 재산인 부동산에 관하여 가등기의 효력이 소멸한 상태에서 새로 매매계약을 체결하고 말소되어야 할 가등기를 기초로 하여 본등기를 한 행위는 가등기의 원인인 법률행위와 별개로 일반채권자의 공동담보를 감소시키는 것으로 특별한 사정이 없는 한 채권자취소권의 대상인 사해행위이고, 이때 본등기의 원인인 새로운 매매계약을 기준으로 사해행위 여부나 제척기간의 준수 여부를 판단해야 한다(대법원 2021. 9. 30. 선고 2019다266409 판결).

② (○) 채권은 채권과 채무가 동일한 주체에 귀속한 때에 한하여 혼동으로 소멸하는 것이 원칙이고, 어느 특정의 물건에 관한 채권을 가지는 자가 그 물건의 소유자가 되었다는 사정만으로는 채권과 채무가 동일한 주체에 귀속한 경우에 해당한다고 할 수 없어 그 물건에 관한 채권이 혼동으로 소멸하는 것은 아닌바, 매매계약에 따른 소유권이전등기청구권 보전을 위하여 가등기가 경료된 경우 그 가등기권자가 가등기설정자에게 가지는 가등기에 기한 본등기청구권은 채권으로서 가등기권자가 가등기설정자를 상속하거나 그의 가등기에 기한 본등기절차 이행의 의무를 인수하지 아니하는 이상, <u>가등기권자가 가등기에 기한 본등기절차에 의하지 아니하고 가등기설정자로부터 별도의 소유권이전등기를 경료받았다고 하여 혼동의 법리에 의하여 가등기권자의 가등기에 기한 본등기청구권이 소멸하지는 않는다</u> 할 것이다. 한편 그와 같이 가등기권자가 별도의 소유권이전등기를 경료받았다 하더라도, 가등기 경료 이후에 가등기된 목적물에

관하여 제3자 앞으로 처분제한의 등기가 되어 있거나 중간처분의 등기가 되어 있지 않고 가등기와 소유권이전등기의 등기원인도 실질상 동일하다면, 가등기의 원인이 된 가등기의무자의 소유권이전등기의무는 그 내용에 좇은 의무이행이 완료되었다 할 것이어서 가등기에 의하여 보전될 소유권이전등기청구권은 소멸되었다고 보아야 하므로, 가등기권자는 가등기의무자에 대하여 더 이상 그 가등기에 기한 본등기절차의 이행을 구할 수 없다(대법원 2007. 2. 22. 선고 2004다59546 판결).

③ (O) 말소된 등기의 회복등기절차의 이행을 구하는 소에서는 회복등기의무자에게만 피고적격이 있는바, 가등기가 이루어진 부동산에 관하여 제3취득자 앞으로 소유권이전등기가 마쳐진 후 그 가등기가 말소된 경우 그와 같이 말소된 가등기의 회복등기절차에서 회복등기의무자는 가등기가 말소될 당시의 소유자인 제3취득자이므로, 그 가등기의 회복등기청구는 회복등기의무자인 제3취득자를 상대로 하여야 한다(대법원 2009. 10. 15. 선고 2006다43903 판결).

④ (×) 사해행위인 매매예약에 기하여 수익자 앞으로 가등기를 마친 후 전득자 앞으로 가등기 이전의 부기등기를 마치고 나아가 가등기에 기한 본등기까지 마쳤다 하더라도, 위 부기등기는 사해행위인 매매예약에 기초한 수익자의 권리의 이전을 나타내는 것으로서 부기등기에 의하여 수익자로서의 지위가 소멸하지는 아니하며, 채권자는 수익자를 상대로 사해행위인 매매예약의 취소를 청구할 수 있다. 그리고 설령 부기등기의 결과 가등기 및 본등기에 대한 말소청구소송에서 수익자의 피고적격이 부정되는 등의 사유로 인하여 수익자의 원물반환의무인 가등기말소의무의 이행이 불가능하게 된다 하더라도 달리 볼 수 없으며, 특별한 사정이 없는 한 수익자는 가등기 및 본등기에 의하여 발생된 채권자들의 공동담보 부족에 관하여 원상회복의무로서 가액을 배상할 의무를 진다(대법원 2015. 5. 21. 선고 2012다952 전원합의체판결).

⑤ (O) 가등기는 원래 순위를 확보하는 데에 그 목적이 있으나, 순위 보전의 대상이 되는 물권변동의 청구권은 그 성질상 양도될 수 있는 재산권일 뿐만 아니라 가등기로 인하여 그 권리가 공시되어 결과적으로 공시방법까지 마련된 셈이므로, 이를 양도한 경우에는 양도인과 양수인의 공동신청으로 그 가등기상의 권리의 이전등기를 가등기에 대한 부기등기의 형식으로 경료할 수 있다(대법원 1998. 11. 19. 선고 98다24105 전원합의체 판결).

정답 ④

10. 점유에 관한 설명 중 옳지 않은 것을 모두 고른 것은? (다툼이 있는 경우 판례에 의함)

> ㄱ. 점유매개관계를 이루는 임대차계약 등이 종료된 이후에도 직접점유자가 목적물을 점유한 채 이를 반환하지 않고 있는 경우에는, 간접점유자의 반환청구권이 소멸한 것이 아니므로 간접점유의 점유매개관계가 단절된다고 할 수 없다.
> ㄴ. 직접점유자가 점유의 침탈을 당한 경우, 간접점유자는 그 물건을 직접점유자에게 반환할 것을 청구할 수 있고, 직접점유자가 그 물건의 반환을 받을 수 없는 때에는 자기에게 반환할 것을 청구할 수 있다.
> ㄷ. 어떤 물건에 대하여 직접점유자와 간접점유자가 있는 경우, 그에 대한 점유, 사용으로 인한 부당이득반환의무는 서로 중첩되는 부분에 관해서는 부진정연대채무 관계에 있다.
> ㄹ. 상속에 의하여 점유권을 취득한 경우에 상속인은 새로운 권원에 의하지 않고도 피상속인의 점유를 떠나 자기만의 점유를 주장할 수 있다.
> ㅁ. 선의의 점유자라도 소유권자가 제기한 소유권에 기한 인도청구의 소에서 패소하면 "그 소가 제기된 때"부터 악의의 점유자로 의제되는데, 여기서 "그 소가 제기된 때"는 소장이 법원에 접수된 때를 말한다.

① ㄱ, ㄴ, ㅁ   ② ㄱ, ㄹ, ㅁ   ③ ㄴ, ㄹ, ㅁ
④ ㄷ, ㄹ   ⑤ ㄹ, ㅁ

해설

㉠ (○) 유치권의 성립요건인 유치권자의 점유는 직접점유이든 간접점유이든 관계없다. 간접점유를 인정하기 위해서는 간접점유자와 직접점유를 하는 자 사이에 일정한 법률관계, 즉 점유매개관계가 필요한데, 간접점유에서 점유매개관계를 이루는 임대차계약 등이 해지 등의 사유로 종료되더라도 직접점유자가 목적물을 반환하기 전까지는 간접점유자의 직접점유자에 대한 반환청구권이 소멸하지 않는다. 따라서 점유매개관계를 이루는 임대차계약 등이 종료된 이후에도 직접점유자가 목적물을 점유한 채 이를 반환하지 않고 있는 경우에는, 간접점유자의 반환청구권이 소멸한 것이 아니므로 간접점유의 점유매개관계가 단절된다고 할 수 없다(대법원 2019. 8. 14. 선고 2019다205329 판결).

㉡ (○) 점유자가 점유의 침탈을 당한 경우에 간접점유자는 그 물건을 점유자에게 반환할 것을 청구할 수 있고 점유자가 그 물건의 반환을 받을 수 없거나 이를 원하지 아니하는 때에는 자기에게 반환할 것을 청구할 수 있다(민법 제207조 제2항).

㉢ (○) 어떤 물건에 대하여 직접점유자와 간접점유자가 있는 경우, 그에 대한 점유·사용으로 인한 부당이득의 반환의무는 동일한 경제적 목적을 가진 채무로서 서로 중첩되는 부분에 관하여는 일방의 채무가 변제 등으로 소멸하면 타방의 채무도 소멸하는 이른바 부진정연대채무의 관계에 있다(대법원 2012. 9. 27. 선고 2011다76747 판결).

㉣ (×) 상속에 의하여 점유권을 취득한 경우에는 상속인이 새로운 권원에 의하여 자기 고유의 점유를 시작하지 않는 한 피상속인의 점유를 떠나 자기만의 점유를 주장할 수 없고, 또 선대의 점유가 타주점유인 경우 선대로부터 상속에 의하여 점유를 승계한 자의 점유도 그 성질 내지 태양을 달리하는 것이 아니어서 특별한 사정이 없는 한 그 점유가 자주점유로 될 수 없고, 그 점유가 자주점유가 되기 위하여는 점유자가 소유자에 대하여 소유의 의사가 있는 것을 표시하거나 새로운 권원에 의하여 다시 소유의 의사로써 점유를 시작하여야 한다(대법원 1997. 12. 12. 선고 97다40100 판결).

㉤ (×)
1) '소를 제기한 때'의 의미에 관하여, 법 문언 그대로 '소 제기 당일'로 본 판례가 있었으나(대법원 2008. 6. 26. 선고 2008다19966 판결), 그 이후의 모든 판례가 일관되게 '소를 제기한 때'란 '소송이 계속된 때', 즉 '소장 부본이 피고에게 송달된 때'로 명시적으로 판시하면서 위 판례는 사실상 폐기되었다.
2) 선의의 점유자는 점유물의 과실을 취득하고(민법 제201조 제1항), 악의의 점유자는 수취한 과실을 반환하여야 한다(민법 제201조 제2항). 점유자는 선의로 점유한 것으로 추정되고(민법 제197조 제1항), 권원 없는 점유였음이 밝혀졌다고 하여 바로 그 동안의 점유에 대한 선의의 추정이 깨어졌다고 볼 것은 아니지만, 선의의 점유자라도 본권에 관한 소에서 패소한 때에는 그 소가 제기된 때부터 악의의 점유자로 보며(민법 제197조 제2항), '소가 제기된 때'란 소송이 계속된 때, 즉 소장 부본이 피고에게 송달된 때를 말한다. 한편 토지를 사용함으로써 얻는 이득은 그 토지로 인한 과실과 마찬가지이므로, 선의의 점유자는 비록 법률상 원인 없이 타인의 토지를 점유·사용하고 이로 말미암아 그에게 손해를 입혔다고 하더라도 그 점유·사용으로 인한 이득을 반환할 의무는 없다(대법원 2016. 12. 29. 선고 2016다242273 판결).

정답 ⑤

11. 甲, 乙, 丙이 각 3/7, 2/7, 2/7의 지분으로 X토지를 공유하고 있는 경우의 법률관계에 대한 설명으로 옳은 것은? (다툼이 있는 경우 판례에 의함)

① 乙과 丙이 협의하여 X토지를 丁에게 임대한 경우, 甲은 임차인 丁에 대하여 차임 상당액 중 자신의 지분에 상응하는 비율의 금액을 부당이득으로서 반환청구할 수 있다.
② 乙이 현물분할의 방법으로 공유물의 분할을 재판상 청구한 경우에는 법원은 대금분할의 방법으로 공유물 분할을 명할 수 없다.
③ 乙이 甲, 丙의 동의 없이 X토지를 매도하고 매수인 戊 명의로 소유권이전등기를 마친 경우, 甲은 그 소유권이전등기 전부의 말소등기절차의 이행을 구할 수 있다.
④ 甲이 X토지의 관리를 위하여 A와 계약을 체결한 경우 A는 乙·丙에 대해서도 각 지분의 비율에 따라 관리비용의 상환을 청구할 수 있다.
⑤ 甲으로부터 X토지의 사용·수익을 허락받은 점유자에 대하여 乙·丙은 공동하여 관리행위를 이유로 X토지의 반환을 청구할 수 있다.

해설

① (×) 과반수 지분의 공유자는 공유자와 사이에 미리 공유물의 관리방법에 관하여 협의가 없었다 하더라도 공유물의 관리에 관한 사항을 단독으로 결정할 수 있으므로 과반수 지분의 공유자는 그 공유물의 관리방법으로서 그 공유토지의 특정된 한 부분을 배타적으로 사용·수익할 수 있으나, 그로 말미암아 지분은 있으되 그 특정 부분의 사용·수익을 전혀 하지 못하여 손해를 입고 있는 소수지분권자에 대하여 그 지분에 상응하는 임료 상당의 부당이득을 하고 있다 할 것이므로 이를 반환할 의무가 있다 할 것이나, 그 과반수 지분의 공유자로부터 다시 그 특정 부분의 사용·수익을 허락받은 제3자의 점유는 다수지분권자의 공유물관리권에 터잡은 적법한 점유이므로 그 제3자는 소수지분권자에 대하여도 그 점유로 인하여 법률상 원인 없이 이득을 얻고 있다고는 볼 수 없다(대법원 2002. 5. 14. 선고 2002다9738 판결).

② (×)
1) 공유물분할청구의 소는 형성의 소로서 법원은 공유물분할을 청구하는 원고가 구하는 방법에 구애받지 않고 재량에 따라 합리적 방법으로 분할을 명할 수 있다(대법원 2015. 7. 23. 선고 2014다88888 판결).
2) 재판에 의한 공유물분할은 현물분할의 방법에 의함이 원칙이나 현물분할이 불가능하거나 그것이 형식상 가능하다고 하더라도 그로 인하여 현저히 가격이 감손될 염려가 있을 때에는 공유물의 경매를 명하여 대금을 분할하는 이른바 대금분할의 방법에 의하여야 할 것인바, 여기서 "현물분할로 인하여 현저히 가격이 감손된다"고 함은 공유물 전체의 교환가치가 현물분할로 인하여 현저하게 감손될 경우뿐만 아니라 공유자들에게 공정한 분할이 이루어지지 아니하여 그중의 한 사람이라도 현물분할에 의하여 단독으로 소유하게 될 부분의 가액이 공유물분할 전의 소유지분가액보다 현저하게 감손될 경우도 이에 포함된다고 할 것이므로, 비록 형식적으로는 현물분할이 가능하다고 하더라도 공유물의 위치, 면적과 주변도로상황, 사용가치, 가격, 공유자의 소유지분비율 및 사용수익의 현황 등을 종합하여 볼 때 각 공유자의 소유지분비율에 따른 공평한 분할이 이루어질 수 없는 경우에는 현물분할방법에 의할 것이 아니라 대금분할의 방법으로 공유물을 분할하여야 한다(대법원 1993. 1. 19. 선고 92다30603 판결).

③ (×) 공유자 중 1인이 다른 공유자의 동의 없이 그 공유 토지의 특정부분을 매도하여 타인 명의로 소유권이전등기가 마쳐졌다면, 그 매도 부분 토지에 관한 소유권이전등기는 처분공유자의 공유지분 범위 내에서는 실체관계에 부합하는 유효한 등기라고 보아야 한다(대법원 1994. 12. 2. 선고 93다1596 판결).

④ (×) 공유자가 공유물의 관리에 관하여 제3자와 계약을 체결한 경우에 그 계약에 기하여 제3자가 지출한 관리비용의 상환의무를 누가 어떠한 내용으로 부담하는가는 일차적으로 당해 계약의 해석으로 정하여진다. 공유자들이 공유물의 관리비용을 각 지분의 비율로 부담한다는 내용의 민법 제266조 제1항은 공유자들 사이의 내부적인 부담관계에 관한 규정일 뿐이다(대법원 2009. 11. 12. 선고 2009다54034 판결). 즉, 관리계약상 A에 대하여 관리비용지급의무를 지는 자는 甲에 한한다. 甲은 자신의 지출비용을 공유지분 비율에 따라 乙·丙에게 구상할 수 있을 뿐이므로, A가 직접 乙·丙에 대하여 비용상환을 청구할 수는 없다.

⑤ (○)
1) 공유자 사이에 공유물을 사용수익할 구체적인 방법을 정하는 것은 공유물의 관리에 관한 사항으로서 공유자의 과반수로써 결정할 것임은 민법 제265조가 규정한 바로서, (과반수 지분에 미달하는) 공유물의 지분권자는 타 (과반수) 지분권자와의 협의가 없는 한 그 공유물의 일부라 하더라도 이를 자의적, 배타적으로 독점사용할 수 없고, 나머지 (과반수) 지분권자는 공유물 보존행위로서 그 배타적 사용의 배제를 구할 수 있다(대법원 1992. 6. 13. 자 92마290 결정).
2) 사안은 과반수에 미달하는 지분권자(소수 지분권자)의 무단·배타적 사용을 과반수 지분권자(乙·丙이 공동하여)가 배제할 수 있는지에 대한 것으로서 판례는 이를 긍정한다. 어느 한 소수지분권자의 무단·배타적 사용에 대하여 다른 소수지분권자가 공유물인도·반환청구할 수 없다고 본 대법원 2020. 5. 21. 선고 2018다287522 전원합의체 판결과는 사실관계를 달리하므로 혼동하지 않도록 주의해야 한다. **정답** ⑤

12. 부동산 점유취득시효에 관한 설명 중 옳지 <u>않은</u> 것은? (다툼이 있는 경우 판례에 의함)

① 양도담보권설정자가 부동산을 양도담보로 채권자에게 제공한 뒤 이를 20년간 소유의 의사로 평온·공연하게 점유하였다고 하더라도, 양도담보권자에게 점유취득시효의 완성을 이유로 담보목적으로 경료된 소유권이전등기의 말소를 구할 수 없다.
② 미등기 토지에 대해 점유취득시효 완성 후 취득시효 완성 당시 소유자의 상속인 명의로 소유권보존등기가 마쳐진 경우 점유자는 그 등기명의인에게 취득시효 완성을 주장할 수 있다.
③ 원소유자가 취득시효가 완성된 토지에 근저당권을 설정한 경우 시효취득자가 그 피담보채무를 변제하였더라도 원소유자에게 구상권을 행사하거나 부당이득 반환청구권을 행사할 수 없다.
④ 취득시효 기간 완성 전에 부동산에 압류 또는 가압류가 이루어졌다고 하더라도 이로 인해 취득시효의 진행이 중단되지 않는다.
⑤ 지상건물과 함께 그 대지를 매수하여 현실 인도를 받고, 인접 토지와의 경계선을 정확하게 확인하지 않아 인접 토지의 일부를 자신이 취득한 대지에 속한다고 믿은 경우, 특별한 사정이 없는 한 그 인접 토지의 일부에 대한 자주점유는 인정되지 않는다.

해설

① (○) 부동산점유취득시효는 원시취득에 해당하므로 특별한 사정이 없는 한 원소유자의 소유권에 가하여진 각종 제한에 의하여 영향을 받지 아니하는 완전한 내용의 소유권을 취득하는 것이지만, 진정한 권리자가 아니었던 채무자 또는 물상보증인이 채무담보의 목적으로 채권자에게 부동산에 관하여 저당권설정등기를 경료해 준 후 그 부동산을 시효취득하는 경우에는, 채무자 또는 물상보증인은 피담보채권의 변제의무

내지 책임이 있는 사람으로서 이미 저당권의 존재를 용인하고 점유하여 온 것이므로, 저당목적물의 시효취득으로 저당권자의 권리는 소멸하지 않는다. 이러한 법리는 부동산 양도담보의 경우에도 마찬가지이므로, 양도담보권설정자가 양도담보부동산을 20년간 소유의 의사로 평온, 공연하게 점유하였다고 하더라도, 양도담보권자를 상대로 피담보채권의 시효소멸을 주장하면서 담보 목적으로 경료된 소유권이전등기의 말소를 구하는 것은 별론으로 하고, 점유취득시효를 원인으로 하여 담보 목적으로 경료된 소유권이전등기의 말소를 구할 수 없고, 이와 같은 효과가 있는 양도담보권설정자 명의로의 소유권이전등기를 구할 수도 없다(대법원 2015. 2. 26. 선고 2014다21649 판결).

② (○) 토지에 대한 점유로 인한 취득시효 완성 당시 미등기로 남아 있던 토지에 관하여 소유권을 가지고 있던 자가 취득시효 완성 후에 그 명의로 소유권보존등기를 마쳤다 하더라도 소유자에 변경이 있다고 볼 수 없으며, 그러한 등기 명의자로부터 상속을 원인으로 소유권이전등기를 마친 자가 있다 하여도 취득시효 완성을 주장할 수 있는 시점에서 역산하여 취득시효 기간이 경과되면 그에게 취득시효 완성을 주장할 수 있다(대법원 1998. 4. 14. 선고 97다44089 판결).

③ (○) 원소유자가 취득시효의 완성 이후 그 등기가 있기 전에 그 토지를 제3자에게 처분하거나 제한물권의 설정, 토지의 현상 변경 등 소유자로서의 권리를 행사하였다 하여 시효취득자에 대한 관계에서 불법행위가 성립하는 것이 아님은 물론 위 처분행위를 통하여 그 토지의 소유권이나 제한물권 등을 취득한 제3자에 대하여 취득시효의 완성 및 그 권리취득의 소급효를 들어 대항할 수도 없다 할 것이니, 이 경우 시효취득자로서는 원소유자의 적법한 권리행사로 인한 현상의 변경이나 제한물권의 설정 등이 이루어진 그 토지의 사실상 혹은 법률상 현상 그대로의 상태에서 등기에 의하여 그 소유권을 취득하게 된다. 따라서 시효취득자가 원소유자에 의하여 그 토지에 설정된 근저당권의 피담보채무를 변제하는 것은 시효취득자가 용인하여야 할 그 토지상의 부담을 제거하여 완전한 소유권을 확보하기 위한 것으로서 그 자신의 이익을 위한 행위라 할 것이니, 위 변제액 상당에 대하여 원소유자에게 대위변제를 이유로 구상권을 행사하거나 부당이득을 이유로 그 반환청구권을 행사할 수는 없다(대법원 2006. 5. 12. 선고 2005다75910 판결).

④ (○) 민법 제247조 제2항은 '소멸시효의 중단에 관한 규정은 점유로 인한 부동산소유권의 시효취득기간에 준용한다.'고 규정하고, 민법 제168조 제2호는 소멸시효 중단사유로 '압류 또는 가압류, 가처분'을 규정하고 있다. 점유로 인한 부동산소유권의 시효취득에 있어 취득시효의 중단사유는 종래의 점유상태의 계속을 파괴하는 것으로 인정될 수 있는 사유이어야 하는데, 민법 제168조 제2호에서 정하는 '압류 또는 가압류'는 금전채권의 강제집행을 위한 수단이거나 그 보전수단에 불과하여 취득시효기간의 완성 전에 부동산에 압류 또는 가압류 조치가 이루어졌다고 하더라도 이로써 종래의 점유상태의 계속이 파괴되었다고는 할 수 없으므로 이는 취득시효의 중단사유가 될 수 없다(대법원 2019. 4. 3. 선고 2018다296878 판결).

⑤ (×)
[1] 지상 건물과 함께 그 대지를 매수 취득하여 점유를 개시함에 있어서 매수인이 인접 토지와의 경계선을 정확하게 확인하여 보지 아니하여 착오로 인접 토지의 일부를 그가 매수 취득한 대지에 속하는 것으로 믿고 위 인접 토지의 일부를 현실적으로 인도받아 점유하여 왔다면 특별한 사정이 없는 한 인접 토지에 대한 점유 역시 소유의 의사가 있는 자주점유라고 보아야 한다.
[2] 매매 대상 건물 부지의 면적이 등기부상의 면적을 상당히 초과하는 경우에는 특별한 사정이 없는 한 계약 당사자들이 이러한 사실을 알고 있었다고 보는 것이 상당하며, 이러한 경우에는 매도인이 그 초과 부분에 대한 소유권을 취득하여 이전하여 주기로 약정하는 등의 특별한 사정이 없는 한, 그 초과 부분은 단순한 점용권의 매매로 보아야 하고 따라서 그 점유는 권원의 성질상 타주점유에 해당한다(대법원 1999. 6. 25. 선고 99다5866 판결).

정답 ⑤

13. 명의신탁에 관한 설명으로 옳지 않은 것을 모두 고른 것은? (「부동산 실권리자명의 등기에 관한 법률」이 적용되는 것을 전제로 하며 다툼이 있는 경우 판례에 의함)

> ㄱ. 양자간 등기명의신탁에서 명의수탁자가 신탁부동산을 처분하여 제3취득자가 유효하게 소유권을 취득하고 이로써 명의신탁자가 신탁부동산에 대한 소유권을 상실한 후 명의수탁자가 우연히 신탁부동산의 소유권을 다시 취득하였다면, 명의신탁자는 신탁부동산에 대하여 물권적 청구권을 행사하여 소유권을 다시 찾아올 수 있다.
> ㄴ. 3자간 등기명의신탁에서 명의수탁자가 제3자에게 소유권이전등기를 해준 경우, 명의수탁자가 무자력 상태라면 명의수탁자의 일반채권자들에 대한 관계에서 사해행위가 된다.
> ㄷ. 3자간 등기명의신탁에서 명의신탁자와 매도인 사이의 매매계약이 유효하므로 명의신탁자는 매도인에게 매매계약에 근거한 소유권이전등기를 청구할 수 있고, 이를 보존하기 위하여 매도인을 대위하여 명의수탁자에게 소유권이전등기의 말소를 청구할 수 있다.
> ㄹ. 3자간 등기명의신탁에서 명의수탁자 명의의 부동산이 강제수용되는 경우, 명의수탁자는 지급받은 강제수용보상금을 부당이득으로 명의신탁자에게 반환할 의무가 없다.

① ㄱ, ㄴ
② ㄴ, ㄷ
③ ㄷ, ㄹ
④ ㄱ, ㄴ, ㄹ
⑤ ㄱ, ㄷ, ㄹ

해설

㉠ (×) 양자간 등기명의신탁에서 명의수탁자가 신탁부동산을 처분하여 제3취득자가 유효하게 소유권을 취득하고 이로써 명의신탁자가 신탁부동산에 대한 소유권을 상실하였다면, 명의신탁자의 소유권에 기한 물권적 청구권, 즉 말소등기청구권이나 진정명의회복을 원인으로 한 이전등기청구권도 더 이상 그 존재 자체가 인정되지 않는다. 그 후 명의수탁자가 우연히 신탁부동산의 소유권을 다시 취득하였다고 하더라도 명의신탁자가 신탁부동산의 소유권을 상실한 사실에는 변함이 없으므로, 여전히 물권적 청구권은 그 존재 자체가 인정되지 않는다(대법원 2013. 2. 28. 선고 2010다89814 판결).

㉡ (×) 채무자가 이른바 중간생략등기형 명의신탁 또는 3자간 명의신탁 약정에 따라 명의수탁자로서 부동산에 관하여 그 명의로 소유권이전등기를 마쳤다면 부동산 실권리자명의 등기에 관한 법률(이하 '법'이라 한다) 제4조 제2항 본문이 적용되어 채무자 명의의 위 소유권이전등기는 무효이므로 위 부동산은 채무자의 소유가 아니기 때문에 이를 채무자의 일반 채권자들의 공동담보에 공하여지는 책임재산이라고 볼 수 없고, 채무자가 위 부동산에 관하여 제3자와 매매계약을 체결하고 그에게 소유권이전등기를 마쳐주었다 하더라도 그로써 채무자의 책임재산에 감소를 초래한 것이라고 할 수 없으므로 이를 들어 채무자의 일반 채권자들을 해하는 사해행위에 해당한다고 할 수 없다(대법원 2008. 9. 25. 선고 2008다41635 판결).

㉢ (O), ㉣ (×) 부동산 실권리자명의 등기에 관한 법률(이하 '법'이라고 한다)에 의하면 명의신탁약정은 무효이고, 명의신탁약정에 따른 등기로 이루어진 부동산에 관한 물권변동도 무효이다(법 제4조 제1항, 제2항). 따라서 3자간 등기명의신탁에서 명의신탁 부동산에 관한 명의수탁자의 소유권이전등기는 무효이고 소유권은 매도인에게 있다. 3자간 등기명의신탁의 경우 매도인과 명의신탁자 사이의 매매계약은 유효하므로 명의신탁자는 매도인에게 매매계약에 기초한 소유권이전등기를 청구할 수 있고, 소유권이전등기청구권을 보전하기 위하여 매도인을 대위하여 무효인 명의수탁자 명의의 소유권이전등기의 말소를 청구할 수 있다. 3자간 등기명의신탁에서 명의수탁자가 명의신탁 부동산을 임의로 처분하거나 강제수용이나 공공용지 협의

취득 등을 원인으로 제3취득자 명의로 이전등기가 마쳐진 경우, 특별한 사정이 없는 한 제3취득자는 유효하게 소유권을 취득하게 되므로(법 제4조 제3항), 그로 인하여 매도인의 명의신탁자에 대한 소유권이전등기의무는 이행불능이 되고 그 결과 명의신탁자는 명의신탁 부동산의 소유권을 이전받을 권리를 상실하는 손해를 입게 되는 반면, 명의수탁자는 명의신탁 부동산의 처분대금이나 보상금을 취득하는 이익을 얻게 되므로, 명의수탁자는 명의신탁자에게 그 이익을 부당이득으로 반환할 의무가 있다. 이러한 법리는 3자간 등기명의신탁에서 명의신탁 부동산에 관하여 경매를 원인으로 제3취득자 명의로 이전등기가 마쳐진 경우에도 마찬가지로 적용된다(대법원 2019. 7. 25. 선고 2019다203811 판결).　　　　　정답 ④

14. 관습상 법정지상권에 대한 다음 설명 중 옳은 것(○)과 옳지 않은 것(×)을 올바르게 조합한 것은? (다툼이 있는 경우 판례에 의함)

> ㄱ. 甲은 본인 소유의 X 토지 위에 Y 건물을 신축하여 소유하고 있다. 甲의 채권자 乙이 Y 건물에 강제경매를 실행하여 丙이 매수하여 소유권이전등기를 마쳤다. 丙은 관습상 법정지상권을 취득한다.
>
> ㄴ. 관습상 법정지상권자 甲은 토지 소유자 乙에게 2년 이상의 지료를 지급하지 않고 있다가 후에 연체된 지료의 일부를 지급하였다. 乙이 이를 특별한 이의 없이 수령하여 연체 기간이 2년 미만이 된 경우 乙은 지료 연체를 이유로 법정지상권의 소멸을 청구할 수 없다.
>
> ㄷ. 甲과 乙이 X토지와 지상 건물 Y를 각각 공동 소유하고 있다가 甲이 Y건물의 지분만을 丙에게 양도한 경우 丙은 관습상 법정지상권을 취득한다.
>
> ㄹ. X토지상에 미등기 건물 Y를 소유하고 있던 甲이 X토지와 Y건물을 乙에게 매도하고 X토지에 대해서만 소유권이전등기를 마쳐준 경우 甲은 Y건물에 대해서 관습상 법정지상권을 취득한다.

① ㄱ(○), ㄴ(×), ㄷ(○), ㄹ(×)
② ㄱ(○), ㄴ(×), ㄷ(×), ㄹ(×)
③ ㄱ(○), ㄴ(○), ㄷ(×), ㄹ(×)
④ ㄱ(×), ㄴ(×), ㄷ(○), ㄹ(○)
⑤ ㄱ(×), ㄴ(○), ㄷ(○), ㄹ(○)

해 설

ㄱ (○)
1) 관습법상 법정지상권이 성립하기 위해서는 ⓐ 처분 당시 토지와 건물이 동일인의 소유 ⓑ 매매 기타 적법한 원인으로 소유자가 분리 ⓒ 당사자 사이에 건물철거특약이나 토지의 점유사용에 대한 다른 약정이 없을 것이 요구된다.
2) 강제경매의 목적이 된 토지 또는 그 지상 건물의 소유권이 강제경매로 인하여 그 절차상의 매수인에게 이전된 경우에 건물의 소유를 위한 관습상 법정지상권이 성립하는가 하는 문제에 있어서는 그 매수인이 소유권을 취득하는 매각대금의 완납시가 아니라 그 압류의 효력이 발생하는 때를 기준으로 하여 토지와 그 지상 건물이 동일인에 속하였는지가 판단되어야 한다. 한편 강제경매개시결정 이전에 가압류가 있는 경우에는, 그 가압류가 강제경매개시결정으로 인하여 본압류로 이행되어 가압류집행이 본집행에 포섭됨으로써 당초부터 본집행이 있었던 것과 같은 효력이 있다. 따라서 경매의 목적이 된 부동산에 대하여

가압류가 있고 그것이 본압류로 이행되어 경매절차가 진행된 경우에는, 애초 가압류가 효력을 발생하는 때를 기준으로 토지와 그 지상 건물이 동일인에 속하였는지를 판단하여야 한다(대법원 2012. 10. 18. 선고 2010다52140 전원합의체 판결).

3) 甲은 본인 소유의 X토지 지상에 Y건물을 신축한 때 Y건물의 소유권을 원시취득한다. '甲의 채권자 乙이 Y 건물에 강제경매를 실행'하였다는 설문은 Y건물이 신축된 다음 Y건물에 대한 (가)압류가 있고 이어 강제경매가 실행되었다는 의미를 내포하므로, (가)압류의 효력발생 당시 X토지와 Y건물은 동일인 甲의 소유였음이 인정된다. 따라서 Y건물을 위하여 X토지에 관한 관습상의 법정지상권이 성립한다.

ⓒ (O) 지상권자가 2년 이상의 지료를 지급하지 아니한 때에는 지상권설정자는 지상권의 소멸을 청구할 수 있으나(민법 제287조), 지상권설정자가 지상권의 소멸을 청구하지 않고 있는 동안 지상권자로부터 연체된 지료의 일부를 지급받고 이를 이의 없이 수령하여 연체된 지료가 2년 미만으로 된 경우에는 지상권설정자는 종전에 지상권자가 2년분의 지료를 연체하였다는 사유를 들어 지상권자에게 지상권의 소멸을 청구할 수 없으며, 이러한 법리는 토지소유자와 법정지상권자 사이에서도 마찬가지이다(대법원 2014. 8. 28. 선고 2012다102384 판결).

ⓒ (×) 토지 및 그 지상 건물 모두가 각 공유에 속한 경우 토지 및 건물공유자 중 1인이 그중 건물 지분만을 타에 증여하여 토지와 건물의 소유자가 달라진 경우에도 해당 토지 전부에 관하여 건물의 소유를 위한 관습법상 법정지상권이 성립된 것으로 보게 된다면, 이는 토지공유자의 1인으로 하여금 다른 공유자의 의사에 기하지 아니한 채 자신의 지분을 제외한 다른 공유자의 지분에 대하여서까지 지상권설정의 처분행위를 허용하는 셈이 되어 부당하다(대법원 2022. 8. 31. 선고 2018다218601 판결).

ⓔ (×)

[1] 민법 제366조의 법정지상권은 저당권 설정 당시에 동일인의 소유에 속하는 토지와 건물이 저당권의 실행에 의한 경매로 인하여 각기 다른 사람의 소유에 속하게 된 경우에 건물의 소유를 위하여 인정되는 것이므로, 미등기건물을 그 대지와 함께 매수한 사람이 그 대지에 관하여만 소유권이전등기를 넘겨받고 건물에 대하여는 그 등기를 이전 받지 못하고 있다가, 대지에 대하여 저당권을 설정하고 그 저당권의 실행으로 대지가 경매되어 다른 사람의 소유로 된 경우에는, 그 저당권의 설정 당시에 이미 대지와 건물이 각각 다른 사람의 소유에 속하고 있었으므로 법정지상권이 성립될 여지가 없다.

[2] 관습상의 법정지상권은 동일인의 소유이던 토지와 그 지상건물이 매매 기타 원인으로 인하여 각각 소유자를 달리하게 되었으나 그 건물을 철거한다는 등의 특약이 없으면 건물 소유자로 하여금 토지를 계속 사용하게 하려는 것이 당사자의 의사라고 보아 인정되는 것이므로 토지의 점유·사용에 관하여 당사자 사이에 약정이 있는 것으로 볼 수 있거나 토지 소유자가 건물의 처분권까지 함께 취득한 경우에는 관습상의 법정지상권을 인정할 까닭이 없다 할 것이어서, 미등기건물을 그 대지와 함께 매도하였다면 비록 매수인에게 그 대지에 관하여만 소유권이전등기가 경료되고 건물에 관하여는 등기가 경료되지 아니하여 형식적으로 대지와 건물이 그 소유 명의자를 달리하게 되었다 하더라도 매도인에게 관습상의 법정지상권을 인정할 이유가 없다(대법원 2002. 6. 20. 선고 2002다9660 전원합의체 판결). **정답 ③**

15. 전세권에 관한 설명 중 옳지 <u>않은</u> 것은? (다툼이 있는 경우 판례에 의함)

① 임대차계약에 따른 임대차보증금채권을 담보할 목적으로 임차인 명의로 전세권설정등기를 마친 경우, 이 전세권설정등기는 특별한 사정이 없는 한 유효한 등기이다.

② 전세권설정계약의 당사자가 전세권의 사용·수익 권능을 배제하고 채권담보만을 위하여 전세권을 설정하였다면 이 전세권설정등기는 무효이다.

③ 전세권에 대하여 저당권이 설정되어 있는데 전세권의 존속기간이 만료된 경우, 전세금반환채권에 대한 제3자의 압류 등이 없는 한 전세권설정자는 전세권자에 대하여만 전세금반환의무를 부담한다.
④ 건물에 대하여 전세권을 설정하여 준 건물 소유자가 대지의 지상권자로서 지료 지급을 지체하여 대지 소유자의 지상권소멸청구에 의하여 지상권이 소멸하고 건물철거 및 대지인도를 명하는 판결이 확정된 경우, 대지 소유자는 건물 전세권자에게 건물에서의 퇴거를 청구할 수 있다.
⑤ 전세권설정자가 전세권저당권설정 이후에 전세권자에 대하여 대여금채권을 취득한 경우, 이를 가지고 전세금반환채권에 대하여 물상대위권을 행사한 전세권저당권자에게 상계로 대항할 수 있다.

해설

① (O), ② (O) 전세권이 용익물권적 성격과 담보물권적 성격을 모두 갖추고 있고, 목적물의 인도는 전세권의 성립요건이 아닌 점 등에 비추어 볼 때, 당사자가 주로 채권담보의 목적으로 전세권을 설정하였고, 그 설정과 동시에 목적물을 인도하지 않은 경우라 하더라도, 장차 전세권자가 목적물을 사용·수익하는 것을 완전히 배제하는 것이 아니라면 그 전세권의 효력을 부인할 수는 없다. 전세금의 지급은 전세권 성립의 요소가 되는 것이지만 그렇다고 하여 전세금의 지급이 반드시 현실적으로 수수되어야만 하는 것은 아니고 기존의 채권으로 전세금의 지급을 갈음할 수도 있다. 임대차계약에 따른 임대차보증금반환채권을 담보할 목적으로 임차인과 임대인 사이의 합의에 따라 임차인 명의로 전세권설정등기를 마친 경우, 전세금의 지급은 임대차보증금반환채권으로 갈음한 것이고 장차 전세권자가 목적물을 사용·수익하는 것을 완전히 배제하는 것도 아니므로 전세권설정등기는 유효하다(대법원 2021. 12. 30. 선고 2020다257999 판결).

③ (O) 전세권에 대하여 저당권이 설정된 경우 그 저당권의 목적물은 물권인 전세권 자체이지 전세금반환채권은 그 목적물이 아니고, 전세권의 존속기간이 만료되면 전세권은 소멸하므로 더 이상 전세권 자체에 대하여 저당권을 실행할 수 없게 되고, 이러한 경우에는 민법 제370조, 제342조 및 민사소송법 제733조에 의하여 저당권의 목적물인 전세권에 갈음하여 존속하는 것으로 볼 수 있는 전세금반환채권에 대하여 압류 및 추심명령 또는 전부명령을 받거나 제3자가 전세금반환채권에 대하여 실시한 강제집행절차에서 배당요구를 하는 등의 방법으로 자신의 권리를 행사하여 비로소 전세권설정자에 대해 전세금의 지급을 구할 수 있게 된다는 점, 전세권을 목적물로 하는 저당권의 설정은 전세권의 목적물 소유자의 의사와는 상관없이 전세권자의 동의만 있으면 가능한 것이고, 원래 전세권에 있어 전세권설정자가 부담하는 전세금반환의무는 전세금반환채권에 대한 제3자의 압류 등이 없는 한 전세권자에 대해 전세금을 지급함으로써 그 의무이행을 다할 뿐이라는 점에 비추어 볼 때, 전세권저당권이 설정된 경우에도 전세권이 기간만료로 소멸되면 전세권설정자는 전세금반환채권에 대한 제3자의 압류 등이 없는 한 전세권자에 대하여만 전세금반환의무를 부담한다고 보아야 한다(대법원 1999. 9. 17. 선고 98다31301 판결).

④ (O)
1) 타인의 토지에 있는 건물에 전세권을 설정한 때에는 전세권의 효력은 그 건물의 소유를 목적으로 한 지상권 또는 임차권에 미친다(민법 제304조 제1항). 전항의 경우에 전세권설정자는 전세권자의 동의 없이 지상권 또는 임차권을 소멸하게 하는 행위를 하지 못한다(민법 제304조 제2항).
2) [1] 건물이 그 존립을 위한 토지사용권을 갖추지 못하여 토지의 소유자가 건물의 소유자에 대하여 당해 건물의 철거 및 그 대지의 인도를 청구할 수 있는 경우에라도 건물소유자가 아닌 사람이 건물을 점유하고 있다면 토지소유자는 그 건물 점유를 제거하지 아니하는 한 위의 건물 철거 등을 실행할 수 없다. 따라서 그때 토지소유권은 위와 같은 점유에 의하여 그 원만한 실현을 방해당하고 있다고 할 것이

므로, 토지소유자는 자신의 소유권에 기한 방해배제로서 건물점유자에 대하여 건물로부터의 퇴출을 청구할 수 있다. 그리고 이는 건물점유자가 건물소유자로부터의 임차인으로서 그 건물임차권이 이른바 대항력을 가진다고 해서 달라지지 아니한다. 건물임차권의 대항력은 기본적으로 건물에 관한 것이고 토지를 목적으로 하는 것이 아니므로 이로써 토지소유권을 제약할 수 없고, 토지에 있는 건물에 대하여 대항력 있는 임차권이 존재한다고 하여도 이를 토지소유자에 대하여 대항할 수 있는 토지사용권이라고 할 수는 없다. 바꾸어 말하면, 건물에 관한 임차권이 대항력을 갖춘 후에 그 대지의 소유권을 취득한 사람은 민법 제622조 제1항이나 주택임대차보호법 제3조 제1항 등에서 그 임차권의 대항을 받는 것으로 정하여진 '제3자'에 해당한다고 할 수 없다.

[2] 민법 제304조는 전세권을 설정하는 건물소유자가 건물의 존립에 필요한 지상권 또는 임차권과 같은 토지사용권을 가지고 있는 경우에 관한 것으로서, 그 경우에 건물전세권자로 하여금 토지소유자에 대하여 건물소유자, 즉 전세권설정자의 그러한 토지사용권을 원용할 수 있도록 함으로써 토지소유자 기타 토지에 대하여 권리를 가지는 사람에 대한 관계에서 건물전세권자를 보다 안전한 지위에 놓으려는 취지의 규정이다. 또한 지상권을 가지는 건물소유자가 그 건물에 전세권을 설정하였으나 그가 2년 이상의 지료를 지급하지 아니하였음을 이유로 지상권설정자, 즉 토지소유자의 청구로 지상권이 소멸하는 것(민법 제287조 참조)은 전세권설정자가 전세권자의 동의 없이는 할 수 없는 위 민법 제304조 제2항상의 "지상권 또는 임차권을 소멸하게 하는 행위"에 해당하지 아니한다. 위 민법 제304조 제2항이 제한하려는 것은 포기, 기간단축약정 등 지상권 등을 소멸하게 하거나 제한하여 건물전세권자의 지위에 불이익을 미치는 전세권설정자의 임의적인 행위이고, 그것이 법률의 규정에 의하여 지상권소멸청구권의 발생요건으로 정하여졌을 뿐인 지상권자의 지료 부지급 그 자체를 막으려고 한다거나 또는 지상권설정자가 취득하는 위의 지상권소멸청구권이 그의 일방적 의사표시로 행사됨으로 인하여 지상권이 소멸되는 효과를 제한하려고 하는 것이라고 할 수 없다. 따라서 전세권설정자가 건물의 존립을 위한 토지사용권을 가지지 못하여 그가 토지소유자의 건물철거 등 청구에 대항할 수 없는 경우에 민법 제304조 등을 들어 전세권자 또는 대항력 있는 임차권자가 토지소유자의 권리행사에 대항할 수 없음은 물론이다. 또한 건물에 대하여 전세권 또는 대항력 있는 임차권을 설정하여 준 지상권자가 그 지료를 지급하지 아니함을 이유로 토지소유자가 한 지상권소멸청구가 그에 대한 전세권자 또는 임차인의 동의가 없이 행하여졌다고 해도 민법 제304조 제2항에 의하여 그 효과가 제한된다고 할 수 없다(대법원 2010. 8. 19. 선고 2010다43801 판결).

⑤ (×) 전세권을 목적으로 한 저당권이 설정된 경우, 전세권의 존속기간이 만료되면 전세권의 용익물권적 권능이 소멸하기 때문에 더 이상 전세권 자체에 대하여 저당권을 실행할 수 없게 되고, 저당권자는 저당권의 목적물인 전세권에 갈음하여 존속하는 것으로 볼 수 있는 전세금반환채권에 대하여 압류 및 추심명령 또는 전부명령을 받거나 제3자가 전세금반환채권에 대하여 실시한 강제집행절차에서 배당요구를 하는 등의 방법으로 물상대위권을 행사하여 전세금의 지급을 구하여야 한다. 전세권저당권자가 위와 같은 방법으로 전세금반환채권에 대하여 물상대위권을 행사한 경우, 종전 저당권의 효력은 물상대위의 목적이 된 전세금반환채권에 존속하여 저당권자가 전세금반환채권으로부터 다른 일반채권자보다 우선변제를 받을 권리가 있으므로, 설령 전세금반환채권이 압류된 때에 전세권설정자가 전세권자에 대하여 반대채권을 가지고 있고 반대채권과 전세금반환채권이 상계적상에 있다고 하더라도 그러한 사정만으로 전세권설정자가 전세권저당권자에게 상계로써 대항할 수는 없다. 그러나 전세금반환채권은 전세권이 성립하였을 때부터 이미 발생이 예정되어 있다고 볼 수 있으므로, 전세권저당권이 설정된 때에 이미 전세권설정자가 전세권자에 대하여 반대채권을 가지고 있고 반대채권의 변제기가 장래 발생할 전세금반환채권의 변제기와 동시에 또는 그보다 먼저 도래하는 경우와 같이 전세권설정자에게 합리적 기대 이익을 인정할 수 있는 경우에는 특별한 사정이 없는 한 전세권설정자는 반대채권을 자동채권으로 하여 전세금반환채권과 상계함으로써 전세권저당권자에게 대항할 수 있다(대법원 2014. 10. 27. 선고 2013다91672 판결). **정답 ⑤**

16. 공동저당에 관한 설명 중 옳지 <u>않은</u> 것은? (다툼이 있는 경우 판례에 의함)

① 선순위 공동저당권자가 피담보채권을 변제받기 전에 공동저당 목적 부동산 중 일부에 관한 저당권을 포기하였더라도, 후순위저당권자가 있는 다른 공동저당 목적 부동산의 경매대가에서 피담보채권 전액을 후순위저당권자에 우선하여 배당을 받을 수 있다.

② 공동근저당권자가 목적 부동산 중 일부 부동산에 대하여 제3자가 신청한 경매절차에 소극적으로 참가하여 우선배당을 받은 경우, 해당 부동산에 관한 근저당권의 피담보채권은 매수인이 매각대금을 지급한 때 확정되지만, 나머지 목적 부동산에 관한 근저당권의 피담보채권은 확정되지 않는다.

③ 채무자 소유 부동산과 물상보증인 소유 부동산에 공동근저당권이 설정된 후 공동담보의 목적 부동산 중 채무자 소유 부동산이 매각되어 일부 변제를 받은 경우, 공동근저당권자는 그와 같이 변제받은 금액에 관하여는 더 이상 물상보증인 소유 부동산에 대한 경매 등의 환가절차에서 우선변제권을 행사할 수 없다.

④ 채무자 소유의 부동산과 물상보증인 소유의 부동산에 공동근저당이 설정되고 그 중 채무자 소유의 부동산에 후순위저당권이 설정되어 있는데 선순위 공동근저당권자가 물상보증인으로부터 먼저 채권을 변제받는 경우, 물상보증인은 채무자 소유의 부동산에 대하여 선순위 공동근저당권을 취득한다.

⑤ 공동근저당권자가 스스로 근저당권을 실행하거나 타인에 의하여 개시된 경매절차 등을 통하여 공동담보의 목적 부동산 중 일부에 대한 환가대금으로부터 다른 권리자에 우선하여 피담보채권의 일부에 대하여 배당받은 경우, 공동담보의 나머지 목적 부동산에 대하여 공동근저당권자로서 행사할 수 있는 우선변제권의 범위는 피담보채권의 확정 여부와 상관없이 최초의 채권최고액에서 위와 같이 우선변제받은 금액을 공제한 나머지 채권최고액으로 제한된다.

> **해설**

① (×) 채무자 소유의 수개 부동산에 관하여 공동저당권이 설정된 경우 민법 제368조 제2항 후문에 의한 후순위저당권자의 대위권은 선순위 공동저당권자가 공동저당의 목적물인 부동산 중 일부의 경매대가로부터 배당받은 금액이 그 부동산의 책임분담액을 초과하는 경우에 비로소 인정되는 것이지만, 후순위저당권자로서는 선순위 공동저당권자가 피담보채권을 변제받지 않은 상태에서도 추후 공동저당 목적 부동산 중 일부에 관한 경매절차에서 선순위 공동저당권자가 그 부동산의 책임분담액을 초과하는 경매대가를 배당받는 경우 다른 공동저당 목적 부동산에 관하여 선순위 공동저당권자를 대위하여 저당권을 행사할 수 있다는 대위의 기대를 가진다고 보아야 하고, 후순위저당권자의 이와 같은 대위에 관한 정당한 기대는 보호되어야 하므로, <u>선순위 공동저당권자가 피담보채권을 변제받기 전에 공동저당 목적 부동산 중 일부에 관한 저당권을 포기한 경우에는, 후순위저당권자가 있는 부동산에 관한 경매절차에서, 저당권을 포기하지 아니하였더라면 후순위저당권자가 대위할 수 있었던 한도에서는 후순위저당권자에 우선하여 배당을 받을 수 없다고 보아야 하고, 이러한 법리는 공동근저당권의 경우에도 마찬가지로 적용된다고 보아야 한다</u>(대법원 2009. 12. 10. 선고 2009다41250 판결).

② (○) 공동근저당권자가 목적 부동산 중 일부 부동산에 대하여 제3자가 신청한 경매절차에 소극적으로 참가하여 우선배당을 받은 경우, 해당 부동산에 관한 근저당권의 피담보채권은 그 근저당권이 소멸하는

시기, 즉 매수인이 매각대금을 지급한 때에 확정되지만, 나머지 목적 부동산에 관한 근저당권의 피담보채권은 기본거래가 종료하거나 채무자나 물상보증인에 대하여 파산이 선고되는 등의 다른 확정사유가 발생하지 아니하는 한 확정되지 아니한다. 공동근저당권자가 제3자가 신청한 경매절차에 소극적으로 참가하여 우선배당을 받았다는 사정만으로는 당연히 채권자와 채무자 사이의 기본거래가 종료된다고 볼 수 없고, 기본거래가 계속되는 동안에는 공동근저당권자가 나머지 목적 부동산에 관한 근저당권의 담보가치를 최대한 활용할 수 있도록 피담보채권의 증감·교체를 허용할 필요가 있으며, 위와 같이 우선배당을 받은 금액은 나머지 목적 부동산에 대한 경매절차에서 다시 공동근저당권자로서 우선변제권을 행사할 수 없어 이후에 피담보채권액이 증가하더라도 나머지 목적 부동산에 관한 공동근저당권자의 우선변제권 범위는 우선배당액을 공제한 채권최고액으로 제한되므로 후순위 근저당권자나 기타 채권자들이 예측하지 못한 손해를 입게 된다고 볼 수 없기 때문이다(대법원 2017. 9. 21. 선고 2015다50637 판결).

③ (O) 공동근저당권자가 스스로 근저당권을 실행하거나 타인에 의하여 개시된 경매 등의 환가절차를 통하여 공동담보의 목적 부동산 중 일부에 대한 환가대금 등으로부터 다른 권리자에 우선하여 피담보채권의 일부를 배당받은 경우, 그와 같이 우선변제받은 금액에 관하여는 공동담보의 나머지 목적 부동산에 대한 경매 등의 환가절차에서 다시 공동근저당권자로서 우선변제권을 행사할 수 없다. 이러한 법리는 채무자 소유 부동산과 물상보증인 소유 부동산에 공동근저당권이 설정된 후 공동담보의 목적 부동산 중 채무자 소유 부동산을 임의환가하여 청산하는 경우, 즉 공동담보의 목적 부동산 중 채무자 소유 부동산을 제3자에게 매각하여 그 대가로 피담보채권의 일부를 변제하는 경우에도 적용되어, 공동근저당권자는 그와 같이 변제받은 금액에 관하여는 더 이상 물상보증인 소유 부동산에 대한 경매 등의 환가절차에서 우선변제권을 행사할 수 없다. 만일 위와 달리 공동근저당권자가 임의환가 방식을 통해 채무자 소유 부동산의 대가로부터 피담보채권의 일부를 변제받았음에도, 이후 공동근저당권의 다른 목적 부동산인 물상보증인 소유 부동산에 대한 경매 등의 환가절차에서 우선변제권을 행사할 수 있다고 보게 되면, 채무자 소유 부동산의 담보력을 기대하고 자기의 부동산을 담보로 제공한 물상보증인의 기대이익을 박탈하게 되는 것일 뿐만 아니라, 공동근저당권자가 담보 목적물로부터 변제받는 방법으로 임의환가 방식을 선택하였다는 이유만으로 물상보증인의 책임 범위가 달라지게 되어 형평에 어긋나기 때문이다(대법원 2018. 7. 11. 선고 2017다292756 판결).

④ (O) 채무자 소유의 부동산과 물상보증인 소유의 부동산에 공동저당이 설정되고 그중 채무자 소유의 부동산에 후순위저당권이 설정된 경우에, 선순위 공동저당권자가 물상보증인이 소유한 부동산의 대가만을 배당받는 등 물상보증인으로부터 먼저 채권을 변제받은 때에는 물상보증인은 채무자에 대하여 구상권을 취득함과 동시에 민법 제481조, 제482조에 따른 변제자대위에 의하여 채무자 소유의 부동산에 대한 선순위 공동저당권을 취득한다(대법원 2021. 12. 16. 선고 2021다247258 판결).

⑤ (O) 공동근저당권이 설정된 목적 부동산에 대하여 동시배당이 이루어지는 경우에 공동근저당권자는 채권최고액 범위 내에서 피담보채권을 민법 제368조 제1항에 따라 부동산별로 나누어 각 환가대금에 비례한 액수로 배당받으며, 공동근저당권의 각 목적 부동산에 대하여 채권최고액만큼 반복하여, 이른바 누적적으로 배당받지 아니한다. 그렇다면 공동근저당권이 설정된 목적 부동산에 대하여 이시배당이 이루어지는 경우에도 동시배당의 경우와 마찬가지로 공동근저당권자가 공동근저당권 목적 부동산의 각 환가대금으로부터 채권최고액만큼 반복하여 배당받을 수는 없다고 해석하는 것이 민법 제368조 제1항 및 제2항의 취지에 부합한다. 그러므로 공동근저당권자가 스스로 근저당권을 실행하거나 타인에 의하여 개시된 경매 등의 환가절차를 통하여 공동담보의 목적 부동산 중 일부에 대한 환가대금 등으로부터 다른 권리자에 우선하여 피담보채권의 일부에 대하여 배당받은 경우에, 그와 같이 우선변제받은 금액에 관하여는 공동담보의 나머지 목적 부동산에 대한 경매 등의 환가절차에서 다시 공동근저당권자로서 우선변제권을 행사할 수 없다고 보아야 하며, 공동담보의 나머지 목적 부동산에 대하여 공동근저당권자로서 행사할 수 있는

우선변제권의 범위는 피담보채권의 확정 여부와 상관없이 최초의 채권최고액에서 위와 같이 우선변제받은 금액을 공제한 나머지 채권최고액으로 제한된다고 해석함이 타당하다. 그리고 이러한 법리는 채권최고액을 넘는 피담보채권이 원금이 아니라 이자·지연손해금인 경우에도 마찬가지로 적용된다(대법원 2017. 12. 21. 선고 2013다16992 전원합의체 판결).

정답 ①

17. 가등기담보 등에 관한 법률에 따라 채권담보의 목적으로 이루어진 가등기 등에 관한 설명 중 옳지 않은 것은? (다툼이 있는 경우에는 판례에 의함)

① 가등기담보권의 사적 실행에 있어서 채권자가 청산금의 지급 이전에 본등기와 담보목적물의 인도를 받을 수 있다거나 청산기간이나 동시이행관계를 인정하지 아니하는 '처분정산'형의 담보권실행은 가등기담보 등에 관한 법률상 허용되지 아니한다.

② 가등기나 소유권이전등기가 금전소비대차나 준소비대차에 기한 차용금반환채무와 그 외의 원인으로 발생한 채무를 동시에 담보할 목적으로 경료되었으나 그 후 금전소비대차나 준소비대차에 기한 차용금반환채무만이 남게 된 경우, 그 가등기담보나 양도담보에 가등기담보 등에 관한 법률이 적용된다.

③ 채무자 등은 채권자가 주관적으로 평가하여 통지한 액수가 객관적인 부동산의 가액에 미달한 때에는 후자를 기준으로 하여 청산금을 지급받을 때까지 피담보채무 전액을 채권자에게 지급하고 가등기의 말소를 청구할 수 있다.

④ 채무자 등의 말소청구권이 제척기간의 경과로 소멸한 경우, 채권자는 담보목적부동산의 소유권을 확정적으로 취득하고, 채무자 등은 채권자에게 청산금의 지급을 청구할 수 없다.

⑤ 가등기담보권 설정 후 이해관계 있는 제3자가 생긴 상태에서 새로운 약정으로 기존 가등기담보권에 피담보채권을 추가하거나 피담보채권의 내용을 변경, 확장하는 경우, 피담보채권으로 추가, 확장한 부분은 이해관계 있는 제3자에 대한 관계에서 우선변제권 있는 피담보채권에 포함되지 않는다.

해설

① (O) 가등기담보등에관한법률이 제3조와 제4조에서 가등기담보권의 사적 실행방법으로 귀속정산의 원칙을 규정함과 동시에 제12조와 제13조에서 그 공적 실행방법으로 경매의 청구 및 우선변제청구권 등 처분정산을 별도로 규정하고 있는 점, 위 제4조가 제1항 내지 제3항에서 채권자의 청산금 지급의무, 청산기간 경과와 본등기청구, 청산금의 지급의무와 부동산의 소유권이전등기 및 인도 채무의 동시이행관계 등을 순차로 규정한 다음, 제4항에서 제1항 내지 제3항에 반하는 특약으로서 채무자 등에게 불리한 것은 그 효력이 없다(다만, 청산기간 경과 후에 행하여진 특약으로서 제3자의 권리를 해하지 아니하는 경우는 제외된다.)고 규정하고 있는 점, 나아가 제11조는 채무자 등이 청산금 채권을 변제받을 때까지 그 채무액을 채권자에게 지급하고 그 채권담보의 목적으로 경료된 소유권이전등기의 말소를 청구할 수 있다고 규정하고 있는 점 등을 종합하여 보면, 가등기담보권의 사적 실행에 있어서 채권자가 청산금의 지급 이전에 본등기와 담보목적물의 인도를 받을 수 있다거나 청산기간이나 동시이행관계를 인정하지 아니하는 '처분정산'형의 담보권실행은 가등기담보등에관한법률상 허용되지 아니한다(대법원 2002. 12. 10. 선고 2002다42001 판결).

② (○) 가등기담보등에관한법률은 차용물의 반환에 관하여 다른 재산권을 이전할 것을 예약한 경우에 적용되므로 금전소비대차나 준소비대차에 기한 차용금반환채무 이외의 채무를 담보하기 위하여 경료된 가등기나 양도담보에는 위 법이 적용되지 아니하나, 금전소비대차나 준소비대차에 기한 차용금반환채무와 그 외의 원인으로 발생한 채무를 동시에 담보할 목적으로 경료된 가등기나 소유권이전등기라도 그 후 후자의 채무가 변제 기타의 사유로 소멸하고 금전소비대차나 준소비대차에 기한 차용금반환채무의 전부 또는 일부만이 남게 된 경우에는 그 가등기담보나 양도담보에 가등기담보등에관한법률이 적용된다(대법원 2004. 4. 27. 선고 2003다29968 판결).

③ (○)
[1] 채권자가 가등기담보권을 실행하여 그 담보목적 부동산의 소유권을 취득하기 위하여 채무자 등에게 하는 담보권 실행의 통지에는 채권자가 주관적으로 평가한 통지 당시의 목적부동산의 가액과 피담보채권액을 명시함으로써 청산금의 평가액을 채무자 등에게 통지하면 족하다.
[2] 채권자가 나름대로 평가한 청산금의 액수가 객관적인 청산금의 평가액에 미치지 못한다고 하더라도 담보권 실행의 통지로서의 효력이나 청산기간의 진행에는 아무런 영향이 없고, 다만 채무자 등은 정당하게 평가된 청산금을 지급 받을 때까지 목적부동산의 소유권이전등기 및 인도 채무의 이행을 거절하면서 피담보채무 전액을 채권자에게 지급하고 채권담보의 목적으로 마쳐진 가등기의 말소를 구할 수 있을 뿐이다(대법원 1996. 7. 30. 선고 96다6974 판결).

④ (×)
[1] 가등기담보 등에 관한 법률(이하 '가등기담보법'이라고 한다) 제11조 본문은 같은 법 제2조 제2호에서 정한 채무자 등(이하 '채무자 등'이라고 한다)은 청산금채권을 변제받을 때까지 그 피담보채무액(반환할 때까지의 이자와 손해금을 포함한다)을 채권자에게 지급하고 그 채권담보의 목적으로 마친 소유권이전등기의 말소를 청구할 수 있다고 하면서도, 같은 조 단서 전단에서 그 채무의 변제기가 지난 때부터 10년이 지난 경우에는 그러하지 아니하다고 규정하고 있다. 따라서 채무자 등이 가등기담보법 제11조 본문에 따라 채권담보의 목적으로 마친 소유권이전등기의 말소를 구하기 위해서는 그때까지의 이자와 손해금을 포함한 피담보채무액을 전부 지급함으로써 그 요건을 갖추어야 한다. 그리고 가등기담보법 제11조 단서에 정한 10년의 기간은 제척기간이고, 제척기간은 그 기간의 경과 자체만으로 권리 소멸의 효과가 발생하므로, 가등기담보법 제11조 본문에 정한 채무자 등의 말소청구권은 위 제척기간의 경과로 확정적으로 소멸한다.
[2] 가등기담보 등에 관한 법률(이하 '가등기담보법'이라고 한다)은 가등기담보계약 등의 법률관계를 명확히 하여 채무자를 보호하고 채권자 및 후순위권리자 등 이해관계인과의 법률관계를 합리적으로 조정하는 데 그 입법 취지가 있다. 이를 위하여 가등기담보법은 제3조, 제4조 등에서 채권자가 가등기담보계약에 따른 담보권을 실행하여 담보목적부동산의 소유권을 취득하려면 반드시 청산절차를 거치도록 규정하고 있다. 이러한 가등기담보법의 입법 취지 및 가등기담보법 제3조, 제4조의 각 규정 내용에 비추어 볼 때, <u>가등기담보법 제11조 단서에 정한 제척기간이 경과함으로써 채무자 등의 말소청구권이 소멸하고 이로써 채권자가 담보목적부동산의 소유권을 확정적으로 취득한 때에는 채권자는 가등기담보법 제4조에 따라 산정한 청산금을 채무자 등에게 지급할 의무가 있고, 채무자 등은 채권자에게 그 지급을 청구할 수 있다</u>(대법원 2018. 6. 15. 선고 2018다215947 판결).

⑤ (○)
1) 채권자와 채무자가 가등기담보권설정계약을 체결하면서 가등기 이후에 발생할 채권도 후순위권리자에 대하여 우선변제권을 가지는 가등기담보권의 피담보채권에 포함시키기로 약정할 수 있고, 가등기담보권을 설정한 후에 채권자와 채무자의 약정으로 새로 발생한 채권을 기존 가등기담보권의 피담보채권에 추가할 수도 있으나, 가등기담보권 설정 후에 후순위권리자나 제3취득자 등 이해관계 있는 제3자가 생긴

상태에서 새로운 약정으로 기존 가등기담보권에 피담보채권을 추가하거나 피담보채권의 내용을 변경, 확장하는 경우에는 이해관계 있는 제3자의 이익을 침해하게 되므로, 이러한 경우에는 피담보채권으로 추가, 확장한 부분은 이해관계 있는 제3자에 대한 관계에서는 우선변제권 있는 피담보채권에 포함되지 않는다고 보아야 한다(대법원 2011. 7. 14. 선고 2011다28090 판결).

2) **비교** : 최고최고액이 등기되어 공시되는 근저당권과 비교

근저당권은 피담보채무의 최고액만을 정하고 채무의 확정을 장래에 보류하여 설정하는 저당권이다(민법 제357조 제1항 본문 참조). 근저당권을 설정한 후에 근저당설정자와 근저당권자의 합의로 채무의 범위 또는 채무자를 추가하거나 교체하는 등으로 피담보채무를 변경할 수 있다. 이러한 경우 위와 같이 변경된 채무가 근저당권에 의하여 담보된다. 후순위저당권자 등 이해관계인은 근저당권의 채권최고액에 해당하는 담보가치가 근저당권에 의하여 이미 파악되어 있는 것을 알고 이해관계를 맺었기 때문에 이러한 변경으로 예측하지 못한 손해를 입었다고 볼 수 없으므로, 피담보채무의 범위 또는 채무자를 변경할 때 이해관계인의 승낙을 받을 필요가 없다. 또한 등기사항의 변경이 있다면 변경등기를 해야 하지만(민법 제186조), 등기사항에 속하지 않는 사항은 당사자의 합의만으로 변경의 효력이 발생한다(대법원 2021. 12. 16. 선고 2021다264161 판결).

정답 ④

18. 채권자대위에 관한 설명으로 옳지 <u>않은</u> 것을 모두 고른 것? (다툼이 있는 경우 판례에 의함)

> ㄱ. 공유물분할청구권은 채권자대위권의 목적이 될 수 없다.
> ㄴ. 임차인의 보증금반환채권에 대해 질권을 설정받은 채권자는 제3채무자인 임대인에 대한 직접청구권을 보전하기 위하여 임대인을 대위하여 임차인에게 임대차종료를 원인으로 한 인도청구권을 행사할 수 있다.
> ㄷ. 채권자가 채권자대위권을 행사하는 경우, 채권자가 채무자를 상대로 보전되는 청구권에 기한 이행청구의 소를 제기하여 승소판결이 확정되었다면 특별한 사정이 없는 한 그 청구권의 발생원인이 되는 사실관계가 제3채무자에 대한 관계에서도 증명되었다고 볼 수 있다.
> ㄹ. 채권자가 채권자대위소송을 제기한 경우, 제3채무자는 채권자의 채무자에 대한 권리의 발생원인이 된 법률행위가 무효라거나 위 권리가 변제 등으로 소멸하였다는 등의 사실을 주장하여 채권자의 채무자에 대한 권리가 인정되는지 여부를 다툴 수 있다.

① ㄱ ② ㄴ ③ ㄷ
④ ㄹ ⑤ ㄷ, ㄹ

해설

ㄱ (×)

[1] 채권자는 자기의 채권을 보전하기 위하여, 일신에 전속한 권리가 아닌 한 채무자의 권리를 행사할 수 있다(민법 제404조 제1항). 공유물분할청구권은 공유관계에서 수반되는 형성권으로서 공유자의 일반재산을 구성하는 재산권의 일종이다. 공유물분할청구권의 행사가 오로지 공유자의 자유로운 의사에 맡겨져 있어 공유자 본인만 행사할 수 있는 권리라고 볼 수는 없다. 따라서 공유물분할청구권도 채권자대위권의 목적이 될 수 있다.

[3] [**다수의견**] 채권자가 자신의 금전채권을 보전하기 위하여 채무자를 대위하여 부동산에 관한 공유물분할청구권을 행사하는 것은, 책임재산의 보전과 직접적인 관련이 없어 채권의 현실적 이행을 유효·적절

하게 확보하기 위하여 필요하다고 보기 어렵고 채무자의 자유로운 재산관리행위에 대한 부당한 간섭이 되므로 보전의 필요성을 인정할 수 없다. 또한 특정 분할 방법을 전제하고 있지 않은 공유물분할청구권의 성격 등에 비추어 볼 때 그 대위행사를 허용하면 여러 법적 문제들이 발생한다. 따라서 <u>극히 예외적인 경우가 아니라면 금전채권자는 부동산에 관한 공유물분할청구권을 대위행사할 수 없다</u>고 보아야 한다. 이는 채무자의 공유지분이 다른 공유자들의 공유지분과 함께 근저당권을 공동으로 담보하고 있고, 근저당권의 피담보채권이 채무자의 공유지분 가치를 초과하여 채무자의 공유지분만을 경매하면 남을 가망이 없어 민사집행법 제102조에 따라 경매절차가 취소될 수밖에 없는 반면, 공유물분할의 방법으로 공유부동산 전부를 경매하면 민법 제368조 제1항에 따라 각 공유지분의 경매대가에 비례해서 공동근저당권의 피담보채권을 분담하게 되어 채무자의 공유지분 경매대가에서 근저당권의 피담보채권 분담액을 변제하고 남을 가망이 있는 경우에도 마찬가지이다(대법원 2020. 5. 21. 선고 2018다879 전원합의체 판결).

ⓒ (O)

1) 갑과 한국토지주택공사가 체결한 아파트 임대차계약의 임대차보증금반환채권에 관한 근질권자인 을 주식회사가 임대차계약이 갱신되지 아니한 채 기간 만료로 종료되었다고 주장하며 임대인 한국토지주택공사를 대위하여 갑을 상대로 아파트 인도를 구한 사안에서, 한국토지주택공사는 임차인 갑을 상대로 임대차계약의 갱신을 거절하겠다는 의사표시를 한 바가 없고, 오히려 임대차계약이 갱신되어 여전히 존속 중임을 전제로 증액보증금 등의 납부를 갑에게 청구하였으며, 갑은 이러한 청구에 따른 이행을 이미 마친 상태이므로, 한국토지주택공사는 임대인으로서 임대차계약에 대한 갱신거절을 더 이상 주장할 수 없게 되었고, 이는 <u>임대차계약이 기간 만료로 종료된 것임을 전제로 한국토지주택공사를 대위하여 아파트의 인도를 구하는 을 회사에 대해서도 마찬가지</u>로서, 갑과 을 회사 사이의 독자적인 사정, 즉 근질권설정계약상 '임대차계약의 연장, 갱신의 경우에는 반드시 채권자의 사전동의를 얻어야 한다'는 규정을 들어 이와 달리 볼 수 없으며, 한편 임대인이 별도로 갱신거절을 하지 아니함에 따라 임대차계약이 묵시적으로 갱신되는 결과가 발생하는 것은, 질권의 목적인 임대차보증금반환채권 자체가 아니라 이를 발생시키는 기본적 계약관계에 관한 사유에 속할 뿐만 아니라, 질권설정자인 임차인이 위 채권 자체의 소멸을 목적으로 하거나 질권자의 이익을 해하는 변경을 한 것으로도 볼 수 없으므로, 이 경우에는 민법 제352조의 제한을 받지 아니하는데도, 이와 달리 본 원심판단에 법리오해 등의 잘못이 있다고 한 사례(대법원 2020. 7. 9. 선고 2020다223781 판결).

2) 위 판례는 ⓒ이 (O)라는 법리를 전제로 위와 같은 판시를 한 것이다.

ⓒ (O)

[1] 채권자대위권을 행사하는 경우, 채권자가 채무자를 상대로 보전되는 청구권에 기한 이행청구의 소를 제기하여 승소판결을 선고받고 판결이 확정되었다면, 특별한 사정이 없는 한 그 청구권의 발생원인이 되는 사실관계가 제3채무자에 대한 관계에서도 증명되었다고 볼 수 있다. 그러나 그 청구권의 취득이, 채권자로 하여금 채무자를 대신하여 소송행위를 하게 하는 것을 주목적으로 이루어진 경우와 같이, 강행법규에 위반되어 무효라고 볼 수 있는 경우 등에는 위 확정판결에도 불구하고 채권자대위소송의 제3채무자에 대한 관계에서는 피보전권리가 존재하지 아니한다고 보아야 한다. 이는 위 확정판결 또는 그와 같은 효력이 있는 재판상 화해조서 등이 재심이나 준재심으로 취소되지 아니하여 채권자와 채무자 사이에서는 그 판결이나 화해가 무효라는 주장을 할 수 없는 경우라 하더라도 마찬가지이다.

[2] 구 국토의 계획 및 이용에 관한 법률(2016. 1. 19. 법률 제13797호로 개정되기 전의 것, 이하 '구 국토계획법'이라고 한다)에서 정한 토지거래계약 허가구역 내 토지에 관하여 허가를 배제하거나 잠탈하는 내용으로 매매계약이 체결된 경우에는, 강행법규인 구 국토계획법 제118조 제6항에 따라 계약은 체결된 때부터 확정적으로 무효이다. 계약체결 후 허가구역 지정이 해제되거나 허가구역 지정기간 만료 이후 재지정을 하지 아니한 경우라 하더라도 이미 확정적으로 무효로 된 계약이 유효로 되는 것이 아니다(대법원 2019. 1. 31. 선고 2017다228618 판결).

ⓔ (O) 채권자가 채권자대위소송을 제기한 경우, 제3채무자는 채무자가 채권자에 대하여 가지는 항변권이나 형성권 등과 같이 권리자에 의한 행사를 필요로 하는 사유를 들어 채권자의 채무자에 대한 권리가 인정되는지 여부를 다툴 수 없지만, 채권자의 채무자에 대한 권리의 발생원인이 된 법률행위가 무효라거나 위 권리가 변제 등으로 소멸하였다는 등의 사실을 주장하여 채권자의 채무자에 대한 권리가 인정되는지 여부를 다투는 것은 가능하고, 이 경우 법원은 제3채무자의 주장을 고려하여 채권자의 채무자에 대한 권리가 인정되는지 여부에 관하여 직권으로 심리·판단하여야 한다(대법원 2015. 9. 10. 선고 2013다55300 판결).

정답 ①

---

19. A는 B에 대하여 1억 원의 대여금채권(변제기 2020. 1. 1.)을 가지고 있으며, B는 A에 대하여 8천만 원의 매매대금채권(변제기 2019. 3. 1.)을 가지고 있다. A는 C에 대한 채무를 변제하기 위하여 2021. 1. 1. B에 대한 위 대여금채권을 C에게 양도하고 2021. 1. 1. 채권양도의 대항요건을 갖추었다. 다음 설명 중 옳은 것을 모두 고른 것은? (이자나 지연손해금은 고려하지 않으며 다툼이 있는 경우 판례에 의함)

ㄱ. B가 2021. 5. 1. C에 대한 5천만 원의 대여금채권(변제기 2019. 12. 1.)을 자동채권으로 하여 C의 양수금채권과 상계한 경우, 양수금 채권은 2020. 1. 1.에 소급하여 5천만 원의 범위에서 소멸한다.

ㄴ. B가 2021. 5. 1. C에 대한 5천만 원의 대여금채권(변제기 2019. 12. 1.)을 자동채권으로 하여 C의 양수금채권과 상계한 경우, A의 채권자 甲의 신청에 의한 A의 대여금채권에 관한 압류 및 전부명령이 2021. 10. 1. A와 B에게 도달하였다면, B는 C에 대한 상계로써 甲에게 대항할 수 없다.

ㄷ. B가 2021. 5. 1. A에 대한 매매대금채권을 자동채권으로 하여 A의 대여금채권과 상계하였다면, B의 C에 대한 양수금 채무액은 2천만 원이다.

ㄹ. A의 채권자 甲의 신청에 의한 압류 및 전부명령이 2020. 10. 1. A와 B에게 도달하여 그 즈음 확정되었다면, B는 A의 채권양도에 대해 이의를 보류하지 않은 승낙을 하였더라도 C의 양수금청구에 대해 전부명령이 확정된 사실로써 대항할 수 있다.

① ㄱ, ㄴ ② ㄴ, ㄷ ③ ㄷ, ㄹ
④ ㄱ, ㄴ, ㄷ ⑤ ㄴ, ㄷ, ㄹ

해설

ㄱ (×) 민법 제493조 제2항은 "상계의 의사표시는 각 채무가 상계할 수 있는 때에 대등액에 관하여 소멸한 것으로 본다."라고 정하고 있으므로 상계의 효력은 상계적상 시로 소급하여 발생한다. 상계적상은 자동채권과 수동채권이 상호 대립하는 때에 비로소 생긴다. 채권양수인이 양수채권을 자동채권으로 하여 그 채무자가 채권양수인에 대해 가지고 있던 기존 채권과 상계한 경우, 채권양수인은 채권양도의 대항요건이 갖추어진 때 비로소 자동채권을 행사할 수 있으므로 채권양도 전에 이미 양 채권의 변제기가 도래하였다고 하더라도 상계의 효력은 변제기로 소급하는 것이 아니라 채권양도의 대항요건이 갖추어진 시점으로 소급한다(대법원 2022. 6. 30. 선고 2022다200089 판결). 따라서 양수금 채권은 상계적상시인 채권양도 대항요건 구비일 2021. 1. 1.로 소급하여 상계적상 의사표시의 내용에 따라 5천만 원의 범위에서 소멸한다.

ⓒ (×)

1) ㉠에서 본 바와 같이, 양수금 채권은 상계적상시인 채권양도 대항요건 구비일 2021. 1. 1.로 소급하여 상계적상 의사표시의 내용에 따라 5천만 원의 범위에서 소멸한다. 그 이후에 A의 채권자 甲의 신청에 의한 A의 대여금채권에 관한 압류 및 전부명령이 2021. 10. 1. A와 B에게 도달하였다면, B의 C에 대한 5,000만 원 상계의 효력에는 영향이 없다. 다만 나머지 A의 B에 대한 5,000만 원의 대여금채권(변제기 2020. 1. 1.)의 채권양도가 단순한 대항요건인지, 확정일자를 갖춘 대항요건인지에 따라서 사안의 2021. 10. 1. A와 B에게 도달한 압류 및 전부명령이 유효한지의 여부가 결정될 뿐이다.

2) 채무자가 압류 또는 가압류의 대상인 채권을 양도하고 확정일자 있는 통지 등에 의한 채권양도의 대항요건을 갖추었다면, 그 후 채무자의 다른 채권자가 그 양도된 채권에 대하여 압류 또는 가압류를 하더라도 그 압류 또는 가압류 당시에 피압류채권은 이미 존재하지 않는 것과 같아 압류 또는 가압류로서의 효력이 없다(대법원 2010. 10. 28. 선고 2010다57213 판결).

ⓒ (○) 지명채권의 양도는 양도인이 채무자에게 통지하거나 채무자가 승낙하지 않으면 채무자에게 대항하지 못한다(민법 제450조 제1항). 채무자가 채권양도 통지를 받은 경우 채무자는 그때까지 양도인에 대하여 생긴 사유로써 양수인에게 대항할 수 있고(제451조 제2항), 당시 이미 상계할 수 있는 원인이 있었던 경우에는 아직 상계적상에 있지 않더라도 그 후에 상계적상에 이르면 채무자는 양수인에 대하여 상계로 대항할 수 있다(대법원 2019. 6. 27. 선고 2017다222962 판결). 채권양도의 대항요건은 2021. 1. 1.에 구비되었고, 그 이전부터 존재하는 B의 A에 대한 매매대금채권 8,000만 원을 자동채권으로 하여 A의 대여금채권 1억 원과 2021. 5. 1. 상계하였다면, 양 채권의 상계적상시인 2020. 1. 1.로 소급하여 8,000만 원의 범위에서 소멸한다. B의 C에 대한 양수금 채무액은 2천만 원이 남는다.

ⓔ (○)

1) 채무자가 이의를 보류하지 아니하고 전조의 승낙을 한 때에는 양도인에게 대항할 수 있는 사유로써 양수인에게 대항하지 못한다(민법 제451조 제1항 전단).

2) 민법은 채권의 귀속에 관한 우열을 오로지 확정일자 있는 증서에 의한 통지 또는 승낙의 유무와 그 선후로써만 결정하도록 규정하고 있는 데다가, 채무자의 "이의를 보류하지 아니한 승낙"은 민법 제451조 제1항 전단의 규정 자체로 보더라도 그의 양도인에 대한 항변을 상실시키는 효과밖에 없고, 채권에 관하여 권리를 주장하는 자가 여럿인 경우 그들 사이의 우열은 채무자에게도 효력이 미치므로, 위 규정의 "양도인에게 대항할 수 있는 사유"란 채권의 성립, 존속, 행사를 저지·배척하는 사유를 가리킬 뿐이고, 채권의 귀속(채권이 이미 타인에게 양도되었다는 사실)은 이에 포함되지 아니한다(대법원 1994. 4. 29. 선고 93다35551 판결).

정답 ③

20. 채권의 준점유자에 대한 변제에 관한 설명으로 옳지 않은 것은? (다툼이 있는 경우 판례에 의함)

① 채권의 준점유자에 대한 변제가 유효한 경우 변제의 효과는 확정적이고 변제자는 준점유자에 대하여 변제한 것의 반환을 청구하지 못한다.

② 채권압류가 경합하는 상태에서 그 압류채권자 중의 한 사람이 전부명령을 얻은 경우 제3채무자가 선의·무과실로 그 전부채권자에게 전부금을 지급하였다면 이는 채권의 준점유자에 대한 변제로서 유효하다.

③ 전부명령이 제3채무자에게 송달될 때에 피압류채권이 존재하지 않아 전부명령이 무효인 경우, 제3채무자가 그 전부채권자에게 전부금을 지급하였다면 이는 채권의 준점유자에 대한 변제로서 유효하다.

④ 채권의 준점유자에 대한 변제가 유효하기 위한 요건으로서의 선의라 함은 준점유자에게 변제수령의 권한이 없음을 알지 못하는 것뿐만 아니라 적극적으로 진정한 권리자라고 믿었음을 요하는 것이고, 무과실이란 그렇게 믿는 데에 과실이 없음을 의미한다.

⑤ 대리권이 없는 자가 채권자의 대리인이라고 주장하면서 채권을 행사하는 경우 그 자에 대한 변제는 채권의 준점유자에 대한 변제에 해당한다.

해설

① (O)
1) 채권의 준점유자에 대한 변제는 변제자가 선의이며 과실없는 때에 한하여 효력이 있다(민법 제470조).
2) 유효한 변제는 채권의 준점유자와 변제자 사이에서 '법률상 원인'을 구성하므로, 변제자는 채권의 준점유자에 대해서 유효하게 변제한 것의 반환을 청구하지 못한다. 다만, 채권의 준점유자와 진정한 채권자 사이에서는 준점유자의 변제수령이 '법률상 원인'을 구성하지 못하므로, 진정한 채권자는 채권의 준점유자에 대해서 부당이득반환청구권을 가진다.

② (O) 채권압류가 경합된 경우에 그 압류채권자 중의 한 사람이 전부명령을 얻은 경우 그 전부명령은 무효이지만 제3채무자가 선의·무과실로 그 전부 채권자에게 전부금을 변제하였다면 이는 채권의 준점유자에 대한 변제로서 유효하므로 제3채무자의 채무자에 대한 채무는 소멸되고 제3채무자는 압류채권자에 대하여 2중 변제의 의무를 부담하지 아니하며 전부채권자에 대하여 전부명령의 무효를 주장하여 부당이득반환청구도 할 수 없다(대법원 1980. 9. 30. 선고 78다1292 판결).

③ (×) 채무자가 압류 또는 가압류의 대상인 채권을 양도하고 확정일자 있는 통지 등에 의한 채권양도의 대항요건을 갖추었다면, 그 후 채무자의 다른 채권자가 그 양도된 채권에 대하여 압류 또는 가압류를 하더라도 그 압류 또는 가압류 당시에 피압류채권은 이미 존재하지 않는 것과 같아 압류 또는 가압류로서의 효력이 없고, 그에 기한 추심명령 또한 무효이므로, 그 다른 채권자는 압류 등에 따른 집행절차에 참여할 수 없다. 또한 <u>압류된 금전채권에 대한 전부명령이 절차상 적법하게 발부되어 확정되었다고 하더라도 전부명령이 제3채무자에게 송달될 때에 피압류채권이 존재하지 않으면 전부명령도 무효이므로, 피압류채권이 전부채권자에게 이전되거나 집행채권이 변제되어 소멸하는 효과는 발생할 수 없다</u>(대법원 2022. 12. 1. 선고 2022다247521 판결).

④ (O) 채권의 준점유자에 대한 변제는 변제자가 선의이며 과실 없는 때에 한하여 효력이 있다(민법 제470조). 채권의 준점유자는 변제자의 입장에서 볼 때 일반의 거래관념상 채권을 행사할 정당한 권한을 가진 것으로 믿을 만한 외관을 가지는 사람이므로, 준점유자가 스스로 채권자라고 하여 채권을 행사하는 경우뿐만 아니라 채권자의 대리인이라고 하면서 채권을 행사하는 때에도 채권의 준점유자에 해당한다. 채권의 준점유자에 대한 변제가 유효하기 위한 요건인 선의는 준점유자에게 변제수령의 권한이 없음을 알지 못하는 것뿐만 아니라 적극적으로 진정한 권리자라고 믿었음을 필요로 하고, 무과실은 그렇게 믿는 데에 과실이 없음을 뜻한다(대법원 2021. 1. 14. 선고 2018다286888 판결).

⑤ (O) 민법 제470조에 정하여진 채권의 준점유자라 함은, 변제자의 입장에서 볼 때 일반의 거래관념상 채권을 행사할 정당한 권한을 가진 것으로 믿을 만한 외관을 가지는 사람을 말하므로 준점유자가 스스로 채권자라고 하여 채권을 행사하는 경우뿐만 아니라 채권자의 대리인이라고 하면서 채권을 행사하는 때에도 채권의 준점유자에 해당한다(대법원 2004. 4. 23. 선고 2004다5389 판결).

정답 ③

21. 사해행위 취소에 관한 설명으로 옳지 <u>않은</u> 것을 모두 고른 것은? (다툼이 있는 경우 판례에 의함)

> ㄱ. 부동산 등기명의인인 원고가 저당권 등기명의인인 피고를 상대로 소유권에 기한 저당권등기말소청구 소송을 제기하고, 피고가 원고를 상대로 사해행위의 취소 및 원고 명의의 소유권이전등기의 말소를 구하는 반소를 적법하게 제기하였는데, 법원이 반소 청구가 이유 있다고 판단하여 사해행위의 취소 및 원상회복을 명하는 판결을 선고하는 경우, 반소 청구에 대한 판결이 확정되지 않았더라도 법원은 사해행위인 법률행위가 취소되었음을 전제로 원고의 본소 청구를 기각할 수 있다.
>
> ㄴ. 저당권이 설정되어 있는 부동산이 사해행위로 양도된 이후, 저당권설정행위를 사해행위로 취소하는 판결이 선고되었다면 부동산양도행위에 관한 사해행위취소를 구하는 채권자는 양도인의 양도행위 전체의 취소를 구할 수 있다.
>
> ㄷ. 공동저당권이 설정되어 있는 수개의 부동산 중 일부는 채무자의 소유이고 일부는 물상보증인의 소유인 경우에, 채무자가 공동저당권이 설정되어 있는 본인 소유 부동산을 양도하면 그 부동산 중에서 일반채권자들의 공동담보에 제공되는 책임재산은 피담보채권액 전액을 공제한 나머지 부분만이다.
>
> ㄹ. 무자력 상태의 채무자가 소송절차를 통해 수익자에게 자신의 책임재산을 이전하기로 하여, 수익자가 제기한 소송에서 자백하는 등의 방법으로 패소판결 또는 그와 같은 취지의 화해권고결정 등을 받아 확정시키고, 이에 따라 수익자 앞으로 책임재산에 대한 소유권이전등기 등이 마쳐진 경우, 채무자와 수익자 사이의 이전합의는 다른 일반채권자의 이익을 해하는 사해행위가 될 수 있다. 다만 사해행위를 취소하더라도 그 등기를 다시 말소하는 방식으로 원상회복을 명할 수는 없다.

① ㄱ, ㄴ   ② ㄴ, ㄹ   ③ ㄷ, ㄹ
④ ㄱ, ㄹ   ⑤ ㄱ, ㄷ

해설

㉠ (O) 사해행위취소소송은 형성의 소로서 그 판결이 확정됨으로써 비로소 권리변동의 효력이 발생하나, 민법 제406조 제1항은 채권자가 사해행위의 취소와 원상회복을 법원에 청구할 수 있다고 규정함으로써 사해행위취소청구에는 그 취소판결이 미확정인 상태에서도 그 취소의 효력을 전제로 하는 원상회복청구를 병합하여 제기할 수 있도록 허용하고 있다. 또한 원고가 매매계약 등 법률행위에 기하여 소유권을 취득하였음을 전제로 피고를 상대로 일정한 청구를 할 때, 피고는 원고의 소유권 취득의 원인이 된 법률행위가 사해행위로서 취소되어야 한다고 다투면서, 동시에 반소로써 그 소유권 취득의 원인이 된 법률행위가 사해행위임을 이유로 법률행위의 취소와 원상회복으로 원고의 소유권이전등기의 말소절차 등의 이행을 구하는 것도 가능하다. 위와 같이 원고의 본소 청구에 대하여 피고가 본소 청구를 다투면서 사해행위의 취소 및 원상회복을 구하는 반소를 적법하게 제기한 경우, 사해행위의 취소 여부는 반소의 청구원인임과 동시에 본소 청구에 대한 방어방법이자, 본소 청구 인용 여부의 선결문제가 될 수 있다. 그 경우 법원이 반소 청구가 이유 있다고 판단하여, 사해행위의 취소 및 원상회복을 명하는 판결을 선고하는 경우, 비록 반소 청구에 대한 판결이 확정되지 않았다고 하더라도, 원고의 소유권 취득의 원인이 된 법률행위가 취소되었음을 전제로 원고의 본소 청구를 심리하여 판단할 수 있다고 봄이 타당하다. 그때에는 반소 사해행위

취소 판결의 확정을 기다리지 않고, 반소 사해행위취소 판결을 이유로 원고의 본소 청구를 기각할 수 있다. 본소와 반소가 같은 소송절차 내에서 함께 심리, 판단되는 이상, 반소 사해행위취소 판결의 확정 여부가 본소 청구 판단 시 불확실한 상황이라고 보기 어렵고, 그로 인해 원고에게 소송상 지나친 부담을 지운다거나, 원고의 소송상 지위가 불안정해진다고 볼 수도 없다. 오히려 이로써 반소 사해행위취소소송의 심리를 무위로 만들지 않고, 소송경제를 도모하며, 본소 청구에 대한 판결과 반소 청구에 대한 판결의 모순 저촉을 피할 수 있다(대법원 2019. 3. 14. 선고 2018다277785 판결).

ⓒ (×) 저당권이 설정되어 있는 부동산이 사해행위로 양도된 경우에 사해행위는 부동산의 가액에서 저당권의 피담보채무액을 공제한 잔액의 범위 내에서만 성립한다고 보아야 하므로, 사해행위 후 변제 등에 의하여 저당권설정등기가 말소되었다면 부동산의 가액에서 저당권의 피담보채무액을 공제한 잔액의 한도에서 사해행위를 취소하고 가액의 배상을 구할 수 있을 뿐이다. 한편 사해행위의 취소는 취소소송의 당사자 사이에서 상대적으로 취소의 효력이 있는 것으로 당사자 이외의 제3자는 다른 특별한 사정이 없는 이상 취소로 인하여 그 법률관계에 영향을 받지 아니한다. 저당권설정행위 등이 사해행위에 해당하여 채권자가 저당권설정자를 상대로 제기한 사해행위 취소소송에서 채권자의 청구를 인용하는 판결이 선고되었다고 하더라도 이러한 사해행위 취소판결의 효력은 해당 부동산의 소유권을 이전받은 자에게 미치지 아니하므로, 저당권이 설정되어 있는 부동산이 사해행위로 양도된 경우 부동산의 가액에서 저당권의 피담보채무액을 공제한 잔액의 한도에서 양도행위를 사해행위로 취소하고 가액의 배상을 구할 수 있다는 앞서 본 법리는 저당권설정행위 등이 사해행위로 인정되어 취소된 때에도 마찬가지로 적용된다(대법원 2018. 6. 28. 선고 2018다214319 판결).

ⓒ (O) 채권자취소의 대상인 사해행위에 해당하는지를 판단할 때 채무자 소유의 재산이 다른 채권자의 채권에 물상담보로 제공되어 있다면, 물상담보로 제공된 부분은 채무자의 일반 채권자들을 위한 채무자의 책임재산이라고 할 수 없으므로, 물상담보에 제공된 재산의 가액에서 다른 채권자가 가지는 피담보채권액을 공제한 잔액만을 채무자의 적극재산으로 평가하여야 한다. 이때 수 개의 부동산에 공동저당권이 설정되어 있는 경우 책임재산을 산정할 때 각 부동산이 부담하는 피담보채권액은 특별한 사정이 없는 한 민법 제368조의 규정 취지에 비추어 공동저당권의 목적으로 된 각 부동산의 가액에 비례하여 공동저당권의 피담보채권액을 안분한 금액이다. 그러나 수 개의 부동산 중 일부는 채무자의 소유이고 다른 일부는 물상보증인의 소유인 경우에는, 물상보증인이 민법 제481조, 제482조의 규정에 따른 변제자대위에 의하여 채무자 소유의 부동산에 대하여 저당권을 행사할 수 있는 지위에 있는 점 등을 고려할 때, 물상보증인이 채무자에 대하여 구상권을 행사할 수 없는 특별한 사정이 없는 한 채무자 소유의 부동산이 부담하는 피담보채권액은 채무자 소유 부동산의 가액을 한도로 한 공동저당권의 피담보채권액 전액이고, 물상보증인 소유의 부동산이 부담하는 피담보채권액은 공동저당권의 피담보채권액에서 채무자 소유의 부동산이 부담하는 피담보채권액을 제외한 나머지이다. 이러한 법리는 하나의 공유부동산 중 일부 지분이 채무자의 소유이고, 다른 일부 지분이 물상보증인의 소유인 경우에도 마찬가지로 적용된다(대법원 2016. 8. 18. 선고 2013다90402 판결).

ⓔ (×)
[1] 무자력상태의 채무자가 소송절차를 통해 수익자에게 자신의 책임재산을 이전하기로 하여, 수익자가 제기한 소송에서 자백하는 등의 방법으로 패소판결 또는 그와 같은 취지의 화해권고결정 등을 받아 확정시키고, 이에 따라 수익자 앞으로 책임재산에 대한 소유권이전등기 등이 마쳐졌다면, 이러한 일련의 행위의 실질적인 원인이 되는 채무자와 수익자 사이의 이전합의는 다른 일반채권자의 이익을 해하는 사해행위가 될 수 있다.
[2] 채권자가 사해행위의 취소와 함께 수익자 또는 전득자로부터 책임재산의 회복을 명하는 사해행위취소의 판결을 받은 경우 수익자 또는 전득자가 채권자에 대하여 사해행위의 취소로 인한 원상회복 의무를

부담하게 될 뿐, 채권자와 채무자 사이에서 취소로 인한 법률관계가 형성되는 것은 아니다. 따라서 위와 같이 채무자와 수익자 사이의 소송절차에서 확정판결 등을 통해 마쳐진 소유권이전등기가 사해행위취소로 인한 원상회복으로써 말소된다고 하더라도, 그것이 확정판결 등의 효력에 반하거나 모순되는 것이라고는 할 수 없다(대법원 2017. 4. 7. 선고 2016다204783 판결).　　　　　　　　　　　　　　　　　　　　정답 ②

22. 채무의 면제와 혼동에 관한 설명으로 옳은 것을 모두 고른 것은? (다툼이 있는 경우 판례에 의함)

ㄱ. 공동불법행위자 중 1인이 피해자로부터 손해배상채무를 면제받았더라도 다른 공동불법행위자는 피해자에 대한 채무 전부를 이행하여야 한다.

ㄴ. 연대채무자 甲, 乙이 A에게 부담하는 채무액이 3억 원이고 甲과 乙의 부담비율이 2:1인데 甲이 A로부터 1억 5천만 원의 범위에서 채무를 면제받은 경우, 乙의 A에 대한 채무액은 2억 5천만 원으로 감소한다.

ㄷ. 지명채권 양수인이 '양도되는 채권의 채무자'인 때에는 채권양도에 따른 처분행위 시 채권과 채무가 동일한 주체에 귀속한 때에 해당하므로 채권이 혼동에 의하여 소멸한다.

ㄹ. ㄷ.항의 채권양도 당시 확정일자 있는 증서에 의한 대항요건을 갖추지 못한 경우, 그 후 그 채권에 관해 이루어진 가압류 결정을 송달받은 제3채무자(지명채권 양수인)는 가압류채권자에게 혼동으로 대항하지 못한다.

① ㄱ　　　　② ㄷ, ㄹ　　　　③ ㄱ, ㄴ, ㄹ
④ ㄱ, ㄴ, ㄷ　　　　⑤ ㄴ, ㄷ, ㄹ

해설

㉠ (O) 피해자가 공동불법행위자 중 1인에 대하여 한 채무면제 또는 합의의 효력은 다른 공동불법행위자에게는 미치지 아니하므로, 피해자가 공동불법행위자 중 갑으로부터 손해배상의 일부를 변제받고 나머지 손해배상채권은 모두 포기하기로 하는 합의를 하였으나 그 사실을 모르는 공동불법행위자 을이 손해배상금 및 위자료 명목으로 금원을 지급한 경우, 을이 갑의 변제 사실을 확인해 보지 않았다고 하여 그 지급이 위법 또는 무효라고 할 수는 없는 것으로서, 을은 공동면책된 위 금원 중 갑의 부담 비율에 해당하는 구상권을 자동채권으로 하여 갑의 을에 대한 구상채권과 대등액에서 상계할 것을 주장할 수 있다(대법원 1997. 10. 10. 선고 97다28391 판결).

㉡ (O)
1) 민법 제419조는 "어느 연대채무자에 대한 채무면제는 그 채무자의 부담부분에 한하여 다른 연대채무자의 이익을 위하여 효력이 있다."라고 정하여 면제의 절대적 효력을 인정한다. 이는 당사자들 사이에 구상의 순환을 피하여 구상에 관한 법률관계를 간략히 하려는 데 취지가 있는바, 채권자가 연대채무자 중 1인에 대하여 채무를 일부 면제하는 경우에도 그와 같은 취지는 존중되어야 한다. 따라서 연대채무자 중 1인에 대한 채무의 일부 면제에 상대적 효력만 있다고 볼 특별한 사정이 없는 한 일부 면제의 경우에도 면제된 부담부분에 한하여 면제의 절대적 효력이 인정된다고 보아야 한다. 구체적으로 연대채무자 중 1인이 채무 일부를 면제받는 경우에 그 연대채무자가 지급해야 할 잔존 채무액이 부담부분을 초과하는 경우에는 그 연대채무자의 부담부분이 감소한 것은 아니므로 다른 연대채무자의 채무에도 영향을 주지 않아 다른 연대채무자는 채무 전액을 부담하여야 한다. 반대로 일부 면제에 의한 피면제자의 잔존 채무액이 부담부분

보다 적은 경우에는 차액(부담부분 - 잔존 채무액)만큼 피면제자의 부담부분이 감소하였으므로, 차액의 범위에서 면제의 절대적 효력이 발생하여 다른 연대채무자의 채무도 차액만큼 감소한다(대법원 2019. 8. 14. 선고 2019다216435 판결).

2) 채무액 3억 원 중 甲이 내부적으로 부담하는 부분은 2억 원이다. 따라서 A가 甲에게 1억 5,000만 원을 일부면제하였다면 그 결과 당해 연대채무자 甲의 부담부분의 감축이 있는 5,000만 원만큼 면제의 절대적 효력(공동면책)이 발생한다. 따라서 乙의 A에 대한 채무액은 2억 5,000만 원으로 감소한다.

A의 잔존채무 1억 5,000만 원	A가 면제받은 채무 1억 5,000만 원
	A · B가 공동면책 받는 부분 5,000만 원

⇐ 외측(3억 원)으로부터 일부면제액 1억 5,000만 원만큼 감축해 나가면, A의 잔존채무액은 1억 5,000만 원으로, 부담부분액 2억 원에서 보다 5,000만 원이 감축되므로, 이 부분 감축된 5,000만 원만큼이 전체 연대채무자의 공동면책 부분이다.

ⓒ (O), ⓔ (×)

1) 채권과 채무가 동일한 주체에 귀속한 때에는 채권은 소멸한다. 그러나 그 채권이 제3자의 권리의 목적인 때에는 그러하지 아니하다(민법 제507조).

2) [1] 채권양도는 양도인과 양수인 사이에 채권을 동일성을 유지하면서 전자로부터 후자에게로 이전시킬 것을 목적으로 하는 계약을 말한다. 채권양도에 의하여 채권은 동일성을 잃지 않고 양도인으로부터 양수인에게 이전되는데, 이는 채권양도의 대항요건을 갖추지 못하였다고 하더라도 마찬가지이다. 이와 같은 채권의 귀속주체 변경의 효과는 원칙적으로 채권양도에 따른 처분행위 시 발생하는바, 지명채권 양수인이 '양도되는 채권의 채무자'인 경우에는 채권양도에 따른 처분행위 시 채권과 채무가 동일한 주체에 귀속한 때에 해당하므로 민법 제507조 본문에 따라 채권이 혼동에 의하여 소멸한다.

[2] 민법 제450조 제2항에서 정한 지명채권양도의 제3자에 대한 대항요건은 양도된 채권이 존속하는 동안에 그 채권에 관하여 양수인의 지위와 양립할 수 없는 법률상의 지위를 취득한 제3자가 있는 경우에 적용된다. 따라서 지명채권 양수인이 '양도되는 채권의 채무자'여서 양도된 채권이 민법 제507조 본문에 따라 혼동에 의하여 소멸한 경우에는 후에 채권에 관한 압류 또는 가압류결정이 제3채무자에게 송달되더라도 채권압류 또는 가압류결정은 존재하지 아니하는 채권에 대한 것으로서 무효이고, 압류 또는 가압류채권자는 민법 제450조 제2항에서 정한 제3자에 해당하지 아니한다(대법원 2022. 1. 13. 선고 2019다272855 판결).

정답 ④

23. B는 A로부터 1억 원을 차용하면서 A에게 본인 소유의 X부동산에 관하여 저당권을 설정해 주었다. D는 A에게 위 차용금채무의 담보로 본인 소유인 Y부동산에 관하여 저당권을 설정해 주었다. C는 B의 A에 대한 채무를 연대보증하였다. B는 1억 원의 금전채권자 K에게 X부동산에 관하여 2순위로 저당권을 설정해 준 후 B는 X부동산을 E에게 매도하고 이전등기를 마쳐주었다. 다음 설명 중 옳은 것은? (다툼이 있는 경우 판례에 의함)

① E는 변제할 정당한 이익이 있는 자로서 변제로 당연히 A를 대위한다. E가 C와 D에 대하여 A를 대위하기 위해서는 대위의 부기등기를 하여야 한다.

② D가 B의 A에 대한 채무를 면책적으로 인수하였다면 D는 A를 대위할 수 있다.
③ E가 X부동산을 취득한 이후에 C가 A에 대한 채무를 변제한 경우 민법 제482조 제2항 제1호에 따라 C는 대위의 부기등기를 하지 않으면 A를 대위할 수 없다.
④ X부동산에 대해 경매가 개시될 것을 우려한 K가 B의 채무를 대위변제한 경우 K는 변제할 정당한 이익이 있는 자로서 당연히 A를 대위할 수 있다. 하지만 C에 대하여 A를 대위하기 위해서는 민법 제482조 제2항 제1호가 정한 바에 따라 대위의 부기등기를 하여야 한다.
⑤ D가 B의 채무를 대위변제한 경우 D는 구상권의 범위 내에서 출재한 전액에 관하여 E에 대해 A를 대위할 수 있다.

해설

① (×), ⑤ (○)
1) 전2조의 규정(변제자대위)에 의하여 채권자를 대위한 자는 자기의 권리에 의하여 구상할 수 있는 범위에서 채권 및 그 담보에 관한 권리를 행사할 수 있다(민법 제482조 제1항). 채무자 소유 부동산의 제3취득자는 보증인에 대하여 채권자를 대위하지 못한다(민법 제482조 제2항 제2호). 따라서 채무자로부터 채무자 소유의 담보부동산을 취득한 E는 연대보증인 C에 대하여 변제자대위를 할 수 없다.
2) 물상보증인의 채무자에 대한 구상권에는 보증인의 구상권 규정이 준용되고(민법 제370조, 제341조), 물상보증인과 보증인 간에는 법정대위에 있어서 대등한 지위가 인정되므로(민법 제482조 제2항 제5호), 민법 제482조 제2항 제1, 2호의 '보증인'에는 '물상보증인'도 포함된다고 보는 것이 통설적인 견해이다. 이에 따라서 채무자로부터 담보목적물을 취득한 E는 물상보증인 D에게 변제자대위를 할 수 없다는 것이 아래의 판례이다.
3) 민법 제481조는 "변제할 정당한 이익이 있는 자는 변제로 당연히 채권자를 대위한다."라고 규정하고, 민법 제482조 제1항은 "전2조의 규정에 의하여 채권자를 대위한 자는 자기의 권리에 의하여 구상할 수 있는 범위에서 채권 및 그 담보에 관한 권리를 행사할 수 있다."라고 규정하며, 같은 조 제2항은 "전항의 권리행사는 다음 각 호의 규정에 의하여야 한다."라고 규정하고 있으나, 그중 물상보증인과 제3취득자 사이의 변제자대위에 관하여는 명확한 규정이 없다. 그런데 보증인과 제3취득자 사이의 변제자대위에 관하여 민법 제482조 제2항 제1호는 "보증인은 미리 전세권이나 저당권의 등기에 그 대위를 부기하지 아니하면 전세물이나 저당물에 권리를 취득한 제3자에 대하여 채권자를 대위하지 못한다."라고 규정하고, 같은 항 제2호는 "제3취득자는 보증인에 대하여 채권자를 대위하지 못한다."라고 규정하고 있다. 한편 민법 제370조, 제341조에 의하면 물상보증인이 채무를 변제하거나 담보권의 실행으로 소유권을 잃은 때에는 '보증채무'에 관한 규정에 의하여 채무자에 대한 구상권을 가지고, 민법 제482조 제2항 제5호에 따르면 물상보증인과 보증인 상호 간에는 그 인원수에 비례하여 채권자를 대위하게 되어 있을 뿐 이들 사이의 우열은 인정하고 있지 아니하다. 위와 같은 규정 내용을 종합하여 보면, 물상보증인이 채무를 변제하거나 담보권의 실행으로 소유권을 잃은 때에는 보증채무를 이행한 보증인과 마찬가지로 채무자로부터 담보부동산을 취득한 제3자에 대하여 구상권의 범위 내에서 출재한 전액에 관하여 채권자를 대위할 수 있는 반면, 채무자로부터 담보부동산을 취득한 제3자는 채무를 변제하거나 담보권의 실행으로 소유권을 잃더라도 물상보증인에 대하여 채권자를 대위할 수 없다고 보아야 한다. 만일 물상보증인의 지위를 보증인과 다르게 보아서 물상보증인과 채무자로부터 담보부동산을 취득한 제3자 상호 간에는 각 부동산의 가액에 비례하여 채권자를 대위할 수 있다고 한다면, 본래 채무자에 대하여 출재한 전액에 관하여 대위할 수 있었던 물상보증인은 채무자가 담보부동산의 소유권을 제3자에게 이전하였다는 우연한 사정으로 이제는 각 부동산의 가액에 비례하여서만 대위하게 되는 반면, 당초 채무 전액에 대한 담보권의 부담을

각오하고 채무자로부터 담보부동산을 취득한 제3자는 그 범위에서 뜻하지 않은 이득을 얻게 되어 부당하다(대법원 2014. 12. 18. 선고 2011다50233 전원합의체 판결).

② (×)
1) 타인의 채무를 담보하기 위하여 그 소유의 부동산에 저당권을 설정한 물상보증인이 타인의 채무를 변제하거나 저당권의 실행으로 저당물의 소유권을 잃은 때에는 채무자에 대하여 구상권을 취득한다(민법 제370조, 제341조). 그런데 구상권 취득의 요건인 '채무의 변제'라 함은 채무의 내용인 급부가 실현되고 이로써 채권이 그 목적을 달성하여 소멸하는 것을 의미하므로, 기존 채무가 동일성을 유지하면서 인수 당시의 상태로 종래의 채무자로부터 인수인에게 이전할 뿐 기존 채무를 소멸시키는 효력이 없는 면책적 채무인수는 설령 이로 인하여 기존 채무자가 채무를 면한다고 하더라도 이를 가리켜 채무가 변제된 경우에 해당한다고 할 수 없다. 따라서 채무인수의 대가로 기존 채무자가 물상보증인에게 어떤 급부를 하기로 약정하였다는 등의 사정이 없는 한 물상보증인이 기존 채무자의 채무를 면책적으로 인수하였다는 것만으로 물상보증인이 기존 채무자에 대하여 구상권 등의 권리를 가진다고 할 수 없다(대법원 2019. 2. 14. 선고 2017다274703 판결).
2) 변제자대위는 변제자의 채무자에 대한 구상권의 확보를 위한 제도이므로, 변제자가 채무자에 대해 구상권이 없는 경우, 변제자대위는 성립하지 않는다.

③ (×) 민법 제480조, 제481조에 따라 채권자를 대위한 자는 자기의 권리에 의하여 구상할 수 있는 범위에서 채권과 그 담보에 관한 권리를 행사할 수 있다(민법 제482조 제1항). 보증인과 제3취득자 사이의 변제자대위에 관하여 민법 제482조 제2항 제1호는 "보증인은 미리 전세권이나 저당권의 등기에 그 대위를 부기하지 아니하면 전세물이나 저당물에 권리를 취득한 제3자에 대하여 채권자를 대위하지 못한다."라고 정하고 있다. 이 규정은 보증인의 변제로 저당권 등이 소멸한 것으로 믿고 목적부동산에 대하여 권리를 취득한 제3취득자를 예측하지 못한 손해로부터 보호하기 위한 것이다. 따라서 보증인이 채무를 변제한 후 저당권 등의 등기에 관하여 대위의 부기등기를 하지 않고 있는 동안 제3취득자가 목적부동산에 대하여 권리를 취득한 경우 보증인은 제3취득자에 대하여 채권자를 대위할 수 없다. 그러나 <u>제3취득자가 목적부동산에 대하여 권리를 취득한 후 채무를 변제한 보증인은 대위의 부기등기를 하지 않고도 대위할 수 있다고 보아야 한다.</u> 보증인이 변제하기 전 목적부동산에 대하여 권리를 취득한 제3자는 등기부상 저당권 등의 존재를 알고 권리를 취득하였으므로 나중에 보증인이 대위하더라도 예측하지 못한 손해를 입을 염려가 없다(대법원 2020. 10. 15. 선고 2019다222041 판결).

④ (×) 민법 제482조 제2항 제1호와 제2호에서 보증인에게 대위권을 인정하면서도 제3취득자는 보증인에 대하여 채권자를 대위할 수 없다고 규정한 까닭은, 제3취득자는 등기부상 담보권의 부담이 있음을 알고 권리를 취득한 자로서 그 담보권의 실행으로 인하여 예기치 못한 손해를 입을 염려가 없고, 또한 저당부동산에 대하여 소유권, 지상권 또는 전세권을 취득한 제3자는 저당권자에게 그 부동산으로 담보된 채권을 변제하고 저당권의 소멸을 청구할 수 있으며(민법 제364조), 저당물의 제3취득자가 그 부동산의 보존, 개량을 위하여 필요비 또는 유익비를 지출한 때에는 저당물의 경매대가에서 우선상환을 받을 수 있도록(민법 제367조) 하는 등 그 이익을 보호하는 규정도 마련되어 있으므로, 변제자대위와 관련해서는 제3취득자보다는 보증인을 보호할 필요가 있기 때문이다. 그러나 <u>저당부동산에 대하여 후순위 근저당권을 취득한 제3자는 민법 제364조에서 정한 저당권소멸청구권을 행사할 수 있는 제3취득자에 해당하지 아니하고, 달리 선순위 근저당권의 실행으로부터 그의 이익을 보호하는 규정이 없으므로 변제자대위와 관련해서 후순위 근저당권자보다 보증인을 더 보호할 이유가 없으며, 나아가 선순위 근저당권의 피담보채무에 대하여 직접 보증책임을 지는 보증인과 달리 선순위 근저당권의 피담보채무에 대한 직접 변제책임을 지지 않는 후순위 근저당권자는 보증인에 대하여 채권자를 대위할 수 있다고 봄이 타당하므로, 민법 제482조 제2항 제2호의 제3취득자에 후순위 근저당권자는 포함되지 아니한다</u>(대법원 2013. 2. 15. 선고 2012다48855 판결).

정답 ⑤

24. A는 B에 대하여 15억 원의 대여금채권과 15억 원의 약속어음금채권을 각각 가지고 있다. A가 위 약속어음에 대한 공정증서에 기초하여 B의 C에 대한 물품대금채권 중 15억 원에 관해 채권압류명령을 받아 그 명령이 C에게 송달되었으나, C는 이를 간과하고 B에게 12억 원을 지급하였다. B는 수령한 12억 원을 그대로 A에게 전달하면서 대여금채무와 약속어음금채무 중 어느 채무에 충당하는지에 대해 지정하지 않았다. 그 후 A는 위 채권압류명령에 기초하여 추심명령을 받아 C를 상대로 15억 원의 지급을 구하는 추심금 청구소송을 제기하였다. C는 자신이 B에게 지급한 12억 원이 A에게 전달되어 A가 12억 원을 이미 변제받았으므로 3억 원의 추심금 채무만이 남아 있다고 주장한다. 다음 설명 중 옳지 <u>않은</u> 것을 모두 고른 것은? (다툼이 있는 경우 판례에 의함)

ㄱ. 압류명령이 제3채무자에게 송달되어 압류의 효력이 생기면 제3채무자의 채무자에 대한 지급이 금지되므로, 특별한 사정이 없는 한 C는 압류명령을 송달받은 이후 B에게 12억 원을 지급한 사실로써 A에게 대항할 수 없다.
ㄴ. C가 B에게 지급한 12억 원이 그대로 A에게 전달된 것은 C가 정당한 추심권자인 A에게 추심금 중 12억 원을 변제한 것으로 볼 수 있다.
ㄷ. 민법 제472조에서 '채권자가 이익을 받은' 경우란 변제수령자가 채권자에게 변제로 받은 급부를 전달한 경우는 물론이고, 변제수령자가 변제로 받은 급부를 가지고 채권자의 자신에 대한 채무의 변제에 충당하거나 채권자의 제3자에 대한 채무를 대신 변제함으로써 채권자의 기존 채무를 소멸시키는 등 채권자에게 실질적인 이익이 생긴 경우를 포함한다.
ㄹ. 변제수령자가 변제로 받은 급부를 가지고 자신이나 제3자의 채권자에 대한 채무를 변제한 때에는 채권자에게 실질적인 이익이 생긴 경우로서 민법 제472조에 의한 변제의 효력이 인정된다.
ㅁ. A가 12억 원을 수령하면서 이를 대여금채권에 변제충당한다고 B에게 통보하였다면, A가 B로부터 12억 원을 그대로 전달받아 실질적 이익을 얻었으므로, B의 변제는 민법 제472조에 따라 12억 원의 범위에서 그 효력이 있다.

① ㄱ, ㄷ　　② ㄹ　　③ ㄴ, ㄹ, ㅁ
④ ㅁ　　⑤ ㄴ, ㅁ

해설

㉠ (O), ㉡ (×), ㉢ (O), ㉣ (×), ㉤ (×)

1) 제470조(채권의 준점유자에 대한 변제), 제471조(영수증소지자에 대한 변제)의 경우 외에 변제받을 권한없는 자에 대한 변제는 채권자가 이익을 받은 한도에서 효력이 있다.
2) [1] 압류명령이 제3채무자에게 송달되면 압류의 효력이 생기는데, 제3채무자는 압류에 의하여 채무자에 대한 지급이 금지된다(민사집행법 제227조). 이는 채권압류의 본질적 효력으로서 제3채무자는 채무자에게 피압류채권에 따른 급부를 제공하더라도 이로써 압류채권자에게 대항할 수 없고, 압류채권자가 추심권을 취득하면 그에게 다시 지급해야 하는 이중변제의 위험을 부담한다.
[2] 민법 제472조는 불필요한 연쇄적 부당이득반환의 법률관계가 형성되는 것을 피하기 위하여 변제받을 권한 없는 자에 대한 변제의 경우에도 그로 인하여 채권자가 이익을 받은 한도에서 효력이 있다고

정하고 있다. 여기에서 '채권자가 이익을 받은' 경우란 변제수령자가 채권자에게 변제로 받은 급부를 전달한 경우는 물론이고, 변제수령자가 변제로 받은 급부를 가지고 채권자의 자신에 대한 채무의 변제에 충당하거나 채권자의 제3자에 대한 채무를 대신 변제함으로써 채권자의 기존 채무를 소멸시키는 등 채권자에게 실질적인 이익이 생긴 경우를 포함한다. 그러나 변제수령자가 변제로 받은 급부를 가지고 자신이나 제3자의 채권자에 대한 채무를 변제함으로써 채권자의 기존 채권을 소멸시킨 경우에는 채권자에게 실질적인 이익이 생겼다고 할 수 없으므로 민법 제472조에 의한 변제의 효력을 인정할 수 없다(대법원 2021. 3. 11. 선고 2017다278729 판결).

정답 ③

25. A는 B에 대한 대여금 채권을 C에게 양도하고 그 사실을 B에게 통지하였다. A와 B는 대여금 채권의 양도를 금지하는 특약을 한 바 있는데 C는 이러한 사정을 알고 있었다. 다음 설명 중 옳은 것을 모두 고른 것은? (다툼이 있는 경우 판례에 의함)

ㄱ. C가 B에게 양수금을 청구하는 경우, B는 양도금지특약의 존재 및 이에 대한 C의 악의를 증명하여 책임을 면할 수 있다.
ㄴ. A의 채권자 乙이 A의 대여금채권에 대해 전부명령을 받아 B에게 전부금을 청구하는 경우, B는 양도금지특약의 존재 및 乙의 악의를 증명하여 책임을 면할 수 있다.
ㄷ. B가 양도금지특약의 존재 및 C의 악의를 증명한 때에도, C로부터 위 대여금채권을 양수하여 대항요건을 갖춘 D는 선의이며 중과실이 없으면 양수금을 지급받을 수 있다.

① ㄱ   ② ㄱ, ㄴ   ③ ㄱ, ㄷ
④ ㄴ, ㄷ   ⑤ ㄷ

해설

㉠ (O) 채권은 양도할 수 있다. 그러나 채권의 성질이 양도를 허용하지 아니하는 때에는 그러하지 아니하다(민법 제449조 제1항). 그리고 채권은 당사자가 반대의 의사를 표시한 경우에는 양도하지 못한다. 그러나 그 의사표시로써 선의의 제3자에게 대항하지 못한다(민법 제449조 제2항). 이처럼 당사자가 양도를 반대하는 의사를 표시(이하 '양도금지특약'이라고 한다)한 경우 채권은 양도성을 상실한다. 양도금지특약을 위반하여 채권을 제3자에게 양도한 경우에 채권양수인이 양도금지특약이 있음을 알았거나 중대한 과실로 알지 못하였다면 채권 이전의 효과가 생기지 아니한다. 반대로 양수인이 중대한 과실 없이 양도금지특약의 존재를 알지 못하였다면 채권양도는 유효하게 되어 채무자는 양수인에게 양도금지특약을 가지고 채무이행을 거절할 수 없다. 채권양수인의 악의 내지 중과실은 양도금지특약으로 양수인에게 대항하려는 자가 주장·증명하여야 한다(대법원 2019. 12. 19. 선고 2016다24284 전원합의체 판결).

㉡ (×) 당사자 사이에 양도금지의 특약이 있는 채권이라도 압류 및 전부명령에 따라 이전될 수 있고, 양도금지의 특약이 있는 사실에 관하여 압류채권자가 선의인가 악의인가는 전부명령의 효력에 영향이 없다(대법원 2002. 8. 27. 선고 2001다71699 판결).

㉢ (O) 당사자의 의사표시에 의한 채권양도금지 특약은 제3자가 악의인 경우는 물론 제3자가 채권양도금지 특약을 알지 못한 데에 중대한 과실이 있는 경우에도 채권양도금지 특약으로써 대항할 수 있고, 제3자의 악의 내지 중과실은 채권양도금지 특약으로 양수인에게 대항하려는 자가 이를 주장·증명하여야 한다. 그리고 민법 제449조 제2항 단서는 채권양도금지 특약으로써 대항할 수 없는 자를 '선의의 제3자'라고만

규정하고 있어 채권자로부터 직접 양수한 자만을 가리키는 것으로 해석할 이유는 없으므로, 악의의 양수인으로부터 다시 선의로 양수한 전득자도 위 조항에서의 선의의 제3자에 해당한다. 또한 선의의 양수인을 보호하고자 하는 위 조항의 입법 취지에 비추어 볼 때, 이러한 <u>선의의 양수인으로부터 다시 채권을 양수한 전득자는 선의·악의를 불문하고 채권을 유효하게 취득한다</u>(대법원 2015. 4. 9. 선고 2012다118020 판결).

정답 ③

26. 채권양도에 관한 설명으로 옳지 않은 것은? (다툼이 있는 경우 판례에 의함)

① 채권양도인은 채권양도 후라도 그 대항요건을 갖추기 전이면 채무자의 제3채무자에 대한 채권에 대해 가압류 등의 보전조치를 취할 수 있다.
② 채권양도인은 채권양도 후라도 그 대항요건을 갖추기 전이면 채무자를 상대로 시효중단의 효력이 있는 재판상 청구를 할 수 있다.
③ 채권양수인은 채권양수 후 그 대항요건을 갖추지 못한 상태라도 채무자를 상대로 시효중단의 효력이 있는 재판상 청구를 할 수 있다.
④ 乙이 甲으로부터 丙에 대한 채권을 양수한 다음 그 대항요건을 갖추지 못한 상태에서 丙의 丁에 대한 채권을 가압류하여 그 가압류에 기해 배당절차에서 배당을 받은 경우 乙에 대한 배당은 유효하다.
⑤ 甲이 丙에 대한 채권을 乙에게 양도한 다음 그 대항요건이 갖추어지기 전에 丙의 丁에 대한 채권을 가압류하여 그 가압류에 기해 배당절차에서 배당을 받은 경우 甲에 대한 배당은 유효하다.

해설

① (O), ⑤ (O) 채권양도 후 대항요건이 구비되기 전의 채권양도인은 채무자에 대한 관계에서는 여전히 채권자의 지위에 있으므로 채무자의 제3채무자에 대한 채권에 대하여 채권가압류 등의 보전조치를 할 수 있고, 이 경우 채권가압류에 기하여 채권양도인이 배당절차에서 배당을 받았다면 그 배당은 유효하다고 봄이 상당하다(대법원 2019. 5. 16. 선고 2016다8589 판결).

② (O) 채권양도 후 대항요건이 구비되기 전의 양도인은 채무자에 대한 관계에서는 여전히 채권자의 지위에 있으므로 채무자를 상대로 시효중단의 효력이 있는 재판상의 청구를 할 수 있고, 이 경우 양도인이 제기한 소송 중에 채무자가 채권양도의 효력을 인정하는 등의 사정으로 인하여 양도인의 청구가 기각됨으로써 민법 제170조 제1항에 의하여 시효중단의 효과가 소멸된다고 하더라도, 양도인의 청구가 당초부터 무권리자에 의한 청구로 되는 것은 아니므로, 양수인이 그로부터 6월 내에 채무자를 상대로 재판상의 청구 등을 하였다면, 민법 제169조 및 제170조 제2항에 의하여 양도인의 최초의 재판상 청구로 인하여 시효가 중단된다(대법원 2009. 2. 12. 선고 2008두20109 판결).

③ (O) 채권양도는 구 채권자인 양도인과 신 채권자인 양수인 사이에 채권을 그 동일성을 유지하면서 전자로부터 후자에게로 이전시킬 것을 목적으로 하는 계약을 말한다 할 것이고, 채권양도에 의하여 채권은 그 동일성을 잃지 않고 양도인으로부터 양수인에게 이전되며, 이러한 법리는 채권양도의 대항요건을 갖추지 못하였다고 하더라도 마찬가지인 점, 민법 제149조의 "조건의 성취가 미정한 권리의무는 일반규정에 의하여 처분, 상속, 보존 또는 담보로 할 수 있다."는 규정은 대항요건을 갖추지 못하여 채무자에게 대항하지 못한다고 하더라도 채권양도에 의하여 채권을 이전받은 양수인의 경우에도 그대로 준용될 수

있는 점, 채무자를 상대로 재판상의 청구를 한 채권의 양수인을 '권리 위에 잠자는 자'라고 할 수 없는 점 등에 비추어 보면, 비록 대항요건을 갖추지 못하여 채무자에게 대항하지 못한다고 하더라도 채권의 양수인이 채무자를 상대로 재판상의 청구를 하였다면 이는 소멸시효 중단사유인 재판상의 청구에 해당한다고 보아야 한다(대법원 2005. 11. 10. 선고 2005다41818 판결).

④ (×)
[가] 채권을 양수하기는 하였으나 아직 양도인에 의한 통지 또는 채무자의 승낙이라는 대항요건을 갖추지 못하였다면 채권양수인은 채무자와 사이에 아무런 법률관계가 없어 채무자에 대하여 아무런 권리주장을 할 수 없고, 채권양수인으로서는 양도인이 채무자에게 채권양도통지를 하거나 채무자가 이를 승낙하여야 채무자에게 채권양수를 주장(대항)할 수 있는 것이다.
[나] 이 사건 기록에 의하면, 피고와 승계참가인은 이 사건 배당절차가 개시되기 전에 이 사건 채권양도계약을 체결하였고, 그 대항요건을 갖추지 않고 있던 중 이 사건 배당이의 소송이 제기되었으며, 삼보에이치디가 2012. 1. 6. 자 상고이유서를 제출함으로써 채권양도를 승인한 이후, 비로소 승계참가인이 '피고로부터 삼보에이치디에 대한 채권을 양수하였다'고 주장하면서 이 사건 승계참가신청을 하였음을 알 수 있다.
[다] 앞서 본 법리에 비추어 살펴본다. 승계참가인은 채권양도의 대항요건을 갖추기 전까지 채무자에 대하여 아무런 권리주장을 할 수 없음은 물론, **이 사건 배당절차에서도 피고로부터 채권을 양도받았다고 주장하면서 적법하게 배당을 받을 수 없다.** 따라서 이 사건과 같이 배당이의 소송 제기 전에 채권양도가 있었고, 그 대항요건을 배당이의 소송계속 중에 갖추었다면, **대항요건을 갖춘 이후에야 비로소 채권양수인으로서는 배당이의 소송에 승계참가하여 채권양도인의 승계인으로서 배당받을 권리가 있음을 주장할 수 있다**고 보아야 한다. 그러므로 원심이 이 사건 승계참가신청이 적법하다고 판단한 것은 정당하고, 거기에 승계참가신청의 적법성에 관한 법리를 오해한 잘못이 없다(대법원 2019. 5. 16. 선고 2016다8589 판결). 정답 ④

27. 법인 또는 비법인 사단에 관한 다음 설명 중 옳은 것(○)과 옳지 않은 것(×)을 올바르게 조합한 것은? (다툼이 있는 경우 판례에 의함)

ㄱ. 민법상 재단법인의 기본재산에 관한 저당권 설정행위는 특별한 사정이 없는 한 정관의 기재사항을 변경하여야 하는 경우에 해당하지 않고, 이에 관하여 주무관청의 허가를 얻을 필요도 없다.
ㄴ. 비법인 사단에 대하여 법원이 선임한 임시이사는 원칙적으로 정식이사와 동일한 권한을 가진다.
ㄷ. 법원이 민법상 법인의 이사회 소집을 허가할 근거는 법률에 없다. 다만, 법원은 이사회 결의의 효력에 관하여 다툼이 발생하면 소집절차의 적법 여부를 판단할 수 있을 뿐이다.
ㄹ. 민법은 사단법인의 구성원들이 2개의 법인으로 나뉘어 각각 독립한 법인으로 존속하면서 종전 사단법인에게 귀속되었던 재산을 소유하는 방식의 사단법인 분열을 인정하지 아니한다.

① ㄱ(○), ㄴ(○), ㄷ(○), ㄹ(○)
② ㄱ(○), ㄴ(○), ㄷ(○), ㄹ(×)
③ ㄱ(○), ㄴ(○), ㄷ(×), ㄹ(×)
④ ㄱ(○), ㄴ(×), ㄷ(×), ㄹ(×)
⑤ ㄱ(×), ㄴ(×), ㄷ(×), ㄹ(×)

| 해설 |

㉠ (O) 민법상 재단법인의 기본재산에 관한 저당권 설정행위는 특별한 사정이 없는 한 정관의 기재사항을 변경하여야 하는 경우에 해당하지 않으므로, 그에 관하여는 주무관청의 허가를 얻을 필요가 없다(대법원 2018. 7. 20. 자 2017마1565 결정).

㉡ (O) 민법상의 법인에 대하여 민법 제63조에 의하여 법원이 선임한 임시이사는 원칙적으로 정식이사와 동일한 권한을 가진다. 다만 학교법인의 경우와 같이, 다른 재단법인에 비하여 자주성이 보장되어야 할 특수성이 있고 사립학교법 등 관련 법률에서도 이를 특별히 보장하고 있어 임시이사의 권한이 통상적인 업무에 관한 사항에 한정된다고 보아야 하는 경우가 있을 뿐이다(대법원 2013. 6. 13. 선고 2012다40332 판결).

㉢ (O)
[1] 민법 제58조 제1항은 민법상 법인의 사무집행은 이사가 하도록 규정하고 있고, 같은 조 제2항은 이사가 수인인 경우에는 이사의 과반수로써 결정하되 정관에 다른 규정이 있으면 이에 따르도록 규정하고 있다. 그러므로 이사가 수인인 민법상 법인의 정관에 대표권 있는 이사만 이사회를 소집할 수 있다고 규정하고 있다고 하더라도 이는 과반수의 이사가 본래 할 수 있는 이사회 소집에 관한 행위를 대표권 있는 이사로 하여금 하게 한 것에 불과하다. 따라서 정관에 다른 이사가 요건을 갖추어 이사회 소집을 요구하면 대표권 있는 이사가 이에 응하도록 규정하고 있는데도 대표권 있는 이사가 다른 이사의 정당한 이사회 소집을 거절하였다면, 대표권 있는 이사만 이사회를 소집할 수 있는 규정은 적용될 수 없다. 이 경우 이사는 정관의 이사회 소집권한에 관한 규정 또는 민법에 기초하여 법인의 사무를 집행할 권한에 의하여 이사회를 소집할 수 있다.
[2] 민법상 법인의 필수기관이 아닌 이사회는 이사가 사무집행권한에 의해 소집하는 것이므로, 과반수에 미치지 못하는 이사는 특별한 사정이 없는 한 민법 제58조 제2항에 반하여 이사회를 소집할 수 없다. 반면 과반수에 미치지 못하는 이사가 정관의 특별한 규정에 근거하여 이사회를 소집하거나 과반수의 이사가 민법 제58조 제2항에 근거하여 이사회를 소집하는 경우에는 법원의 허가를 받을 필요 없이 본래적 사무집행권에 기초하여 이사회를 소집할 수 있다. 법원은 민법상 법인의 이사회 소집을 허가할 법률상 근거가 없고, 다만 이사회 결의의 효력에 관하여 다툼이 발생하면 소집절차의 적법 여부를 판단할 수 있을 뿐이다.
[3] 사단법인의 소수사원이 이사에게 요건을 갖추어 임시총회의 소집을 요구하였으나 2주간 내에 이사가 총회소집의 절차를 밟지 아니한 경우 법원의 허가를 얻어 임시총회를 소집할 수 있도록 규정한 민법 제70조 제3항은, 사단법인의 최고의결기관인 사원총회의 구성원들이 사원권에 기초하여 일정한 요건을 갖추어 최고의결기관의 의사를 결정하기 위한 회의의 개최를 요구하였는데도 집행기관인 이사가 절차를 밟지 아니하는 경우에 법원이 후견적 지위에서 소수사원의 임시총회 소집권을 인정한 법률의 취지를 실효성 있게 보장하기 위한 규정이다. 따라서 위 규정을 구성과 운영의 원리가 다르고 법원이 후견적 지위에서 관여하여야 할 필요성을 달리하는 민법상 법인의 집행기관인 이사회 소집에 유추적용할 수 없다(대법원 2017. 12. 1. 자 2017그661 결정).

㉣ (O)
[1] [다수의견] 우리 민법이 사단법인에 있어서 구성원의 탈퇴나 해산은 인정하지만 사단법인의 구성원들이 2개의 법인으로 나뉘어 각각 독립한 법인으로 존속하면서 종전 사단법인에게 귀속되었던 재산을 소유하는 방식의 사단법인의 분열은 인정하지 아니한다. 그 법리는 법인 아닌 사단에 대하여도 동일하게 적용되며, 법인 아닌 사단의 구성원들의 집단적 탈퇴로써 사단이 2개로 분열되고 분열되기 전 사단의 재산이 분열된 각 사단들의 구성원들에게 각각 총유적으로 귀속되는 결과를 초래하는 형태의 법인 아닌

사단의 분열은 허용되지 않는다. 교회가 법인 아닌 사단으로서 존재하는 이상, 그 법률관계를 둘러싼 분쟁을 소송인 방법으로 해결함에 있어서는 법인 아닌 사단에 관한 민법의 일반 이론에 따라 교회의 실체를 파악하고 교회의 재산 귀속에 대하여 판단하여야 하고, 이에 따라 법인 아닌 사단의 재산관계와 그 재산에 대한 구성원의 권리 및 구성원 탈퇴, 특히 집단적인 탈퇴의 효과 등에 관한 법리는 교회에 대하여도 동일하게 적용되어야 한다. 따라서 교인들은 교회 재산을 총유의 형태로 소유하면서 사용·수익할 것인데, 일부 교인들이 교회를 탈퇴하여 그 교회 교인으로서의 지위를 상실하게 되면 탈퇴가 개별적인 것이든 집단적인 것이든 이와 더불어 종전 교회의 총유 재산의 관리처분에 관한 의결에 참가할 수 있는 지위나 그 재산에 대한 사용·수익권을 상실하고, 종전 교회는 잔존 교인들을 구성원으로 하여 실체의 동일성을 유지하면서 존속하며 종전 교회의 재산은 그 교회에 소속된 잔존 교인들의 총유로 귀속됨이 원칙이다. 그리고 교단에 소속되어 있던 지교회의 교인들의 일부가 소속 교단을 탈퇴하기로 결의한 다음 종전 교회를 나가 별도의 교회를 설립하여 별도의 대표자를 선정하고 나아가 다른 교단에 가입한 경우, 그 교회는 종전 교회에서 집단적으로 이탈한 교인들에 의하여 새로이 법인 아닌 사단의 요건을 갖추어 설립된 신설 교회라 할 것이어서, 그 교회 소속 교인들은 더 이상 종전 교회의 재산에 대한 권리를 보유할 수 없게 된다.
[2] [**다수의견**] 특정 교단에 가입한 지교회가 교단이 정한 헌법을 지교회 자신의 자치규범으로 받아들였다고 인정되는 경우에는 소속 교단의 변경은 실질적으로 지교회 자신의 규약에 해당하는 자치규범을 변경하는 결과를 초래하고, 만약 지교회 자신의 규약을 갖춘 경우에는 교단변경으로 인하여 지교회의 명칭이나 목적 등 지교회의 규약에 포함된 사항의 변경까지 수반하기 때문에, 소속 교단에서의 탈퇴 내지 소속 교단의 변경은 사단법인 정관변경에 준하여 의결권을 가진 교인 2/3 이상의 찬성에 의한 결의를 필요로 하고, 그 결의요건을 갖추어 소속 교단을 탈퇴하거나 다른 교단으로 변경한 경우에 종전 교회의 실체는 이와 같이 교단을 탈퇴한 교회로서 존속하고 종전 교회 재산은 위 탈퇴한 교회 소속 교인들의 총유로 귀속된다(대법원 2006. 4. 20. 선고 2004다37775 전원합의체 판결). **정답** ①

28. 대리에 관한 다음 설명 중 옳지 않은 것은? (다툼이 있는 경우 판례에 의함)

① 부동산의 소유자로부터 매매계약을 체결할 대리권을 수여받은 대리인은 별도의 수권을 받는 등의 특별한 사정이 없는 한 그 매매계약에서 정한 중도금이나 잔금을 수령할 권한을 가지지 못한다.

② 법정대리인인 친권자가 부동산을 매수하여 이를 그 자(子)에게 증여하는 행위는 미성년자인 자(子)에게 이익만을 주는 행위이므로 친권자와 자(子) 사이의 이해상반행위에 속하지 아니하고, 또 자기계약이지만 유효하다.

③ 호텔운영업자 甲이 호텔의 시설이용 우대회원 모집계약을 乙과 체결하고, 乙이 甲의 판매점, 총대리점 등의 명칭을 사용하여 회원모집 안내를 하거나 입회계약을 체결하는 것을 甲이 묵인하였다면, 민법 제125조의 표현대리가 성립할 여지가 있다.

④ 대리인이 대리권 소멸 후 복대리인을 선임하여 복대리인으로 하여금 상대방과 사이에 대리행위를 하도록 한 경우, 상대방이 대리권 소멸 사실을 알지 못하여 복대리인에게 적법한 대리권이 있는 것으로 믿었고 그와 같이 믿은 데 과실이 없다면 민법 제129조에 의한 표현대리가 성립할 수 있다.

⑤ 본인이 무권대리인에게 무권대리행위를 추인하였으나, 상대방이 이를 알지 못하였다면 그 상대방은 무권대리인과 체결한 계약을 철회할 수 있다.

해설

① (✕) 임의대리에 있어서 대리권의 범위는 수권행위(대리권수여행위)에 의하여 정하여지는 것이므로 어느 행위가 대리권의 범위 내의 행위인지의 여부는 개별적인 수권행위의 내용이나 그 해석에 의하여 판단할 것이나, 일반적으로 말하면 수권행위의 통상의 내용으로서의 임의대리권은 그 권한에 부수하여 필요한 한도에서 상대방의 의사표시를 수령하는 이른바 수령대리권을 포함하는 것으로 보아야 한다. 부동산의 소유자로부터 매매계약을 체결할 대리권을 수여받은 대리인은 특별한 사정이 없는 한 그 매매계약에서 약정한 바에 따라 중도금이나 잔금을 수령할 권한도 있다고 보아야 한다(대법원 1994. 2. 8. 선고 93다39379 판결).

② (○) 법정대리인인 친권자가 부동산을 매수하여 이를 그 자에게 증여하는 행위는 미성년자인 자에게 이익 만을 주는 행위이므로 친권자와 자 사이의 이해상반행위에 속하지 아니하고, 또 자기계약이지만 유효 하다(대법원 1981. 10. 13. 선고 81다649 판결).

③ (○)
[1] 민법 제125조가 규정하는 대리권 수여의 표시에 의한 표현대리는 본인과 대리행위를 한 자 사이의 기본적인 법률관계의 성질이나 그 효력의 유무와는 직접적인 관계가 없이 어떤 자가 본인을 대리하여 제3자와 법률행위를 함에 있어 본인이 그 자에게 대리권을 수여하였다는 표시를 제3자에게 한 경우에는 성립될 수가 있고, 또 본인에 의한 대리권 수여의 표시는 반드시 대리권 또는 대리인이라는 말을 사용 하여야 하는 것이 아니라 사회통념상 대리권을 추단할 수 있는 직함이나 명칭 등의 사용을 승낙 또는 묵인한 경우에도 대리권 수여의 표시가 있은 것으로 볼 수 있다.
[2] 호텔 등의 시설이용 우대회원 모집계약을 체결하면서 자신의 판매점, 총대리점 또는 연락사무소 등 의 명칭을 사용하여 회원모집 안내를 하거나 입회계약을 체결하는 것을 승낙 또는 묵인하였다면 민법 제125조의 표현대리가 성립할 여지가 있다(대법원 1998. 6. 12. 선고 97다53762 판결).

④ (○) 표현대리의 법리는 거래의 안전을 위하여 어떠한 외관적 사실을 야기한 데 원인을 준 자는 그 외관적 사실을 믿음에 정당한 사유가 있다고 인정되는 자에 대하여는 책임이 있다는 일반적인 권리외관 이론에 그 기초를 두고 있는 것인 점에 비추어 볼 때, 대리인이 대리권 소멸 후 직접 상대방과 사이에 대리행위를 하는 경우는 물론 대리인이 대리권 소멸 후 복대리인을 선임하여 복대리인으로 하여금 상대방과 사이에 대리행위를 하도록 한 경우에도, 상대방이 대리권 소멸 사실을 알지 못하여 복대리인에게 적법한 대리권 이 있는 것으로 믿었고 그와 같이 믿은 데 과실이 없다면 민법 제129조에 의한 표현대리가 성립할 수 있다(대법원 1998. 5. 29. 선고 97다55317 판결).

⑤ (○)
1) 추인 또는 거절의 의사표시는 상대방에 대하여 하지 아니하면 그 상대방에 대항하지 못한다. 그러나 상대방이 그 사실을 안 때에는 그러하지 아니하다(민법 제132조).
2) 민법 제132조는 본인이 무권대리인에게 무권대리행위를 추인한 경우에 상대방이 이를 알지 못하는 동안에는 본인은 상대방에게 추인의 효과를 주장하지 못한다는 취지이므로 상대방은 그때까지 민법 제134조에 의한 철회를 할 수 있고, 또 무권대리인에의 추인이 있었음을 주장할 수도 있다(대법원 1981. 4. 14. 선고 80다2314 판결).

정답 ①

29. 법률행위의 부관에 관한 설명 중 옳은 것은? (다툼이 있는 경우 판례에 의함)

① 채권자와 채무자 모두가 기한의 이익을 갖는 이자부 금전소비대차계약에서, 채무자가 변제기 전에 변제하는 경우 변제기까지의 약정이자 등 채권자의 손해를 배상하여야 한다. 그러나 위 차용금반환채무의 담보물을 제공한 물상보증인이 변제기 전에 그 차용원금과 변제할 때까지의 약정이자를 변제제공하면, 채권자는 그 수령을 거절할 수 없다.

② 부관이 붙은 법률행위의 경우에, 부관에 표시된 사실이 발생하지 아니하면 채무를 이행하지 아니하여도 된다고 보는 것이 타당한 경우에는 불확정기한으로 보아야 하고, 표시된 사실이 발생한 때에는 물론이고 반대로 발생하지 아니하는 것이 확정된 때에도 채무를 이행하여야 한다고 보는 것이 타당한 경우에는 표시된 사실의 발생 여부가 확정되는 것을 조건으로 정한 것으로 보아야 한다.

③ 조건이 법률행위 당시 이미 성취한 것인 경우에는 그 조건이 정지조건이면 조건없는 법률행위로 하고, 해제조건이면 그 법률행위는 무효로 한다. 반면, 조건이 법률행위 당시에 이미 성취할 수 없는 것인 경우에는 그 조건이 해제조건이면 조건없는 법률행위로 하고, 정지조건이면 그 법률행위는 무효로 한다.

④ 조건부 계약의 일방 당사자가 상대방 당사자의 신의성실에 반하는 조건성취 방해행위를 주장·증명하면, 방해행위로 인한 조건성취의 가능성을 고려할 필요 없이 조건성취가 의제된다.

⑤ 기한을 정하지 않은 채무에 정지조건이 있는 경우, 정지조건이 객관적으로 성취되면 바로 지체책임이 발생한다. 조건과 기한은 하나의 법률행위에 독립적으로 작용하는 부관이므로, '조건의 성취'는 '기한이 없는 채무에서 이행기의 도래'와는 별개의 문제이기 때문이다.

해설

① (×) 기한의 이익은 포기할 수 있으나, 상대방의 이익을 해하지 못한다(민법 제153조 제2항). 변제기 전이라도 채무자는 변제할 수 있으나, 상대방의 손해는 배상하여야 한다(민법 제468조). 채무의 변제는 제3자도 할 수 있으나(민법 제469조 제1항 본문), 그 경우에도 급부행위는 채무내용에 좇은 것이어야 한다(민법 제460조). 채권자와 채무자 모두가 기한의 이익을 갖는 이자부 금전소비대차계약 등에 있어서, 채무자가 변제기로 인한 기한의 이익을 포기하고 변제기 전에 변제하는 경우 변제기까지의 약정이자 등 채권자의 손해를 배상하여야 하고, 이러한 약정이자 등 손해액을 함께 제공하지 않으면 채무의 내용에 따른 변제제공이라고 볼 수 없으므로, 채권자는 수령을 거절할 수 있다. 이는 제3자가 변제하는 경우에도 마찬가지이다(대법원 2023. 4. 13. 선고 2021다305338 판결).

② (×) 부관이 붙은 법률행위의 경우에, 부관에 표시된 사실이 발생하지 아니하면 채무를 이행하지 아니하여도 된다고 보는 것이 타당한 경우에는 조건으로 보아야 하고, 표시된 사실이 발생한 때에는 물론이고 반대로 발생하지 아니하는 것이 확정된 때에도 채무를 이행하여야 한다고 보는 것이 타당한 경우에는 표시된 사실의 발생 여부가 확정되는 것을 불확정기한으로 정한 것으로 보아야 한다. 그리고 이미 부담하고 있는 채무의 변제에 관하여 일정한 사실이 부관으로 붙여진 경우에는, 특별한 사정이 없는 한 그것은 변제기를 유예한 것으로서 그 사실이 발생한 때 또는 발생하지 아니하는 것으로 확정된 때에 기한이 도래한다(대법원 2020. 12. 24. 선고 2019다293098 판결).

③ (○) 조건이 선량한 풍속 기타 사회질서에 위반한 것인 때에는 그 법률행위는 무효로 한다(민법 제151조 제1항). 조건이 법률행위의 당시 이미 성취한 것인 경우에는 그 조건이 정지조건이면 조건없는 법률행위로 하고 해제조건이면 그 법률행위는 무효로 한다(민법 제151조 제2항). 조건이 법률행위의 당시에 이미 성취할 수 없는 것인 경우에는 그 조건이 해제조건이면 조건없는 법률행위로 하고 정지조건이면 그 법률행위는 무효로 한다(민법 제151조 제3항).

④ (✕) 민법 제150조 제1항은 조건의 성취로 인하여 불이익을 받을 당사자가 신의성실에 반하여 조건의 성취를 방해한 때에는 상대방은 그 조건이 성취한 것으로 주장할 수 있다고 정함으로써, 조건이 성취되었더라면 원래 존재했어야 하는 상태를 일방 당사자의 부당한 개입으로부터 보호하기 위한 규정을 두고 있다. 이 조항은 권리의 행사와 의무의 이행은 신의에 좇아 성실히 하여야 한다는 법질서의 기본원리가 발현된 것으로서, 누구도 신의성실에 반하는 행태를 통해 이익을 얻어서는 안 된다는 사상을 포함하고 있다. 다만 일방 당사자의 신의성실에 반하는 방해행위 등이 있었다는 사정만으로 곧바로 민법 제150조 제1항에 의해 그 상대방이 발생할 것으로 희망했던 결과까지 의제된다고 볼 수는 없으므로, 여기서 말하는 '조건의 성취를 방해한 때'란 사회통념상 일방 당사자의 방해행위가 없었더라면 조건이 성취되었을 것으로 볼 수 있음에도 방해행위로 인하여 조건이 성취되지 못한 정도에 이르러야 하고, 방해행위가 없었더라도 조건의 성취가능성이 현저히 낮은 경우까지 포함되는 것은 아니다. 만일 위와 같은 경우까지 조건의 성취를 의제한다면 단지 일방 당사자의 부당한 개입이 있었다는 사정만으로 곧바로 조건 성취로 인한 법적 효과를 인정하는 것이 되고 이는 상대방으로 하여금 공평·타당한 결과를 초과하여 부당한 이득을 얻게 하는 결과를 초래할 수 있기 때문이다. 한편 일방 당사자가 신의성실에 반하여 조건의 성취를 방해하였는지는 당사자들이 조건부 법률행위 등을 하게 된 경위나 의사, 조건부 법률행위의 목적과 내용, 방해행위의 태양, 해당 조건의 성취가능성 및 방해행위가 조건의 성취에 미친 영향, 조건의 성취에 영향을 미치는 다른 요인의 존재 여부 등 여러 사정을 고려하여 개별적·구체적으로 판단하여야 한다(대법원 2022. 12. 29. 선고 2022다266645 판결).

⑤ (✕) 기한을 정하지 않은 채무에 정지조건이 있는 경우, 정지조건이 객관적으로 성취되고 그 후에 채권자가 이행을 청구하면 바로 지체책임이 발생한다. 조건과 기한은 하나의 법률행위에 독립적으로 작용하는 부관이므로, '조건의 성취'는 '기한이 없는 채무에서 이행기의 도래'와는 별개의 문제이기 때문이다. 그리고 청구금액이 확정되지 아니하였다는 이유만으로 채무자가 지체책임을 면할 수는 없다. 청구권은 이미 발생하였고 가액이 아직 확정되지 아니한 것일 뿐이므로, 지연손해금 발생의 전제가 되는 원본 채권이 부존재한다고 말할 수는 없기 때문이다. 불법행위로 인한 손해배상채무의 경우 불법행위가 발생한 시점에는 손해배상액을 확정할 수 없는 경우가 대부분이지만, 그 발생 시점부터 지체책임이 성립하는 점에 비추어도 그러하다(대법원 2018. 7. 20. 선고 2015다207044 판결).

정답 ③

30. 소멸시효에 관한 다음 설명 중 옳지 않은 것을 모두 고른 것은? (다툼이 있는 경우 판례에 의함)

ㄱ. 채무자가 소멸시효 완성 후 시효를 원용하지 아니할 것 같은 태도를 보여 권리자로 하여금 이를 신뢰하게 하였더라도, 채권자는 그러한 사정이 있는 때로부터 상당한 기간 내에 권리를 행사하여야만 채무자의 소멸시효 항변을 저지할 수 있다.

ㄴ. 소송위임계약으로 성공보수를 약정하였을 경우, 별다른 특약이 없는 한, 해당 소송사건이 확정된 때로부터 그 소멸시효기간이 진행됨이 원칙이다.

ㄷ. 채권자가 집행법원에 재산명시를 신청하거나 배당요구를 한 경우, 그러한 집행법상 조처는 민법 제168조 제2호의 압류에 준하는 것이므로, 관련 채권의 소멸시효를 중단하는 효력이 생긴다.

ㄹ. 채무불이행에 따른 해제의 의사표시 당시에 이미 채무불이행의 대상이 되는 본래 채권의 시효가 완성되었더라도, 채권자는 특별한 사정이 없는 한 그 채무불이행을 이유로 한 해제권 및 이에 기한 원상회복청구권을 행사할 수 있다.

ㅁ. 소멸시효가 완성된 경우 채무자에 대한 일반 채권자는 채권자의 지위에서 독자적으로 소멸시효의 주장을 할 수는 없지만 자기의 채권을 보전하기 위하여 필요한 한도 내에서 채무자를 대위하여 소멸시효 주장을 할 수 있다.

① ㄱ, ㄴ, ㄷ ② ㄱ, ㄷ, ㅁ ③ ㄱ, ㄹ, ㅁ
④ ㄴ, ㄷ, ㄹ ⑤ ㄴ, ㄹ, ㅁ

해설

㉠ (○) 소멸시효를 이유로 한 항변권의 행사도 민법의 대원칙인 신의성실의 원칙과 권리남용금지의 원칙의 지배를 받으므로, 채무자가 소멸시효 완성 후 시효를 원용하지 아니할 것 같은 태도를 보여 권리자로 하여금 이를 신뢰하게 하였고, 그로부터 권리행사를 기대할 수 있는 상당한 기간 내에 채권자가 자신의 권리를 행사하였다면, 채무자가 소멸시효 완성을 주장하는 것은 신의성실 원칙에 반하는 권리남용으로 허용될 수 없다. 이때 상당한 기간 내에 권리행사가 있었는지 여부는 채권자와 채무자 사이의 관계, 신뢰를 부여하게 된 채무자의 행위 등의 내용과 동기 및 경위, 채무자가 그 행위 등에 의하여 달성하려고 한 목적과 진정한 의도, 채권자의 권리행사가 지연될 수밖에 없었던 특별한 사정이 있었는지 여부 등을 종합적으로 고려하여 판단할 것이다(대법원 2013. 9. 26. 선고 2013다205624 판결).

㉡ (×) 민법 제686조 제2항에 의하면 수임인은 위임사무를 완료하여야 보수를 청구할 수 있다. 따라서 소송위임계약으로 성공보수를 약정하였을 경우 심급대리의 원칙에 따라 수임한 소송사무가 종료하는 시기인 해당 심급의 판결을 송달받은 때로부터 그 소멸시효기간이 진행되나, 당사자 사이에 보수금의 지급시기에 관한 특약이 있다면 그에 따라 보수채권을 행사할 수 있는 때로부터 소멸시효가 진행한다고 보아야 한다(대법원 2023. 2. 2. 선고 2022다276307 판결).

㉢ (×)
1) 채권자가 확정판결에 기한 채권의 실현을 위하여 채무자에 대하여 민사집행법상 재산명시신청을 하고 그 결정이 채무자에게 송달되었다면 거기에 소멸시효 중단사유인 '최고'로서의 효력만이 인정되므로, 재산명시결정에 의한 소멸시효 중단의 효력은, 그로부터 6월 내에 다시 소를 제기하거나 압류 또는 가압류, 가처분을 하는 등 민법 제174조에 규정된 절차를 속행하지 아니하는 한, 상실된다(대법원 2012. 1. 12. 선고 2011다78606 판결).
2) 채권자가 배당요구의 방법으로 권리를 행사하여 경매절차에 참가하였다면 그 배당요구는 민법 제168조 제2호의 압류에 준하는 것으로서 배당요구에 관련된 채권에 관하여 소멸시효를 중단하는 효력이 생긴다. 배당을 받아야 할 채권자 중 가압류채권자가 있어 그에 대한 배당액이 공탁된 경우 공탁된 배당금이 가압류채권자에게 지급될 때까지 배당절차가 종료되었다고 단정할 수 없다. 따라서 가압류채권자에 대한 배당액을 공탁한 뒤 그 공탁금을 가압류채권자에게 전액 지급할 수 없어서 추가배당이 실시됨에 따라 배당표가 변경되는 경우에는 추가배당표가 확정되는 시점까지 배당요구에 의한 권리행사가 계속된다고 볼 수 있으므로, 그 권리행사로 인한 소멸시효 중단의 효력은 추가배당표가 확정될 때까지 계속된다(대법원 2022. 5. 12. 선고 2021다280026 판결).

㉣ (×) 이행불능 또는 이행지체를 이유로 한 법정해제권은 채무자의 채무불이행에 대한 구제수단으로 인정되는 권리이다. 따라서 채무자가 이행해야 할 본래 채무가 이행불능이라는 이유로 계약을 해제하려면 그

이행불능의 대상이 되는 채무자의 본래 채무가 유효하게 존속하고 있어야 한다. 민법 제167조는 "소멸시효는 그 기산일에 소급하여 효력이 생긴다."라고 정한다. 본래 채권이 시효로 인하여 소멸하였다면 그 채권은 그 기산일에 소급하여 더는 존재하지 않는 것이 되어 채권자는 그 권리의 이행을 구할 수 없는 것이고, 이와 같이 본래 채권이 유효하게 존속하지 않는 이상 본래 채무의 불이행을 이유로 계약을 해제할 수 없다고 보아야 한다. 결국 채무불이행에 따른 해제의 의사표시 당시에 이미 채무불이행의 대상이 되는 본래 채권이 시효가 완성되어 소멸하였다면, 채무자가 소멸시효의 완성을 주장하는 것이 신의성실의 원칙에 반하여 허용될 수 없다는 등의 특별한 사정이 없는 한, <u>채권자는 채무불이행 시점이 본래 채권의 시효 완성 전인지 후인지를 불문하고 그 채무불이행을 이유로 한 해제권 및 이에 기한 원상회복청구권을 행사할 수 없다</u>(대법원 2022. 9. 29. 선고 2019다204593 판결).

ⓜ (O) 소멸시효가 완성된 경우 채무자에 대한 일반 채권자는 채권자의 지위에서 독자적으로 소멸시효의 주장을 할 수는 없지만 자기의 채권을 보전하기 위하여 필요한 한도 내에서 채무자를 대위하여 소멸시효 주장을 할 수 있다(대법원 2023. 8. 18. 선고 2023다234102 판결). **정답 ④**

31. 甲은 관할 가정법원에 A에 대한 성년후견개시를 청구하면서 사전처분을 신청하였다. 해당 가정법원은 2022. 12. 30. 「임시후견인선임 및 임시후견인의 동의 없는 A의 재산처분행위 제한」을 정한 사전처분을 내렸다. 그런데 A는 2023. 3. 24. 「乙에게 A의 X은행에 대한 예금채권을 전액 증여한다.」라는 내용의 전문이 적힌 유언장을 자필로 작성하고, 그 작성연월일, 주소, 성명을 자서한 후 날인하였다. 위 가정법원은 2024. 1. 12. A에 대한 성년후견을 개시하였지만, A는 2024. 7. 22. 사망하였다. 다음의 설명 중 옳은 것을 모두 고른 것은? (다툼이 있는 경우 판례에 의함)

ㄱ. 피성년후견인은 의사능력이 회복된 때에만 유언을 할 수 있다.
ㄴ. 의사능력 유무는 그 행위의 일상적 의미뿐만 아니라 법률적 의미나 효과에 대해서도 이해할 수 있어야 하는데, 이는 구체적 법률행위와 무관하게 일반적이고 추상적으로 판단하여야 한다.
ㄷ. A가 작성한 유언장은 민법 제1066조에서 정한 자필증서에 의한 유언으로서의 요건을 갖추었지만, 의사가 심신회복의 상태를 유언서에 부기하고 서명날인하지 않았으므로 효력이 없다.
ㄹ. 가사소송규칙 제32조에 따라 성년후견 및 한정후견에 관한 사건의 임시후견인에 대하여는 한정후견인에 관한 규정이 준용되는데, A의 임시후견인은 자신의 동의가 없었음을 이유로 A의 유언을 취소할 수 없다.

① ㄱ, ㄴ ② ㄴ, ㄷ ③ ㄷ, ㄹ
④ ㄱ, ㄹ ⑤ ㄴ, ㄹ

해설

ㄱ (O) 피성년후견인은 의사능력이 회복된 때에만 유언을 할 수 있다(민법 제1063조 제1항). 제1항의 경우에는 의사가 심신 회복의 상태를 유언서에 부기(附記)하고 서명날인하여야 한다(민법 제1063조 제2항).
ㄴ (×) 의사능력이란 자기 행위의 의미나 결과를 정상적인 인식력과 예기력을 바탕으로 합리적으로 판단할 수 있는 정신적 능력이나 지능을 말한다. <u>의사능력 유무는 구체적인 법률행위와 관련하여 개별적으로 판단해야 하고</u>, 특히 어떤 법률행위가 일상적인 의미만을 이해해서는 알기 어려운 특별한 법률적 의미나 효과가 부여되어 있는 경우 의사능력이 인정되기 위해서는 그 행위의 일상적인 의미뿐만 아니라 법률적인 의미나 효과에 대해서도 이해할 수 있어야 한다(대법원 2022. 5. 26. 선고 2019다213344 판결).

ⓒ (×), ⓔ (○)

[1] 가사소송법 제62조 제1항은 후견심판이 확정될 때까지 사건본인의 보호 및 재산의 관리·보전을 위하여 임시후견인 선임 등 사전처분을 할 수 있음을 정하였고, 가사소송규칙 제32조 제4항은 가사사건의 재판·조정 절차에 관한 필요한 사항에 대하여 대법원규칙으로 정하도록 한 위임 규정(가사소송법 제11조) 및 그 취지(가사소송규칙 제1조)에 따라 '가사소송법 제62조에 따른 사전처분으로 임시후견인을 선임한 경우, 성년후견 및 한정후견에 관한 사건의 임시후견인에 대하여는 특별한 규정이 없는 이상 한정후견인에 관한 규정을 준용한다.'고 정하였다. 가정법원은 피한정후견인에 대하여 한정후견인의 동의를 받아야 하는 행위를 정할 수 있고(민법 제13조 제1항), 피한정후견인이 한정후견인의 동의가 필요한 법률행위를 동의 없이 하였을 때는 이를 취소할 수 있다(같은 조 제4항).

[2] 한편 민법 제1060조는 '유언은 본법의 정한 방식에 의하지 아니하면 효력이 발생하지 아니한다.'고 정하여 유언에 관하여 엄격한 요식성을 요구하고 있으나, <u>피성년후견인과 피한정후견인의 유언에 관하여는 행위능력에 관한 민법 제10조 및 제13조가 적용되지 않으므로</u>(민법 제1062조), <u>피성년후견인 또는 피한정후견인은 의사능력이 있는 한 성년후견인 또는 한정후견인의 동의 없이도 유언을 할 수 있다.</u> 위와 같은 규정의 내용과 체계 및 취지에 비추어 보면, 후견심판 사건에서 가사소송법 제62조 제1항에 따른 사전처분으로 후견심판이 확정될 때까지 임시후견인이 선임된 경우, <u>사건본인은 의사능력이 있는 한 임시후견인의 동의가 없이도 유언을 할 수 있다고 보아야 하고, 아직 성년후견이 개시되기 전이라면 의사가 유언서에 심신 회복 상태를 부기하고 서명날인하도록 요구한 민법 제1063조 제2항은 적용되지 않는다</u>(대법원 2022. 12. 1. 선고 2022다261237 판결).

정답 ④

32. 친생자관계에 관한 다음 설명 중 옳지 <u>않은</u> 것은? (다툼이 있는 경우 판례에 의함)

① 친생자관계에 관하여 민법은 임신과 출산이라는 자연적인 사실에 의하여 그 관계가 명확히 결정되는 모자관계와 달리 부자관계의 성립과 해소에 대해서는 그 관계 확정을 위한 여러 규정을 두고 있다.

② 민법은 친생추정 규정과 이에 대한 번복방법인 민법 제847조의 친생부인의 소 규정을 엄격하게 정하고 있고, 친생부인을 할 수 없게 된 경우 자녀의 법적 지위가 종국적으로 확정된다. 따라서 혼인 중 출생한 자녀의 부자관계는 민법 규정에 따라 일률적으로 정해지는 것이고 혈연관계를 개별적·구체적으로 심사하여 정해지는 것이 아니다.

③ 민법 제844조 제1항의 친생추정은 반증을 허용하지 않는 강한 추정이다. 따라서 처가 혼인 중에 포태한 이상, 처가 부(夫)의 자를 포태할 수 없는 사정이 있더라도 친생부인의 소 외의 방법으로 그 자가 부의 친생자가 아님을 주장할 수 없다.

④ 혈연관계 유무나 그에 대한 인식은 친생부인의 소를 이유 있게 하는 근거 또는 제소기간의 기산점 기준으로서 친생부인의 소를 통해 친생추정을 번복할 수 있도록 하는 사유이다. 이를 넘어서 처음부터 친생추정이 미치지 않도록 하는 사유로서 친생부인의 소를 제기할 필요조차 없도록 하는 요소가 될 수는 없다.

⑤ 민법은 제865조 제1항에서 친생자관계의 당사자 아닌 제3자가 이해관계인에 해당하는 경우에는 그 존부를 다툴 수 있게 하고 있으므로, 친족관계에 있는 제3자도 이해관계인에 해당하는 경우에는 친생자관계존부확인의 소에 관한 원고적격을 가진다.

해설

① **(O)** 친생자관계에 관하여 민법은 임신과 출산이라는 자연적인 사실에 의하여 그 관계가 명확히 결정되는 모자관계와 달리 부자관계의 성립과 해소에 대하여는 그 관계 확정을 위한 여러 규정을 두고 있다. 아내가 혼인 중에 임신한 자녀를 남편의 자녀로 추정하는 친생추정 규정(제844조 제1항)과 이에 대한 번복방법인 친생부인의 소에 관한 규정(제846조 내지 제851조), 재혼한 여자가 해산한 경우 법원에 의한 부의 결정에 관한 규정(제845조), 혼인 외 출생자의 인지에 관한 규정(제855조 제1항, 제863조), 인지의 취소 및 인지에 대한 이의의 소에 관한 규정(제861조 및 제862조)이 이에 해당한다. 따라서 법적 친생자관계의 성립과 해소를 구하는 소송절차에서는 위 각 규정에 명시된 제소권자가 해당 규정이 정한 요건을 갖춰 소를 제기하는 것이 원칙이다(대법원 2020. 6. 18. 선고 2015므8351 전원합의체 판결).

② **(O)** 친생자와 관련된 민법 규정, 특히 민법 제844조 제1항(이하 '친생추정 규정'이라 한다)의 문언과 체계, 민법이 혼인 중 출생한 자녀의 법적 지위에 관하여 친생추정 규정을 두고 있는 기본적인 입법 취지와 연혁, 헌법이 보장하고 있는 혼인과 가족제도 등에 비추어 보면, 아내가 혼인 중 남편이 아닌 제3자의 정자를 제공받아 인공수정으로 자녀를 출산한 경우에도 친생추정 규정을 적용하여 인공수정으로 출생한 자녀가 남편의 자녀로 추정된다고 보는 것이 타당하다. 상세한 이유는 다음과 같다. 민법은 친생추정 규정과 이에 대한 번복방법인 민법 제847조의 친생부인의 소 규정을 엄격하게 정하고 있고, 친생부인을 할 수 없게 된 경우 자녀의 법적 지위가 종국적으로 확정된다. 따라서 혼인 중 출생한 자녀의 부자관계는 민법 규정에 따라 일률적으로 정해지는 것이고 혈연관계를 개별적·구체적으로 심사하여 정해지는 것이 아니다(대법원 2019. 10. 23. 선고 2016므2510 전원합의체 판결).

③ **(×)**, ④ **(O)** 혈연관계 유무나 그에 대한 인식은 친생부인의 소를 이유 있게 하는 근거 또는 제소기간의 기산점 기준으로서 친생부인의 소를 통해 친생추정을 번복할 수 있도록 하는 사유이다. 이를 넘어서 처음부터 친생추정이 미치지 않도록 하는 사유로서 친생부인의 소를 제기할 필요조차 없도록 하는 요소가 될 수는 없다. 다만 친생추정 규정은 부부가 정상적인 혼인생활을 영위하고 있는 경우를 전제로 가정의 평화를 위하여 마련된 것이어서 그 전제사실을 갖추지 않은 경우까지 적용하여 요건이 엄격한 친생부인의 소로써 부인할 수 있도록 하는 것은 제도의 취지에 반하여 진실한 혈연관계에 어긋나는 부자관계를 성립하게 하는 등 부당한 결과를 가져올 수 있다. 대법원 2019. 10. 23. 선고 2016므2510 전원합의체 판결에서도 이러한 입장이 변경되지 아니하였다. 따라서 민법 제844조 제1항의 친생추정은 반증을 허용하지 않는 강한 추정이므로, 처가 혼인 중에 포태한 이상 그 부부의 한쪽이 장기간에 걸쳐 해외에 나가 있거나, 사실상의 이혼으로 부부가 별거하고 있는 경우 등 동거의 결여로 처가 부(夫)의 자를 포태할 수 없는 것이 외관상 명백한 사정이 있는 경우에만 그 추정이 미치지 않을 뿐이고, 이러한 예외적인 사유가 없는 한 누구라도 그 자가 부의 친생자가 아님을 주장할 수 없다(대법원 2021. 9. 9. 선고 2021므13293 판결).

⑤ **(O)** 민법은 민법 제865조 제1항에서 친생자관계의 당사자 아닌 제3자가 이해관계인에 해당하는 경우에는 그 존부를 다툴 수 있게 하고 있으므로, 친족관계에 있는 제3자도 이해관계인에 해당하는 경우에는 원고적격을 가진다. 따라서 민법 제777조의 모든 친족에게 일률적으로 원고적격을 부여하지 않더라도 친생자관계의 존부에 대해 법률상 이해관계를 가지는 제3자의 권리나 재판청구권을 부당하게 제약한다고 볼 수 없다(대법원 2020. 6. 18. 선고 2015므8351 전원합의체 판결).

정답 ③

33. 甲(2004년생)의 부(父)인 乙과 모(母)인 丙은 2002년 혼인하였으나, 2006년 이혼하였다. 乙은 2017년 사고로 사망하였는데, 그 전에 보험회사 A(이하 'A회사'라 한다)와 자신을 피보험자로 하는 보험계약을 체결해 두었다. 丙은 2018. 6.경 甲을 대리하여 A회사로부터 위 보험계약에 따른 보험금 중 甲이 상속받은 1억 원을 수령하여 이를 보관하였다. 그런데 이후 乙의 사망원인이 위 보험계약에서 정한 면책사유에 해당함이 밝혀졌다. A회사는 甲을 상대로 위 보험금 1억 원의 반환청구소송을 제기하여, 전부승소의 확정판결을 받았다(판결확정일: 2023. 5. 31.). A회사는 위 확정판결에 기하여 甲의 丙에 대한 위 보험금반환청구권에 대한 압류 및 추심명령을 받았다. 이 압류 및 추심명령은 2023. 7. 3. 丙에게 송달되었다. 이후 A회사가 丙을 상대로 추심금의 지급을 구한다. 다음 설명 중 옳지 <u>않은</u> 것은? (다툼이 있는 경우 판례에 의함)

① 甲이 미성년일 당시 丙은 친권자로서 甲 명의로 취득한 위 보험금을 관리할 권한을 가졌다. 그러나 丙은 그 재산 관리 권한이 소멸한 때, 丙에게 그 관리 기간의 수입과 지출을 명확히 결산하여 甲에게 귀속되어야 할 재산과 그 액수를 확정하고, 이를 甲에게 보고하여, 甲에게 귀속되어야 할 재산을 인도하거나 이전할 의무를 부담한다.
② 성년이 된 甲의 丙에 대한 위와 같은 재산 인도·이전청구권은 재산적 권리이고, 일신전속적 권리가 아니다. 따라서 A회사는 甲의 丙에 대한 위 보험금반환청구권을 압류할 수 있다.
③ 성년이 된 甲이 A회사의 압류 전에 丙에 대한 위와 같은 재산 인도·이전청구권을 명시적으로든, 묵시적으로든 포기 또는 면제하였다면, A회사는 丙에 대해 추심금을 청구할 수 없다.
④ 친권자인 丙이 자신의 자산, 수입, 생활수준, 가정상황 등에 비추어 볼 때 甲에 대해 통상적 범위를 넘는 현저한 양육비용이 필요하여 그 목적으로 위 보험금 전액을 사용하였다면, A회사는 丙에 대해 추심금을 청구할 수 없다.
⑤ 친권자인 丙의 甲에 대한 위와 같은 재산 인도·이전의무는 丙의 재산 관리 권한이 소멸한 후 민법 제923조 제1항의 계산의무를 이행하여야 발생한다.

해설

① (○), ② (○), ④ (○), ⑤ (×)
　친권자는 자녀가 그 명의로 취득한 특유재산을 관리할 권한이 있는데(민법 제916조), 그 재산 관리 권한이 소멸하면 자녀의 재산에 대한 관리의 계산을 하여야 한다(민법 제923조 제1항). 여기서 '관리의 계산'이란 자녀의 재산을 관리하던 기간의 그 재산에 관한 수입과 지출을 명확히 결산하여 자녀에게 귀속되어야 할 재산과 그 액수를 확정하는 것을 말한다. ① 친권자의 위와 같은 재산 관리 권한이 소멸한 때에는 위임에 관한 민법 제683조, 제684조가 유추적용되므로, 친권자는 자녀 또는 그 법정대리인에게 위와 같은 계산 결과를 보고하고, 자녀에게 귀속되어야 할 재산을 인도하거나 이전할 의무가 있다.
　한편 부모는 자녀를 공동으로 양육할 책임이 있고 양육에 소요되는 비용도 원칙적으로 공동으로 부담하여야 하는 점을 고려할 때, 친권자는 자녀의 특유재산을 자신의 이익을 위하여 임의로 사용할 수 없음은 물론 자녀의 통상적인 양육비용으로도 사용할 수도 없는 것이 원칙이나, ④ 친권자가 자신의 자력으로는 자녀를 부양하거나 생활을 영위하기 곤란한 경우, 친권자의 자산, 수입, 생활수준, 가정상황 등에 비추어 볼 때 통상적인 범위를 넘는 현저한 양육비용이 필요한 경우 등과 같이 정당한 사유가 있는 경우에는 자녀의 특유재산을 그와 같은 목적으로 사용할 수 있다.

따라서 친권자는 자녀에 대한 재산 관리 권한에 기하여 자녀에게 지급되어야 할 돈을 자녀 대신 수령한 경우 그 재산 관리 권한이 소멸하면 그 돈 중 재산 관리 권한 소멸 시까지 위와 같이 정당하게 지출한 부분을 공제한 나머지를 자녀 또는 그 법정대리인에게 반환할 의무가 있다. 이 경우 친권자가 자녀를 대신하여 수령한 돈을 정당하게 지출하였다는 점에 대한 증명책임은 친권자에게 있다. ⑤ **친권자의 위와 같은 반환의무는 민법 제923조 제1항의 계산의무 이행 여부를 불문하고 그 재산 관리 권한이 소멸한 때 발생한다**고 봄이 타당하다. 이에 대응하는 ② 자녀의 친권자에 대한 위와 같은 반환청구권은 재산적 권리로서 일신전속적인 권리라고 볼 수 없으므로, 자녀의 채권자가 그 반환청구권을 압류할 수 있다(대법원 2022. 11. 17. 선고 2018다294179 판결).

③ (○)
1) 압류의 효력발생 전에 피압류채권이 면제, 포기 등으로 소멸하였다면, 존재하지 않는 채권에 대한 압류 및 추심명령은 무효라는 법리이다.
2) 위 판결도 이러한 법리를 전제로 "원심이 자녀의 친권자에 대한 특유재산 반환청구권은 행사상 일신전속성이 있으므로 압류할 수 없는 권리라고 판단한 것은 잘못이다. 그러나 소외 2가 성년이 된 후 이 사건 압류 및 추심명령이 피고에게 송달되기 이전에 피고의 보험금 반환의무를 면제하였다는 원심의 부가적·가정적 판단 부분은 수긍할 수 있다."고 판결이유 중 판시를 한 바 있다. 정답 ⑤

34. 다음은 상속에 관한 설명이다. 옳은 것을 모두 고른 것은? (다툼이 있는 경우 판례에 의함)

ㄱ. 아직 상속 승인, 포기 등으로 상속관계가 확정되지 않은 동안에도, 상속채권자는 상속인을 상대로 상속재산에 관한 가압류결정을 받아 이를 집행할 수 있다. 그 후 상속인이 상속포기로 인하여 상속인의 지위를 소급하여 상실한다고 하더라도 이미 발생한 가압류의 효력에는 영향을 미치지 않는다.

ㄴ. 공동상속인들 사이에서 상속재산의 분할이 마쳐지지 않았지만, 특정 공동상속인에 대하여 특별수익 등을 고려하면 그의 구체적 상속분이 없음이 명백하다면, 그 공동상속인을 상대로 부동산인 상속재산에 관하여 법정상속분에 따라 마쳐진 그 명의의 상속을 원인으로 한 소유권이전등기에 관한 원인무효를 주장하는 것이 허용될 수 있다.

ㄷ. 미성년자인 상속인이 성년이 되기 전에 법정대리인을 통해 상속채무가 상속재산을 초과하는 상속을 단순승인하였고, 그 당시 법정대리인이 그 상속의 상속채무 초과사실을 인식하였다면, 미성년자인 상속인의 상속채무 초과사실의 인식 시점과 무관하게 기존의 단순승인 법률관계가 그대로 확정되는 효과가 발생한다.

ㄹ. 가정법원의 한정승인신고 수리의 심판은 일응 한정승인의 요건을 구비한 것으로 인정한다는 것일 뿐 그 효력을 확정하는 것이 아니고, 한정승인의 효력이 있는지 여부에 대한 최종적인 판단은 실체법에 따라 민사소송에서 결정될 문제이다.

ㅁ. 상속채권자가 상속이 개시된 후 한정승인 이전에 피상속인에 대한 채권을 자동채권으로 하여 상속인에 대한 채무에 대하여 상계하였더라도, 그 이후 상속인이 한정승인을 하는 경우에는 상계가 소급하여 효력을 상실하고, 상계의 자동채권인 상속채권자의 피상속인에 대한 채권과 수동채권인 상속인에 대한 채무는 모두 부활한다.

① ㄱ, ㄴ, ㄷ ② ㄱ, ㄷ, ㅁ ③ ㄱ, ㄹ, ㅁ
④ ㄴ, ㄷ, ㄹ ⑤ ㄴ, ㄹ, ㅁ

해설

㉠ (○) 상속인은 아직 상속 승인, 포기 등으로 상속관계가 확정되지 않은 동안에도 잠정적으로나마 피상속인의 재산을 당연 취득하고 상속재산을 관리할 의무가 있으므로, 상속채권자는 그 기간 동안 상속인을 상대로 상속재산에 관한 가압류결정을 받아 이를 집행할 수 있다. 그 후 상속인이 상속포기로 인하여 상속인의 지위를 소급하여 상실한다고 하더라도 이미 발생한 가압류의 효력에 영향을 미치지 않는다. 따라서 위 상속채권자는 종국적으로 상속인이 된 사람 또는 민법 제1053조에 따라 선임된 상속재산관리인을 채무자로 한 상속재산에 대한 경매절차에서 가압류채권자로서 적법하게 배당을 받을 수 있다(대법원 2021. 9. 15. 선고 2021다224446 판결).

㉡ (×) 민법 제1007조는 "공동상속인은 각자의 상속분에 응하여 피상속인의 권리·의무를 승계한다."라고 정하는바, 위 조항에서 정한 '상속분'은 법정상속분을 의미하므로 일단 상속이 개시되면 공동상속인은 각자의 법정상속분의 비율에 따라 모든 상속재산을 승계한다. 또한 민법 제1006조는 "상속인이 수인인 때에는 상속재산은 그 공유로 한다."라고 정하므로, 공동상속인들은 상속이 개시되어 상속재산의 분할이 있을 때까지 민법 제1007조에 기하여 각자의 법정상속분에 따라서 이를 잠정적으로 공유하다가 특별수익 등을 고려한 구체적 상속분에 따라 상속재산을 분할함으로써 위와 같은 잠정적 공유상태를 해소하고 최종적으로 개개의 상속재산을 누구에게 귀속시킬 것인지를 확정하게 된다. 그러므로 공동상속인들 사이에서 상속재산의 분할이 마쳐지지 않았음에도 특정 공동상속인에 대하여 특별수익 등을 고려하면 그의 구체적 상속분이 없다는 등의 이유를 들어 그 공동상속인에게는 개개의 상속재산에 관하여 법정상속분에 따른 권리승계가 아예 이루어지지 않았다거나, 부동산인 상속재산에 관하여 법정상속분에 따라 마쳐진 상속을 원인으로 한 소유권이전등기가 원인무효라고 주장하는 것은 허용될 수 없다(대법원 2023. 4. 27. 선고 2020다292626 판결).

㉢ (×)
[1] **민법 제1019조**(승인, 포기의 기간) ① 상속인은 상속개시있음을 안 날로부터 3월내에 단순승인이나 한정승인 또는 포기를 할 수 있다. 그러나 그 기간은 이해관계인 또는 검사의 청구에 의하여 가정법원이 이를 연장할 수 있다.
② 상속인은 제1항의 승인 또는 포기를 하기 전에 상속재산을 조사할 수 있다.
③ 제1항에도 불구하고 상속인은 상속채무가 상속재산을 초과하는 사실(이하 이 조에서 "상속채무 초과사실"이라 한다)을 중대한 과실 없이 제1항의 기간 내에 알지 못하고 단순승인(제1026조제1호 및 제2호에 따라 단순승인한 것으로 보는 경우를 포함한다. 이하 이 조에서 같다)을 한 경우에는 그 사실을 안 날부터 3개월 내에 한정승인을 할 수 있다. 〈개정 2022. 12. 13.〉
④ 제1항에도 불구하고 미성년자인 상속인이 상속채무가 상속재산을 초과하는 상속을 성년이 되기 전에 단순승인한 경우에는 성년이 된 후 그 상속의 상속채무 초과사실을 안 날부터 3개월 내에 한정승인을 할 수 있다. 미성년자인 상속인이 제3항에 따른 한정승인을 하지 아니하였거나 할 수 없었던 경우에도 또한 같다. 〈신설 2022. 12. 13.〉
[2] **민법 부칙** 〈제19069호, 2022. 12. 13.〉
제1조(시행일) 이 법은 공포한 날부터 시행한다.
제2조(미성년자인 상속인의 한정승인에 관한 적용례 및 특례) ① 제1019조 제4항의 개정규정은 이 법 시행 이후 상속이 개시된 경우부터 적용한다. ② 제1항에도 불구하고 이 법 시행 전에 상속이 개시된 경우로서 다음 각 호의 어느 하나에 해당하는 경우에는 제1019조제4항의 개정규정에 따른 한정승인을 할 수 있다.
  1. 미성년자인 상속인으로서 이 법 시행 당시 미성년자인 경우
  2. 미성년자인 상속인으로서 이 법 시행 당시 성년자이나 성년이 되기 전에 제1019조제1항에 따른 단순

승인(제1026조제1호 및 제2호에 따라 단순승인을 한 것으로 보는 경우를 포함한다)을 하고, 이 법 시행 이후에 상속채무가 상속재산을 초과하는 사실을 알게 된 경우에는 그 사실을 안 날부터 3개월 내

ㄹ (O) 가정법원의 한정승인신고 수리의 심판은 일응 한정승인의 요건을 구비한 것으로 인정한다는 것일 뿐 그 효력을 확정하는 것이 아니고, 한정승인의 효력이 있는지 여부에 대한 최종적인 판단은 실체법에 따라 민사소송에서 결정될 문제이다. 그렇다면 민법 제1019조 제3항이 적용되는 사건에서 상속인이 단순승인을 하거나 민법 제1026조 제1호, 제2호에 따라 단순승인한 것으로 간주된 다음 한정승인신고를 하여 이를 수리하는 심판을 받았다면, 상속채권에 관한 청구를 심리하는 법원은 위 한정승인이 민법 제1019조 제3항에서 정한 요건을 갖춘 특별한정승인으로서 유효한지 여부를 심리·판단하여야 한다(대법원 2021. 2. 25. 선고 2017다289651 판결).

ㅁ (O) 상속채권자가 상속이 개시된 후 한정승인 이전에 피상속인에 대한 채권을 자동채권으로 하여 상속인에 대한 채무에 대하여 상계하였더라도, 그 이후 상속인이 한정승인을 하는 경우에는 민법 제1031조의 취지에 따라 상계가 소급하여 효력을 상실하고, 상계의 자동채권인 상속채권자의 피상속인에 대한 채권과 수동채권인 상속인에 대한 채무는 모두 부활한다(대법원 2022. 10. 27. 선고 2022다254154 판결).

정답 ③

35. 유류분에 관한 다음 설명 중 옳은 것(○)과 옳지 않은 것(×)을 올바르게 조합한 것은? (다툼이 있는 경우 판례에 의함)

ㄱ. 유류분 제도가 생기기 전에 피상속인이 상속인이나 제3자에게 재산을 증여하고 이행을 완료하여 소유권이 수증자에게 이전된 때에는 피상속인이 유류분 제도 도입 후에 사망하여 상속이 개시되더라도 소급하여 증여재산이 유류분 제도에 의한 반환청구의 대상이 되지는 않는다.

ㄴ. 피상속인으로부터 생전 증여를 받은 이후 수증자가 자기 비용으로 증여재산의 성상을 변경하여 상속개시 당시 그 가액이 증가되어 있다면, 유류분 부족액을 산정할 때 기준이 되는 증여재산의 가액에 관해서는 위와 같이 변경된 성상을 기준으로 증여재산의 상속개시 당시 가액을 산정해야 한다.

ㄷ. 공동상속인 중에 피상속인으로부터 재산의 생전 증여에 의하여 특별수익을 한 자가 있는 경우에 그 증여는 상속개시 1년 이전의 것인지 여부, 당사자 쌍방이 손해를 가할 것을 알고서 하였는지 여부에 관계없이 유류분 산정을 위한 기초재산에 산입된다.

ㄹ. 상속재산 분할협의는 공동상속인 사이에 이루어지는 일종의 계약이므로, 상속재산 분할협의에 따라 무상으로 양도된 상속분은 양도인의 사망으로 인한 상속에서 유류분 산정을 위한 기초재산에는 포함될 수 없다.

ㅁ. 유류분반환청구권의 행사로 인하여 생기는 원물반환의무 또는 가액반환의무는 이행기한의 정함이 없는 채무이므로, 반환의무자는 그 의무에 대한 이행청구를 받은 때에 비로소 지체책임을 진다.

① ㄱ(○), ㄴ(×), ㄷ(○), ㄹ(×), ㅁ(○) ② ㄱ(○), ㄴ(×), ㄷ(○), ㄹ(○), ㅁ(×)
③ ㄱ(○), ㄴ(○), ㄷ(×), ㄹ(×), ㅁ(○) ④ ㄱ(×), ㄴ(○), ㄷ(○), ㄹ(○), ㅁ(×)
⑤ ㄱ(×), ㄴ(○), ㄷ(×), ㄹ(○), ㅁ(○)

해 설

㉠ (○) 개정 민법 시행 전에 이미 법률관계가 확정된 증여재산에 대한 권리관계는 유류분 반환청구자이든 반환의무자이든 동일하여야 하므로, 유류분 반환청구자가 개정 민법 시행 전에 피상속인으로부터 증여받아 이미 이행이 완료된 경우에는 그 재산 역시 유류분산정을 위한 기초재산에 포함되지 아니한다고 보는 것이 타당하다. 그러나 유류분 제도의 취지는 법정상속인의 상속권을 보장하고 상속인 간의 공평을 기하기 위함이고, 민법 제1115조 제1항에서도 '유류분권리자가 피상속인의 증여 및 유증으로 인하여 그 유류분에 부족이 생긴 때에는 부족한 한도 내에서 그 재산의 반환을 청구할 수 있다'고 규정하여 이미 법정 유류분 이상을 특별수익한 공동상속인의 유류분 반환청구권을 부정하고 있다. 이는 개정 민법 시행 전에 증여받은 재산이 법정 유류분을 초과한 경우에도 마찬가지로 보아야 하므로, 개정 민법 시행 전에 증여를 받았다는 이유만으로 이를 특별수익으로도 고려하지 않는 것은 유류분 제도의 취지와 목적에 반한다고 할 것이다. 또한 민법 제1118조에서 제1008조를 준용하고 있는 이상 유류분 부족액 산정을 위한 특별수익에는 그 시기의 제한이 없고, 민법 제1008조는 유류분 제도 신설 이전에 존재하던 규정으로 민법 부칙 제2조와도 관련이 없다. 따라서 <u>개정 민법 시행 전에 이행이 완료된 증여 재산이 유류분 산정을 위한 기초재산에서 제외된다고 하더라도, 위 재산은 당해 유류분 반환청구자의 유류분 부족액 산정 시 특별수익으로 공제되어야 한다</u>(대법원 2018. 7. 12. 선고 2017다278422 판결).

㉡ (×) 유류분반환의 범위는 상속개시 당시 피상속인의 순재산과 문제 된 증여재산을 합한 재산을 평가하여 그 재산액에 유류분청구권자의 유류분비율을 곱하여 얻은 유류분액을 기준으로 산정하는데, <u>증여받은 재산의 시가는 상속개시 당시를 기준으로 산정해야 한다</u>. 어느 공동상속인 1인이 특별수익으로서 여러 부동산을 증여받아 그 증여재산으로 유류분 권리자에게 유류분 부족액을 반환하는 경우 반환해야 할 증여재산의 범위는 특별한 사정이 없는 한 민법 제1115조 제2항을 유추적용하여 증여재산의 가액에 비례하여 안분하는 방법으로 정함이 타당하다(대법원 2013. 3. 14. 선고 2010다42624, 42631 판결 참조). 따라서 유류분반환 의무자는 증여받은 모든 부동산에 대하여 각각 일정 지분을 반환해야 하는데, 그 지분은 모두 증여재산의 상속개시 당시 총 가액에 대한 유류분 부족액의 비율이 된다. 다만 증여 이후 수증자나 수증자로부터 증여재산을 양수받은 사람이 자기의 비용으로 증여재산의 성상(性狀) 등을 변경하여 상속개시 당시 그 가액이 증가되어 있는 경우, 유류분 부족액을 산정할 때 기준이 되는 증여재산의 가액에 관해서는 위와 같이 변경된 성상 등을 기준으로 증여재산의 상속개시 당시 가액을 산정하면 유류분 권리자에게 부당한 이익을 주게 되므로, 그와 같은 **변경이 있기 전 증여 당시의 성상 등을 기준으로 상속개시 당시 가액을 산정해야 한다**(대법원 2022. 2. 10. 선고 2020다250783 판결).

㉢ (○) [1] 민법 제1008조의 취지는 공동상속인 중에 피상속인으로부터 재산의 증여 또는 유증을 받은 특별수익자가 있는 경우에, 공동상속인들 사이의 공평을 기하기 위하여 그 수증 재산을 상속분의 선급으로 다루어 구체적인 상속분을 산정함에 있어 이를 참작하도록 하려는 데 있다.
[2] 공동상속인 중에 피상속인으로부터 재산의 생전 증여에 의하여 특별수익을 한 자가 있는 경우에는 민법 제1114조의 규정은 그 적용이 배제되고, 따라서 그 증여는 상속개시 1년 이전의 것인지 여부, 당사자 쌍방이 손해를 가할 것을 알고서 하였는지 여부에 관계없이 유류분 산정을 위한 기초재산에 산입된다(대법원 1996. 2. 9. 선고 95다17885 판결).

㉣ (×) 유류분에 관한 민법 제1118조에 따라 준용되는 민법 제1008조는 '특별수익자의 상속분'에 관하여 "공동상속인 중에 피상속인으로부터 재산의 증여 또는 유증을 받은 자가 있는 경우에 그 수증재산이 자기의 상속분에 달하지 못한 때에는 그 부족한 부분의 한도에서 상속분이 있다."라고 정하고 있다. 공동상속인 중에 피상속인으로부터 재산의 생전 증여로 민법 제1008조의 특별수익을 받은 사람이 있으면 민법 제1114조가 적용되지 않으므로, 그 증여가 상속개시 1년 이전의 것인지 여부 또는 당사자 쌍방이

유류분권리자에 손해를 가할 것을 알고서 하였는지 여부와 관계없이 증여를 받은 재산이 유류분 산정을 위한 기초재산에 포함된다. 공동상속인이 다른 공동상속인에게 무상으로 자신의 상속분을 양도하는 것은 특별한 사정이 없는 한 유류분에 관한 민법 제1008조의 증여에 해당하므로, 그 상속분은 양도인의 사망으로 인한 상속에서 유류분 산정을 위한 기초재산에 포함된다. 위와 같은 법리는 상속재산 분할협의의 실질적 내용이 어느 공동상속인이 다른 공동상속인에게 자신의 상속분을 무상으로 양도하는 것과 같은 때에도 마찬가지로 적용된다. 따라서 상속재산 분할협의에 따라 무상으로 양도된 것으로 볼 수 있는 상속분은 양도인의 사망으로 인한 상속에서 유류분 산정을 위한 기초재산에 포함된다고 보아야 한다(대법원 2021. 8. 19. 선고 2017다230338 판결).

㉤ (O) 유류분반환청구권의 행사로 인하여 생기는 원물반환의무 또는 가액반환의무는 이행기한의 정함이 없는 채무이므로, 반환의무자는 그 의무에 대한 이행청구를 받은 때에 비로소 지체책임을 진다(대법원 2013. 3. 14. 선고 2010다42624 판결).

정답 ①

36. 상법상 지배인의 대리권에 관한 설명 중 옳지 <u>않은</u> 것은? (다툼이 있는 경우 판례에 의함)

① 지배인이 자신의 유흥비 조달을 위하여 영업주의 영업범위에 속하는 거래를 하였음을 상대방이 과실 없이 몰랐다면 영업주가 이에 대한 책임을 져야 한다.
② 지배인은 영업의 폐지를 할 수 없다.
③ 영업주가 사망하더라도 지배인의 대리권은 소멸하지 않는다.
④ 지배인이 내부적인 대리권 제한 규정에 위반하여 어음행위를 한 경우, 이러한 대리권의 제한에 대항할 수 있는 제3자의 범위는 그 지배인으로부터 어음을 직접 취득한 자에 국한된다.
⑤ 상인은 지배인을 직접 선임할 수도 있고 대리인을 통해 선임할 수도 있다.

해설

① (O)
1) 지배인은 영업주에 갈음하여 그 영업에 관한 재판상 또는 재판 외의 모든 행위를 할 수 있다(상법 제11조 제1항). 의사표시는 표의자가 진의아님을 알고한 것이라도 그 효력이 있다. 그러나 상대방이 표의자의 진의아님을 알았거나 이를 알 수 있었을 경우에는 무효로 한다(민법 제107조 제1항).
2) 지배인의 행위가 영업에 관한 것으로서 대리권한 범위 내의 행위라 하더라도 영업주 본인의 이익이나 의사에 반하여 자기 또는 제3자의 이익을 도모할 목적으로 그 권한을 행사한 경우에 그 상대방이 지배인의 진의를 알았거나 알 수 있었을 때에는 민법 제107조 제1항 단서의 유추해석상 그 지배인의 행위에 대하여 영업주 본인은 아무런 책임을 지지 않는다고 보아야 하고, 그 상대방이 지배인의 표시의사가 진의 아님을 알았거나 알 수 있었는가의 여부는 표의자인 지배인과 상대방 사이에 있었던 의사표시 형성 과정과 그 내용 및 그로 인하여 나타나는 효과 등을 객관적인 사정에 따라 합리적으로 판단하여야 한다(대법원 1999. 3. 9. 선고 97다7721 판결).

② (O)
1) 지배인은 영업주에 갈음하여 그 영업에 관한 재판상 또는 재판 외의 모든 행위를 할 수 있다(상법 제11조 제1항).
2) 상법 제11조 제1항 소정의 '영업에 관한 행위'란 어디까지나 영업의 존속을 전제로 하는 것이므로, 새로운 점포의 개설, 영업의 폐지 등은 지배인의 권한에 속하지 않는다는 것이 통설적 견해이다.

③ (○) 상인이 그 영업에 관하여 수여한 대리권은 본인의 사망으로 인하여 소멸하지 아니한다(상법 제50조).
④ (×)
  1) 지배인이 내부적인 대리권 제한 규정에 위배하여 어음행위를 한 경우, 이러한 대리권의 제한에 대항할 수 있는 제3자의 범위에는 그 지배인으로부터 직접 어음을 취득한 상대방뿐만 아니라 그로부터 어음을 다시 배서양도받은 제3취득자도 포함된다(대법원 1997. 8. 26. 선고 96다36753 판결).
  2) **비교** : 어음행위에 있어서 민법 제126조 표현대리 소정의 '제3자'
  권한을 넘은 표현대리에 관한 민법 제126조의 규정에서 제3자라 함은 당해 표현대리행위의 직접 상대방이 된 자만을 지칭하는 것이고, 이는 위 규정을 배서와 같은 어음행위에 적용 또는 유추적용할 경우에 있어서도 마찬가지로 보아야 할 것이며, 약속어음의 배서행위의 직접 상대방은 그 배서에 의하여 어음을 양도받은 피배서인만을 가리키고 그 피배서인으로부터 다시 어음을 취득한 자는 민법 제126조 소정의 제3자에는 해당하지 아니한다(대법원 1994. 5. 27. 선고 93다21521 판결).
⑤ (○)
  1) 상인은 지배인을 선임하여 본점 또는 지점에서 영업을 하게 할 수 있다(상법 제10조).
  2) 상법 제10조의 법문은 지배인을 선임할 수 있는 자로 상인만 열거하고 있으나, 지배인의 선임이 대리에 친하지 않은 행위가 아니기 때문에, 당연히 상인의 대리인도 지배인을 선임할 수 있다고 해석하는 것이 통설적 견해이다.

정답 ④

37. 상법상 상호에 관한 설명 중 옳지 <u>않은</u> 것은? (다툼이 있는 경우 판례에 의함)

① 자연인의 경우 상호가등기를 신청할 수 없다.
② 상호폐지청구권에서 부정한 목적이란 어느 명칭을 자기의 상호로 사용함으로써 일반인으로 하여금 자기의 영업을 그 명칭에 의하여 표시된 타인의 영업으로 오인하게 하여 부당한 이익을 얻으려 하거나 타인에게 손해를 가하려고 하는 등의 부정한 의도를 말한다.
③ 상호폐지청구권에서 타인의 영업으로 오인할 수 있는 상호는 그 타인의 영업과 동종 영업에 사용되는 상호만을 한정하는 것은 아니다.
④ 상법 제22조는 "타인이 등기한 상호는 동일한 특별시·광역시·시·군에서 동종 영업의 상호로 등기하지 못한다."고 규정하고 있는바, 선등기자는 위 규정에 근거하여 후등기자를 상대로 유사상호등기의 말소를 소로써 청구할 수 있다.
⑤ 상호의 선사용자의 상호와 동일·유사한 상호를 나중에 사용한 후사용자의 영업규모가 선사용자보다 크고 그 상호가 주지성을 획득한 경우, 상호의 선사용자의 이른바 역혼동에 의한 피해에 대해 상호의 후사용자의 손해배상책임이 인정될 수 있다.

해설

① (○)
  1) 유한책임회사, 주식회사 또는 유한회사를 설립하고자 할 때에는 본점의 소재지를 관할하는 등기소에 상호의 가등기를 신청할 수 있다(상법 제22조의2 제1항).
  2) 회사의 경우 상호의 최초등기, 상호의 변경, 본점 이전 등의 경우 설립절차나 정관변경절차를 거쳐야 하기 때문에, 주주총회 또는 사원총회의 결의 등으로 시간이 많이 걸리게 된다. 이 기간 동안 타인이 상호를

가로채어 먼저 동일한 상호를 등기하게 되면 회사로서는 그 상호를 이용할 수 없게 되는 폐단이 생기는 바, 이를 방지하기 위하여 상법은 상호가등기제도를 규정하고 있다. 자연인은 이러한 절차가 필요하지 않으므로, 상호가등기로서 보호할 필요성이 없고, 상호가등기 신청권자가 아니다.

② (O), ④ (×)

1) [1] 상법 제22조는 "타인이 등기한 상호는 동일한 특별시·광역시·시·군에서 동종 영업의 상호로 등기하지 못한다."고 규정하고 있는바, 위 규정의 취지는 일정한 지역 범위 내에서 먼저 등기된 상호에 관한 일반 공중의 오인·혼동을 방지하여 이에 대한 신뢰를 보호함과 아울러, 상호를 먼저 등기한 자가 그 상호를 타인의 상호와 구별하고자 하는 이익을 보호하는 데 있고, 한편 비송사건절차법 제164조에서 "상호의 등기는 동일한 특별시·광역시·시 또는 군 내에서는 동일한 영업을 위하여 타인이 등기한 것과 확연히 구별할 수 있는 것이 아니면 이를 할 수 없다."고 규정하여 먼저 등기된 상호가 상호등기에 관한 절차에서 갖는 효력에 관한 규정을 마련하고 있으므로, 상법 제22조의 규정은 동일한 특별시·광역시·시 또는 군 내에서는 동일한 영업을 위하여 타인이 등기한 상호 또는 확연히 구별할 수 없는 상호의 등기를 금지하는 효력과 함께 그와 같은 상호가 등기된 경우에는 선등기자가 후등기자를 상대로 그와 같은 등기의 말소를 소로써 청구할 수 있는 효력도 인정한 규정이라고 봄이 상당하다.

[2] 상법 제23조 제1항은 "누구든지 부정한 목적으로 타인의 영업으로 오인할 수 있는 상호를 사용하지 못한다."고 규정하고 있고, 같은 조 제4항은 "동일한 특별시·광역시·시·군에서 동종 영업으로 타인이 등기한 상호를 사용하는 자는 부정한 목적으로 사용하는 것으로 추정한다."고 규정하고 있는바, 위 조항에 규정된 '부정한 목적'이란 어느 명칭을 자기의 상호로 사용함으로써 일반인으로 하여금 자기의 영업을 그 명칭에 의하여 표시된 타인의 영업으로 오인시키려고 하는 의도를 말한다(대법원 2004. 3. 26. 선고 2001다72081 판결).

2) 상법 제23조의 상호폐지청구권은 유사상호에도 인정된다. 이에 반해, 상법 제22조의 동일상호 등기자의 등기배척권은 동일상호에 대해서만 적용된다.

③ (O), ⑤ (O)

[1] 상법 제23조 제1항은 누구든지 부정한 목적으로 타인의 영업으로 오인할 수 있는 상호를 사용하지 못한다고 규정하고 있는바, 타인의 영업으로 오인할 수 있는 상호는 그 타인의 영업과 동종 영업에 사용되는 상호만을 한정하는 것은 아니라고 할 것이나, 어떤 상호가 일반 수요자들로 하여금 영업주체를 오인·혼동시킬 염려가 있는 것인지를 판단함에 있어서는, 양 상호 전체를 비교 관찰하여 각 영업의 성질이나 내용, 영업방법, 수요자층 등에서 서로 밀접한 관련을 가지고 있는 경우로서 일반 수요자들이 양 업무의 주체가 서로 관련이 있는 것으로 생각하거나 또는 그 타인의 상호가 현저하게 널리 알려져 있어 일반 수요자들로부터 기업의 명성으로 인하여 절대적인 신뢰를 획득한 경우에 해당하는지 여부를 종합적으로 고려하여야 한다.

[2] 상호를 먼저 사용한 자(선사용자)의 상호와 동일·유사한 상호를 나중에 사용하는 자(후사용자)의 영업규모가 선사용자보다 크고 그 상호가 주지성을 획득한 경우, 후사용자의 상호사용으로 인하여 마치 선사용자가 후사용자의 명성이나 소비자 신용에 편승하여 선사용자의 상품의 출처가 후사용자인 것처럼 소비자를 기망한다는 오해를 받아 선사용자의 신용이 훼손된 때 등에 있어서는 이를 이른바 역혼동에 의한 피해로 보아 후사용자의 선사용자에 대한 손해배상책임을 인정할 여지가 전혀 없지는 않다고 할 것이나, 상호를 보호하는 상법과 부정경쟁방지및영업비밀보호에관한법률의 입법 취지에 비추어, 선사용자의 영업이 후사용자의 영업과 그 종류가 다른 것이거나 영업의 성질이나 내용, 영업방법, 수요자층 등에서 밀접한 관련이 없는 경우 등에 있어서는 위와 같은 역혼동으로 인한 피해를 인정할 수 없다(대법원 2002. 2. 26. 선고 2001다73879 판결).

정답 ④

38. 가맹업 및 명의대여자의 책임에 대한 설명 중 옳지 않은 것은?

① 가맹업자는 다른 약정이 없으면 가맹상의 영업지역 내에서 동일 또는 유사한 업종의 가맹계약을 체결할 수 없다.
② 가맹상은 계약이 종료한 후에도 가맹계약과 관련하여 알게 된 가맹업자의 영업상의 비밀을 준수하여야 한다.
③ 가맹상이 영업을 양도하는 경우 가맹업자는 특별한 사유가 없으면 그 영업양도에 동의를 하여야 한다.
④ 가맹계약상 존속기간에 대한 약정이 있는 경우에도 부득이한 사정이 있으면 각 당사자는 상당한 기간을 정하여 예고한 후 가맹계약을 해지할 수 있다.
⑤ 가맹업자는 가맹상에게 자신이 상호를 사용하도록 허락하였으므로 거래상대방의 중과실 유무와 상관없이 명의대여자의 책임을 져야 한다.

해설

참고 : 가맹업의 개념 및 구별개념
1) 상법 제168조의6 이하에서 규정하는 가맹업은 프랜차이즈 거래를 번역한 것이다. 가맹계약이란, ⓐ 가맹업자가 가맹상에게 자기의 상호, 상표 등 영업표지를 사용하여 영업하도록 허락하고 ⓑ 가맹업자가 지정하는 품질기준과 영업방식에 따르도록 가맹상의 영업에 대하여 지도와 통제를 하며 ⓒ 가맹상은 그 대가로서 일정한 사용료를 가맹업자에게 지급하는 내용의 계약이다. 가맹상은 가맹업자의 상호를 사용하고 이에 대한 사회적 신뢰가 형성되어 있으므로(위 ⓐ), 상법 제24조의 명의대여자 책임이 적용되어, 가맹업자는 가맹상의 거래상대방에 대한 영업상 채무에 대하여 책임을 진다.
2) 대리상은 본인의 명의로 본인을 대리하여 거래하지만, 가맹상은 자신의 명의로 거래한다는 점에서 차이가 있다. 위탁매매인은 가맹상과 마찬가지로 자신의 명의로 거래하지만 타인의 계산으로 한다는 점에서, 자기의 계산으로 영업을 하는 가맹상과 차이가 있다.

① (O) 가맹업자는 다른 약정이 없으면 가맹상의 영업지역 내에서 동일 또는 유사한 업종의 영업을 하거나, 동일 또는 유사한 업종의 가맹계약을 체결할 수 없다(상법 제168조의7 제2항).
② (O) 가맹상은 가맹업자의 영업에 관한 권리가 침해되지 아니하도록 하여야 한다. 가맹상은 계약이 종료한 후에도 가맹계약과 관련하여 알게 된 가맹업자의 영업상의 비밀을 준수하여야 한다(상법 제168조의8).
③ (O) 가맹상은 가맹업자의 동의를 받아 그 영업을 양도할 수 있다. 가맹업자는 특별한 사유가 없으면 위의 영업양도에 동의하여야 한다(상법 제168조의9).
④ (O) 가맹계약상 존속기간에 대한 약정의 유무와 관계없이 부득이한 사정이 있으면 각 당사자는 상당한 기간을 정하여 예고한 후 가맹계약을 해지할 수 있다(상법 제168조의10).
⑤ (×)
1) 가맹상은 가맹업자의 상호를 사용하고 이에 대한 사회적 신뢰가 형성되어 있으므로(위 ⓐ), 상법 제24조의 명의대여자 책임이 적용되어, 가맹업자는 가맹상의 거래상대방에 대한 영업상 채무에 대하여 책임을 진다.
2) 상법 제24조의 규정에 의한 명의대여자의 책임은 명의자를 영업주로 오인하여 거래한 제3자를 보호하기 위한 것이므로 거래 상대방이 명의대여사실을 알았거나 모른 데 대하여 중대한 과실이 있는 때에는 책임을 지지 않는바, 이때 거래의 상대방이 명의대여사실을 알았거나 모른 데 대한 중대한 과실이 있었는지 여부에 대하여는 면책을 주장하는 명의대여자들이 입증책임을 부담한다(대법원 2001. 4. 13. 선고 2000다10512 판결).

3) 최근에는 가맹업이라는 영업형태가 거래계에서 널리 인식되고 있으므로, 단순히 같은 상호를 사용한다는 것만 가지고 가맹상을 가맹업자로 혼동하였다면 거래상대방의 중과실을 인정하여 가맹업자의 명의대여자 책임을 부정하는 것이 하급심의 주된 경향이다.

정답 ⑤

39. 발기인대표 A는 甲주식회사를 설립하는 과정에서 설립중 회사를 대표하여 B로부터 설립사무소로 사용할 사무실을 임차하였고(설립사무실 임차), 회사성립후에 영업장으로 사용할 건물의 매수를 약정하였으며(건물 매수), 장차 공장으로 사용할 창고를 임차(창고 임차)하였다. 그 후 甲회사가 설립되었는데 위의 모든 거래행위들에 대하여 정관에 정함이 없었다. 다음 설명 중 옳은 것은? (다툼이 있는 경우 판례에 의함)

① B는 甲회사에 대하여 설립사무실 임차료, 건물 매수대금, 창고 임차료를 청구할 수 있다.
② B는 A에 대하여 설립사무실 임차료, 건물 매수대금, 창고 임차료를 청구할 수 있다.
③ B는 甲회사에 대하여 창고 임차료를 청구할 수 있고, A에 대하여는 설립사무실 임차료 및 건물매수 대금을 청구할 수 있다.
④ B는 甲회사에 대하여 설립사무실 임차료를 청구할 수 있고, A에 대하여는 창고 임차료, 건물 매수대금을 청구할 수 있다.
⑤ B는 甲회사와 A에게 위 각 비용을 모두 청구할 수 있다.

해설

① (×), ② (×), ③ (×), ④ (×), ⑤ (×)
1) 다음의 사항은 정관에 기재함으로써 그 효력이 있다(상법 제290조).
제1호 발기인이 받을 특별이익과 이를 받을 자의 성명
제2호 현물출자를 하는 자의 성명과 그 목적인 재산의 종류, 수량, 가격과 이에 대하여 부여할 주식의 종류와 수
제3호 회사성립 후에 양수할 것을 약정한 재산의 종류, 수량, 가격과 그 양도인의 성명
제4호 회사가 부담할 설립비용과 발기인이 받을 보수액
2) 상법 제290조 제4호의 설립비용이란 회사의 설립에 지출한 비용을 의미한다. ⓐ 설립사무소의 임차료는 상법 제290조 제4호의 설립비용이다. 설립 이후 사용할 사무소의 임차료, 건물·자재 등의 매수대금 등은 개업준비를 위한 비용이지 설립비용이 아니다. 따라서 ⓑ 회사성립 후 영업장으로 사용할 건물 매수대금 ⓒ 장차 공장으로 사용할 창고 임차료는 설립비용에 해당하지 않는다.
3) 설립비용을 정관에 기재하지 않거나 기재한 금액을 초과하여 지출한 설립비용의 부담과 관련하여, 판례는 "회사의 설립비용은 발기인이 설립중의 회사의 기관으로서 회사설립을 위해서 지출한 비용으로서 원래 회사성립 후에는 회사가 부담해야 하는 것(대법원 1994. 3. 28. 자 93마1916 결정)"이라고 하여 전액 회사부담설을 취하고 있다. 따라서 B는 甲회사에 대하여 설립비용에 해당하는 ⓐ 설립사무실 임차료를 청구할 수 있다. 이후 甲회사는 대내적으로 발기인들에게 이를 구상할 수 있다.
4) ⓑ 건물 매수는 개업준비행위로서 발기인의 권한범위 내의 행위이고, 그 법률관계는 甲회사에 귀속되는 것이 원칙이다. 다만, 상법 제290조 제3호의 재산인수에 해당하므로, 재산인수계약이 유효하려면 정관에 기재되어야 한다. 재산인수는 발기인이 회사의 성립을 조건으로 다른 발기인이나 주식인수인 또는 제3자로부터 일정한 재산을 매매의 형식으로 양수할 것을 약정하는 계약을 의미한다(대법원 1992. 9. 14. 선고 91다33087 판결). 따라서, 재산인수계약이 정관에 기재되지않아 무효인 이상 B는 甲회사에 대해서 건물 매수대금을 청구할 수는 없다.

A는 발기인 대표로서 권한범위 내에서 재산인수계약을 설립중 甲회사 명의로 하였으므로, 그 법률관계가 甲회사에 귀속되어 계약당사자는 甲회사이므로, 계약당사자 아닌 A에게 계약상 청구로서 '건물 매수대금 그 자체'를 청구할 수는 없다.

B는 발기인대표 A가 재산인수계약을 정관에 기재하지 않아 B가 甲회사에 재산인수계약의 유효를 주장할 수 없게 된 점을 이유로, 상법 제322조 제2항의 발기인의 손해배상책임에 따라 A에게 손해배상청구로서의 이행이익에 해당하는 '건물 매수대금 상당액'의 지급을 청구할 수 있다.

5) ⓒ 창고 임차는 개업준비행위에 해당한다. 발기인이 개업준비행위를 한 것에 대하여 그 법률관계가 성립 후 회사에 귀속된다고 본다(대법원 1970. 8. 31. 선고 70다1357 판결). 따라서 B는 甲회사에 대하여 창고 임차료를 청구할 수 있다.

6) 결론적으로 B는 甲회사에 대하여 ⓐ 설립사무실 임차료, ⓒ 창고 임차료를 청구할 수 있다. A에 대하여는 손해배상청구로서 ⓑ 건물 매수대금 상당액의 지급을 구할 수 있다.

③ 선지 후문은 "A에 대하여는 설립사무실 임차료, 건물매수 대금을 청구할 수 있다."고 하고 있다. 우선 ⓐ 설립사무실 임차료는 A가 아니라 甲회사에 청구할 수 있다는 점에 틀렸다. 또한, A에게 계약상 청구로서 건물매수 대금 그 자체를 청구할 수 있다는 선지의 내용 또한 틀린 내용이다. A에게는 ⓑ '건물 매수대금 그 자체'가 아니라 상법 제322조 제2항에 따른 손해배상청구로서 '건물 매수대금 상당액'를 청구할 수 있다. 양자는 청구금액은 같으나 소송물을 달리하는 청구이므로 다른 청구이다. 이러한 점에서 A에 대하여 계약상 청구권을 소송물로 하여 건물매수 대금 그 자체를 청구할 수 있다는 선지의 내용은 틀린 내용이다.

7) 이와 같은 이유로 본 문항은 정답은 없다.

정답 정답 없음

40. 타인명의에 의한 주식인수의 법률관계에 관한 설명 중 옳은 것은? (다툼이 있는 경우 판례에 의함)

① 무단히 타인의 명의를 사용하여 주식을 인수한 자는 실질적인 주식인수인으로서의 납입책임을 지며, 주주의 지위도 취득한다.

② 타인의 승낙을 얻어 차명으로 주식을 인수한 경우, 그러한 사실을 회사가 알고 있었는지 여부와 상관없이 실제 납입을 한 출자자에게 주주권이 귀속된다.

③ 가설인 명의를 이용하여 주식을 인수한 경우에는 가설인이 주주권을 행사할 수는 없으므로, 실제 출자자가 명의개서 없이도 주주권을 행사할 수 있다.

④ 실제 출자자와 명의자 사이에 실제 출자자를 주식인수인으로 하기로 한 약정을 회사가 알고 실제 출자자의 주주 지위를 승낙한 경우라면, 실제 출자자가 명의개서 여부를 불문하고 주주권을 행사할 수 있다.

⑤ 타인의 승낙을 얻어 그 명의를 사용하여 주식을 인수한 경우에는 명의를 차용한 자만이 납입책임을 진다.

해설

개념정리

1) 출자자가 가설인 또는 타인 명의로 주식을 인수·납입한 경우 세 가지 국면이 문제된다. ⓐ 누가 납입 의무를 지는가? ⓑ 누가 주주인가? ⓒ 누가 회사에 대하여 주주권을 행사할 수 있는가? 이다.

2) 주주명부상 주주만이 의결권 등 주주권을 행사할 수 있다는 법리를 설시한 대법원 2017. 3. 23. 선고 2015다248342 전원합의체 판결은 ⓒ의 주주권 행사 국면에 대한 법리이므로 해당 판례법리를 ⓐ, ⓑ 국면에

적용하지 않도록 주의해야 한다. ⓐ 국면은 상법 제332조 제1항의 문제이고, ⓑ 국면은 주주권 귀속 법리의 국면이다.

3) 가설인의 명의로 주식을 인수하거나 타인의 승낙없이 그 명의로 주식을 인수한 자는 주식인수인으로서의 책임이 있다(상법 제332조 제1항). 타인의 승낙을 얻어 그 명의로 주식을 인수한 자는 그 타인과 연대하여 납입할 책임이 있다(상법 제332조 제2항).

4) 이 문제는 ⓐ, ⓑ, ⓒ 국면의 구분을 연습할 수 있는 아주 좋은 문제이다.

① (O), ② (×) - 납입의무(ⓐ), 주주권 귀속(ⓑ)의 국면이다.

상법은 가설인(이는 현실로는 존재하지 않고 외형만 꾸며낸 사람을 가리킨다)이나 타인의 이름으로 주식을 인수할 수도 있다는 것을 전제로 납입책임을 부과하고 있지만, 누가 주주인지에 관해서는 규정을 두고 있지 않다.

타인의 명의로 주식을 인수한 경우에 누가 주주인지는 결국 주식인수를 한 당사자를 누구로 볼 것인지에 따라 결정하여야 한다. 발기설립의 경우에는 발기인 사이에, 자본의 증가를 위해 신주를 발행할 경우에는 주식인수의 청약자와 회사 사이에 신주를 인수하는 계약이 성립한다. 이때 누가 주식인수인이고 주주인지는 결국 신주인수계약의 당사자 확정 문제이므로, 원칙적으로 계약당사자를 확정하는 법리를 따르되, 주식인수계약의 특성을 고려하여야 한다.

첫째, 가설인 명의로 또는 타인의 승낙 없이 그 명의로 주식을 인수하는 약정을 한 경우이다. 가설인은 주식인수계약의 당사자가 될 수 없다. 한편 타인의 명의로 주식을 인수하면서 그 승낙을 받지 않은 경우 명의자와 실제로 출자를 한 자(이하 '실제 출자자'라 한다) 중에서 누가 주식인수인인지 문제 되는데, 명의자는 원칙적으로 주식인수계약의 당사자가 될 수 없다. 자신의 명의로 주식을 인수하는 데 승낙하지 않은 자는 주식을 인수하려는 의사도 없고 이를 표시한 사실도 없기 때문이다. 따라서 실제 출자자가 가설인 명의나 타인의 승낙 없이 그 명의로 주식을 인수하기로 하는 약정을 하고 출자를 이행하였다면, 주식인수계약의 상대방(발기설립의 경우에는 다른 발기인, 그 밖의 경우에는 회사)의 의사에 명백히 반한다는 등의 특별한 사정이 없는 한, 주주의 지위를 취득한다고 보아야 한다.

둘째, 타인의 승낙을 얻어 그 명의로 주식을 인수하기로 약정한 경우이다. 이 경우에는 계약 내용에 따라 명의자 또는 실제 출자자가 주식인수인이 될 수 있으나, 원칙적으로는 명의자를 주식인수인으로 보아야 한다. 명의자와 실제 출자자가 실제 출자자를 주식인수인으로 하기로 약정한 경우에도 실제 출자자를 주식인수인이라고 할 수는 없다. 실제 출자자를 주식인수인으로 하기로 한 사실을 주식인수계약의 상대방인 회사 등이 알고 이를 승낙하는 등 특별한 사정이 없다면, 그 상대방은 명의자를 주식인수계약의 당사자로 이해하였다고 보는 것이 합리적이기 때문이다(대법원 2017. 12. 5. 선고 2016다265351 판결).

③ (×), ④ (×) - 주주권 행사(ⓒ)의 국면이다.

주식을 양수하였으나 아직 주주명부에 명의개서를 하지 아니하여 주주명부에는 양도인이 주주로 기재되어 있는 경우뿐만 아니라, 주식을 인수하거나 양수하려는 자가 타인의 명의를 빌려 회사의 주식을 인수하거나 양수하고 타인의 명의로 주주명부에의 기재까지 마치는 경우에도, 회사에 대한 관계에서는 주주명부상 주주만이 주주로서 의결권 등 주주권을 적법하게 행사할 수 있다(대법원 2017. 3. 23. 선고 2015다248342).

⑤ (×) 납입의무(ⓐ)의 국면이다.

가설인의 명의로 주식을 인수하거나 타인의 승낙없이 그 명의로 주식을 인수한 자는 주식인수인으로서의 책임이 있다(상법 제332조 제1항). 타인의 승낙을 얻어 그 명의로 주식을 인수한 자는 그 타인과 연대하여 납입할 책임이 있다(상법 제332조 제2항).

정답 ①

41. 주식의 양도에 대한 설명으로 옳지 않은 것은? (다툼이 있는 경우 판례에 의함)

① 주주간 계약으로 주식양도를 제한한 경우 투하자본 회수의 가능성을 전면적으로 부정하는 정도가 아니면 유효하므로 그러한 계약은 회사에 대하여도 효력이 있다.
② 주식양도시 이사회승인을 얻어야 하는 경우 양도인뿐만 아니라 양수인도 이사회에 양도의 승인청구를 할 수 있다.
③ 신주발행시 납입기일이 도래하기 전에 먼저 납입을 완료한 자(者)라도 납입기일이 경과하기 전까지는 주주의 지위를 취득할 수 없다.
④ 주식병합으로 신(新)주권이 발행되지 않았다면 주권제출기간 만료시를 기준으로 6월 이내에는 주식양도를 하여도 회사에 효력이 없다.
⑤ 주권발행 전 주식의 양도가 회사 성립 후 6월이 경과한 후에 이루어진 경우, 그 주식양수인은 특별한 사정이 없는 한 양도인의 협력을 받을 필요 없이 단독으로 자신이 주식을 양수한 사실을 증명함으로써 회사에 대하여 그 명의개서를 청구할 수 있다.

해설

① (X) 주식의 양도를 제한하는 방법으로 이사회 승인을 받도록 정관에 정할 수 있다는 상법 제335조 제1항 단서의 취지에 비추어 볼 때, 주주 사이에서 주식의 양도를 일부 제한하는 약정을 한 경우, 그 약정은 주주의 투하자본회수 가능성을 전면적으로 부정하는 것이 아니고, 선량한 풍속 그 밖의 사회질서에 반하지 않는다면 당사자 사이에서는 원칙적으로 유효하다(대법원 2022. 3. 31. 선고 2019다274639 판결).

② (O) 주식의 양도에 관하여 이사회의 승인을 얻어야 하는 경우에는 주식을 양도하고자 하는 주주는 회사에 대하여 양도의 상대방 및 양도하고자 하는 주식의 종류와 수를 기재한 서면으로 양도의 승인을 청구할 수 있다(상법 제335조의3). 주식의 양도에 관하여 이사회의 승인을 얻어야 하는 경우에 주식을 취득한 자는 회사에 대하여 그 주식의 종류와 수를 기재한 서면으로 그 취득의 승인을 청구할 수 있다(상법 제335조의7).

③ (O) 신주의 인수인은 납입 또는 현물출자의 이행을 한 때에는 납입기일의 다음 날로부터 주주의 권리의무가 있다(상법 제423조 제1항).

④ (O)
1) 주식병합이 실시된 경우에는 회사가 공고한 주권제출기간 내에 구주권을 제출하고 회사로부터 신주권을 교부받게 되고(상법 제440조, 제442조), 주식의 병합은 원칙적으로 회사에 의하여 공고된 주권제출기간이 만료한 때에 그 효력이 생긴다(상법 제441조).
2) 주식병합이 있어 구주권이 실효되었음에도 주식병합 후 6월이 경과할 때까지 회사가 신주권을 발행하지 않은 경우에는 주권의 교부가 없더라도 당사자의 의사표시만으로 주식양도의 효력이 생긴다고 볼 것이다. 그리고 이는 당사자 사이의 주식양도에 관한 의사표시가 주권의 발행 후 주식병합이 있기 전에 있었다고 하더라도 마찬가지로서, 주식병합으로 실효되기 전의 구주권의 교부가 없는 상태에서 주식병합이 이루어지고 그로부터 6월이 경과할 때까지 회사가 신주권을 발행하지 않았다면 주식병합 후 6월이 경과한 때에 주식병합 전의 당사자 사이의 의사표시만으로 주식양도의 효력이 생긴다고 보아야 할 것이다
(대법원 2012. 2. 9. 선고 2011다62076 판결).

⑤ (O) 주권발행 전 주식의 양도가 회사 성립 후 6월이 경과한 후에 이루어진 때에는 당사자의 의사표시만으로 회사에 대하여 효력이 있으므로, 그 주식양수인은 특별한 사정이 없는 한 양도인의 협력을 받을 필요 없이 단독으로 자신이 주식을 양수한 사실을 증명함으로써 회사에 대하여 그 명의개서를 청구할 수 있다(대법원 2016. 3. 24. 선고 2015다71795 판결).

정답 ①

42. 주식의 병합 및 분할에 관한 설명으로 옳지 않은 것은? (다툼이 있는 경우 판례에 의함)

① 주식매매계약 이후 주식이 병합되어 새로운 주권으로 교환된 경우, 교환된 주권은 매도인과 매수인 사이에 매매된 주식을 여전히 표창하면서 그와 동일성을 유지한다.
② 액면주식의 분할의 효력은 주권제출기간이 만료하더라도 채권자보호절차가 종료해야 발생한다.
③ 액면주식의 분할시 주주총회의 특별결의를 거쳐야 한다.
④ 액면주식을 발행한 회사의 경우 주식분할이란 곧 액면분할을 뜻한다.
⑤ 액면가가 100원인 주식을 발행한 회사는 주식분할을 할 수 없다.

해설

① (O) 주식병합의 효력이 발생하면 회사는 신주권을 발행하고(상법 제442조 제1항), 주주는 병합된 만큼 감소된 수의 신주권을 교부받게 되는바, 이에 따라 교환된 주권은 병합 전의 주식을 여전히 표창하면서 그와 동일성을 유지한다(대법원 2005. 6. 23. 선고 2004다51887 판결).

② (×), ③ (O), ④ (O)
주식분할이란 주식병합과 반대로 기존의 주식을 나누어 발행주식총수를 증가시키는 것을 말한다. 주식병합과 달리 자본금에 아무런 변화 없이 단순히 발행주식수만 증가시키는 것이므로, 액면주식의 주식분할은 결국 액면분할을 의미한다. 일반적으로 이러한 주식분할은 주가가 너무 높아서 유통성을 저해하는 경우 거래의 편의상 주당 가격을 낮추기 위해서 이루어진다. 요구되는 절차로는 정관 변경을 위해서 주주총회 특별결의를 요하고, 자본금에는 아무런 변화가 없어서 채권자 보호 절차를 요하지 않는다. 따라서, ②번 선지가 틀린 지문이 된다.

⑤ (O) 액면주식 1주의 금액은 100원 이상으로 하여야 한다(상법 제329조 제3항).

정답 ②

43. 이사, 이사회 및 대표이사에 대한 설명으로 옳지 않은 것으로만 묶은 것은?

> ㄱ. 이사의 지위를 취득하기 위하여는 주주총회의 선임결의와 피선임자의 승낙 이외에 회사의 청약이 필요하다.
> ㄴ. 공동대표이사가 있는 회사에 대한 의사표시는 공동대표이사 전원에 대하여 하여야 한다.
> ㄷ. 이사회 소집시 소집권자로 지정되지 않은 다른 이사는 소집권자인 이사에게 이사회 소집을 요구할 수 있으며, 소집권자인 이사가 정당한 이유 없이 이사회 소집을 거절하는 경우에는 다른 이사가 이사회를 소집할 수 있다.
> ㄹ. 제3자가 상법 제401조에 따라 이사에 대해 손해배상책임을 묻는 경우, 이사가 악의·중과실에 의한 임무해태가 없었음을 증명하여야 한다.
> ㅁ. 이사회의 결의에 참가한 이사로서 이의를 한 기재가 의사록에 없는 자는 그 결의에 찬성한 것으로 추정한다.

① ㄱ, ㄴ, ㄷ ② ㄱ, ㄴ, ㄹ ③ ㄴ, ㄷ, ㄹ
④ ㄷ, ㄹ, ㅁ ⑤ ㄱ, ㄷ, ㅁ

해설

㉠ (✕) 이사·감사의 지위는 주주총회의 선임결의가 있고 선임된 사람의 동의가 있으면 취득된다고 보는 것이 옳다. 이사의 지위는 단체법적 성질을 가지는 것으로서 이사로 선임된 사람과 대표이사 사이에 체결되는 계약에 기초한 것은 아니다. 또한 주주총회에서 새로운 이사를 선임하는 결의는 주주들이 경영진을 교체하는 의미를 가지는 경우가 종종 있는데, 이사선임결의에도 불구하고 퇴임하는 대표이사가 임용계약의 청약을 하지 아니한 이상 이사로서의 지위를 취득하지 못한다고 보게 되면 주주로서는 효과적인 구제책이 없다는 문제점이 있다. 결론적으로, 주주총회에서 이사나 감사를 선임하는 경우, 선임결의와 피선임자의 승낙만 있으면, 피선임자는 대표이사와 별도의 임용계약을 체결하였는지와 관계없이 이사나 감사의 지위를 취득한다(대법원 2017. 3. 23. 선고 2016다251215 전원합의체 판결). 다만, 위 판례는 단체법적 원리에 국한하여 적용된다. 만약, 회사에서 일하고 보수를 받은 개인법적 관계에서는 여전히 임용계약이 필요하고, 임용계약이 체결되지 않는다면 이를 전제로 하는 보수 청구권을 행사할 수 없다.

㉡ (✕) 상법 제389조 제2항은 제208조 제2항을 준용하고 있다. 따라서 공동대표이사의 경우에 회사가 제3자에게 하는 의사표시, 즉 능동대표는 대표이사들이 공동으로만 회사를 대표할 수 있다. 따라서 공동대표이사 중의 1인이 다른 공동대표이사의 동의를 얻지 않고 단독으로 대표행위를 한 경우에 그 대표행위는 무효이다. 이 경우 다른 공동대표이사 전원이 추인을 한 경우에는 그 대표행위의 하자가 치유되어 유효하게 되며, 추인의 의사표시는 거래상대방이나 단독으로 대표행위를 한 대표이사에게 하면 된다. 공동대표이사가 있는 경우에 거래상대방이 회사에 대해서 하는 의사표시, 즉 수동대표는 공동대표이사 중의 1인에 대해서만 해도 효력이 있다.

㉢ (○) 이사회는 각 이사가 소집한다. 그러나 이사회의 결의로 소집할 이사를 정한 때에는 그러하지 아니하다(상법 제390조 제1항). 제1항 단서의 규정에 의하여 소집권자로 지정되지 않은 다른 이사는 소집권자인 이사에게 이사회 소집을 요구할 수 있다. 소집권자인 이사가 정당한 이유없이 이사회 소집을 거절하는 경우에는 다른 이사가 이사회를 소집할 수 있다(상법 제390조 제2항).

㉣ (✕)
1) 이사가 고의 또는 과실로 법령 또는 정관에 위반한 행위를 하거나 그 임무를 게을리한 경우에는 그 이사는 회사에 대하여 연대하여 손해를 배상할 책임이 있다(상법 제399조). 이사가 고의 또는 중대한 과실로 그 임무를 게을리한 때에는 그 이사는 제3자에 대하여 연대하여 손해를 배상할 책임이 있다(상법 제401조 제1항).
2) 상법 제399조의 책임에 관하여 판례는 채무불이행책임설을 취하고 있다. 채무불이행설에 따르면, 과실의 입증책임은 일반적인 입증분배의 원칙상 이사가 부담한다. 반면에, 상법 제401조의 책임에 관하여 판례는 법정책임설을 취하고 있다. 법정책임설에 따르면, 이사에게 고의·중과실에 의한 회사에 대한 임무해태가 있었다는 입증책임은 원고인 제3자가 부담한다.

㉤ (○) 이사회의 결의에 참가한 이사로서 이의를 한 기재가 의사록에 없는 자는 그 결의에 찬성한 것으로 추정한다(상법 제399조 제3항).

정답 ②

44. 주식회사의 감사 제도에 대한 설명 중 옳지 않은 것은? (다툼이 있는 경우 판례에 의함)

① 이사가 회사에 대하여 소를 제기함에 있어서 대표이사를 회사의 대표자로 표시한 소장을 법원에 제출하고, 법원도 이 점을 간과하여 회사의 대표이사에게 소장 부본을 송달한 채, 대표이사로부터 소송대리권을 위임받은 변호사들에 의하여 소송이 수행되었다면, 이사가 대표이사에 대하여 한 소송행위는 원칙적으로 무효가 된다.

② 주주와 감사 사이에 불화 등 단순히 주관적인 신뢰관계가 상실된 것만으로는 부족하고, 감사로서의 직무수행능력에 대한 근본적인 신뢰관계가 상실된 경우 등과 같이 당해 감사가 그 직무를 수행하는 데 장해가 될 객관적 상황이 발생한 경우에 임기 전에 감사를 해임할 정당한 이유가 있다.

③ 감사가 정당한 이유 없이 임기 전 해임된 후 임기만료일까지 다른 회사에서 새로운 위임계약 등에 따라 보수를 수령한 경우, 감사가 부당해임을 이유로 청구한 손해배상액에서 해당 보수 상당액을 공제할 수 없다.

④ 감사위원회는 이사가 법령 또는 정관에 위반한 행위를 하여 이로 인하여 회사에 회복할 수 없는 손해가 생길 염려가 있는 경우에는 그 행위에 대한 유지를 청구할 의무가 있다.

⑤ 회사와 이사의 관계는 민법상 위임관계라는 상법 규정이 감사에게 준용되지만, 이사의 충실의무에 관한 제382조의3, 경업금지에 관한 제397조, 기회유용금지에 관한 제397조의2, 자기거래금지에 관한 제398조의 규정은 감사에 준용되지 않는다.

해설

① (O) 피고 회사의 이사인 원고가 피고 회사에 대하여 소를 제기함에 있어서 상법 제394조에 의하여 그 소에 관하여 회사를 대표할 권한이 있는 감사를 대표자로 표시하지 아니하고 대표이사를 피고 회사의 대표자로 표시한 소장을 법원에 제출하고, 법원도 이 점을 간과하여 피고 회사의 대표이사에게 소장의 부본을 송달한 채, 피고 회사의 대표이사로부터 소송대리권을 위임받은 변호사들에 의하여 소송이 수행되었다면, 이 사건 소에 관하여는 피고 회사를 대표할 권한이 대표이사에게 없기 때문에 소장이 피고에게 적법유효하게 송달되었다고 볼 수 없음은 물론 피고 회사의 대표이사가 피고를 대표하여 한 소송행위나 피고 회사의 대표이사에 대하여 원고가 한 소송행위는 모두 무효이다(대법원 1990. 5. 11. 선고 89다카15199 판결).

② (O), ③ (×)

[1] 상법 제415조, 제385조 제1항에 규정된 '정당한 이유'란 주주와 감사 사이에 불화 등 단순히 주관적인 신뢰관계가 상실된 것만으로는 부족하고, 감사가 그 직무와 관련하여 법령이나 정관에 위반된 행위를 하였거나 정신적·육체적으로 감사로서 직무를 감당하기 현저하게 곤란한 경우, 감사로서 직무수행능력에 대한 근본적인 신뢰관계가 상실된 경우 등과 같이 당해 감사가 그 직무를 수행하는 데 장해가 될 객관적 상황이 발생한 경우에 비로소 임기 전에 해임할 수 있는 정당한 이유가 있다고 할 것이다.

[2] 채무불이행이나 불법행위 등으로 인하여 손해를 입은 채권자 또는 피해자 등이 동일한 원인에 의하여 이익을 얻은 경우에는 공평의 관념상 그 이익은 손해배상액을 산정함에 있어서 공제되어야 하고, 이와 같이 손해배상액의 산정에 있어 손익상계가 허용되기 위해서는 손해배상책임의 원인이 되는 행위로 인하여 피해자가 새로운 이득을 얻었고, 그 이득과 손해배상책임의 원인인 행위 사이에 상당인과관계가 있어야 한다. 임기가 정하여져 있는 감사가 임기만료 전에 정당한 이유 없이 주주총회의 특별결의로 해임되었음을 이유로 상법 제415조, 제385조 제1항에 의하여 회사를 상대로 남은 임기 동안 또는 임기 만료 시 얻을 수 있었던 보수 상당액을 해임으로 인한 손해배상액으로 청구하는 경우, 당해 감사가 그 해임으로 인하여 남은 임기 동안 회사를 위한 위임사무 처리에 들이지 않게 된 자신의 시간과 노력을 다른 직장에 종사하여 사용함으로써 얻은 이익이 해임과 사이에 상당인과관계가 인정된다면 해임으로 인한 손해배상액을 산정함에 있어서 공제되어야 한다(대법원 2013. 9. 26. 선고 2011다42348 판결).

④ (O)
1) 제402조의 규정은 감사위원회에 관하여 이를 준용한다(상법 제415조의2 제7항). 이사가 법령 또는 정관에 위반한 행위를 하여 이로 인하여 회사에 회부할 수 없는 손해가 생길 염려가 있는 경우에는 감사 또는 발행주식의 총삭의 100분의 1이상에 해당하는 주식을 가진 주주는 회사를 위하여 이사에 대하여 그 행위를 유지할 것을 청구할 수 있다(상법 제402조).
2) 상법 제415조의2 제7항, 상법 제415조는 제382조 제2항을 준용하므로 감사는 회사와 위임관계에 있고, 선관주의의무를 부담한다. 따라서, 상법 제402조의 법문이 '회사를 위하여 이사에 대하여 그 행위를 유지할 것을 청구할 수 있다'고 하고 있다고 하더라도 이는 감사의 포괄적 의무범위 안에 있다는 의미로 해당 선지가 구성되었다고 선해된다.

⑤ (O)
1) 제296조·제312조·제367조·제387조·제391조의2제2항·제394조제1항·제400조· 제402조 내지 제407조·제412조 내지 제414조·제447조의3·제447조의4·제450조·제527조의4·제530조의5제1항제9호·제530조의6제1항제10호 및 제534조의 규정은 감사위원회에 관하여 이를 준용한다(상법 제415조의2 제7항).
2) 규정상 회사와 이사의 관계는 민법상 위임관계라는 상법 규정이 감사에게 준용되지만, 이사의 충실의무에 관한 제382조의3, 경업금지에 관한 제397조, 기회유용금지에 관한 제397조의2, 자기거래금지에 관한 제398조의 규정은 감사에 준용되지 않는다.

정답 ③

45. 액면주식을 발행한 주식회사의 자본금감소에 대한 설명으로 옳지 않은 것은? (다툼이 있는 경우 판례에 의함)

① 자본금감소를 위해서는 주주총회 특별결의가 있어야 하나, 다만 결손보전 목적의 무상감자는 주주총회 보통결의에 의한다.
② 자본금감소를 위해서는 채권자보호절차를 거쳐야 하나 결손보전 목적의 무상감자는 채권자보호절차를 거치지 않아도 된다.
③ 주식소각이나 주식병합의 효력은 주권제출기간이 만료한 때 발생하지만, 자본금감소절차의 하나로 이루어진 경우에는 채권자보호절차가 완료되지 않는 이상 주식소각 또는 주식병합의 효력이 발생하지 않는다.
④ 감자무효의 판결에는 대세효와 장래효가 있다.
⑤ 자기주식을 소각하는 경우에는 이사회결의만 있으면 되고 채권자보호절차를 거치지 않아도 된다.

해설

① (O) 자본금의 감소에는 제434조에 따른 결의가 있어야 한다(상법 제438조 제1항). 제1항에도 불구하고 결손의 보전을 위한 자본금의 감소는 제368조 제1항의 결의에 의한다(상법 제438조 제2항).
② (O) 자본금 감소의 경우에는 제232조(채권자의 이의)를 준용한다. 다만, 결손의 보전을 위하여 자본금을 감소하는 경우에는 그러하지 아니하다(상법 제439조 제2항).
③ (O) 자본금감소에 관한 규정에 따라 주식을 소각하는 경우에는 제440조 및 제441조를 준용한다(상법 제343조 제2항). 주식을 병합할 경우에는 회사는 1월이상의 기간을 정하여 그 뜻과 그 기간 내에 주권을 회사에 제출할 것을 공고하고 주주명부에 기재된 주주와 질권자에 대하여는 각별로 그 통지를 하여야

한다(상법 제440조). 주식의 병합은 전조의 기간이 만료한 때에 그 효력이 생긴다. 그러나 제232조(채권자의 이의)의 규정에 의한 절차가 종료하지 아니한 때에는 그 종료한 때에 효력이 생긴다(상법 제441조).

④ (×)
1) 제186조 내지 제189조·제190조 본문·제191조·제192조 및 제377조의 규정은 제445조의 소(감자무효의 소)에 관하여 이를 준용한다(상법 제446조). 설립무효의 판결 또는 설립취소의 판결은 제3자에 대하여도 그 효력이 있다. 그러나 판결확정전에 생긴 회사와 사원 및 제3자 간의 권리의무에 영향을 미치지 아니한다(상법 제190조).
2) 상법 제190조 본문은 대세효를, 단서는 불소급효를 규정하고 있다. 상법 제446조는 제190조 본문만을 준용하고 있으므로, 감자무효의 소의 인용판결에는 대세효와 소급효가 있다. 패소판결에는 그러한 효력이 없다.

⑤ (○)
1) 주식은 자본금 감소에 관한 규정에 따라서만 소각할 수 있다. 다만, 이사회의 결의에 의하여 회사가 보유하는 자기주식을 소각하는 경우에는 그러하지 아니하다(상법 제343조 제1항). 자본금감소에 관한 규정에 따라 주식을 소각하는 경우에는 제440조 및 제441조를 준용한다(상법 제343조 제2항).
2) 주식을 병합할 경우에는 회사는 1월이상의 기간을 정하여 그 뜻과 그 기간 내에 주권을 회사에 제출할 것을 공고하고 주주명부에 기재된 주주와 질권자에 대하여는 각별로 그 통지를 하여야 한다(상법 제440조). 주식의 병합은 전조의 기간이 만료한 때에 그 효력이 생긴다. 그러나 제232조(채권자의 이의)의 규정에 의한 절차가 종료하지 아니한 때에는 그 종료한 때에 효력이 생긴다(상법 제441조). **정답 ④**

46. 甲주식회사는 2023. 2. 1. 지배주주인 A와 통모하여 A의 경영권을 강화하기 위하여 A에게 전환사채를 발행하면서 그 발행가를 현저히 불공정하게 정하였다. A는 2023. 10. 1. 그 전환사채에 부여된 전환권을 행사하여 신주를 발행받았다. 다른 주주들이 제기한 소 중 인용될 수 있는 것은? (다툼이 있는 경우 판례에 의함)

① 다른 주주들은 2023. 10. 2. 甲회사를 상대로 위 전환사채는 오로지 지배주주 A의 경영권 강화를 위한 것이라는 이유로 신주발행무효의 소를 제기하였다.
② 다른 주주들은 2023. 10. 2. 甲회사를 상대로 위 전환사채는 현저하게 저가로 발행된 것이라는 이유로 신주발행무효의 소를 제기하였다.
③ 다른 주주들은 2023. 10. 2. 대표소송의 요건을 갖추어 A를 상대로 공정한 발행가액과 실제 발행가액의 차액을 회사에 지급하라는 소를 제기하였다.
④ 다른 주주들은 2023. 10. 2. 甲회사를 상대로 위 전환사채는 현저하게 저가로 발행된 것이라는 이유로 신주발행무효의 소를 제기하였다. 그 후 원고들은 위 소가 계속 중인 2024. 6. 10. A가 전환청구기간을 도과한 후에 전환권을 행사하였다는 사실을 무효 사유로 추가하였다.
⑤ 다른 주주들은 2024. 6. 10. 甲회사를 상대로 A가 전환청구기간을 도과한 후에 전환권을 행사하였다는 사실을 무효 사유로 들어 신주발행무효의 소를 제기하였다.

해설

① (×), ② (×), ④ (×), ⑤ (×)
1) 전환사채는 전환권의 행사로 장차 주식으로 전환될 수 있는 권리가 부여된 사채이다. 이러한 전환사채의 발행은 주식회사의 물적 기초와 기존 주주들의 이해관계에 영향을 미친다는 점에서 사실상 신주를

발행하는 것과 유사하므로 전환사채 발행의 경우에도 신주발행무효의 소에 관한 상법 제429조가 유추 적용된다. 전환사채 발행의 무효는 주주 등이 전환사채를 발행한 날로부터 6월 내에 소만으로 주장할 수 있고, 6월의 출소기간이 지난 뒤에는 새로운 무효 사유를 추가하여 주장할 수 없다. 다만 전환권의 행사로 인한 신주 발행에 대해서는 상법 제429조를 적용하여 신주발행무효의 소로써 다툴 수 있겠지만, 이때에는 특별한 사정이 없는 한 전환사채 발행이 무효라거나 그를 전제로 한 주장은 제기될 수 없고 전환권 행사나 그에 따른 신주 발행에 고유한 무효 사유가 있다면 이를 주장할 수 있을 뿐이다(대법원 2022. 11. 17. 선고 2021다205650 판결).

2) 신주발행의 무효는 주주·이사 또는 감사에 한하여 신주를 발행한 날로부터 6월 내에 소만으로 이를 주장할 수 있다(상법 제429조).

3) 상법 제429조는 신주발행의 무효는 주주·이사 또는 감사에 한하여 신주를 발행한 날부터 6월 내에 소만으로 주장할 수 있다고 규정하고 있는데, 이는 신주발행에 수반되는 복잡한 법률관계를 조기에 확정하고자 하는 것으로서, 새로운 무효사유를 출소기간 경과 후에도 주장할 수 있도록 하면 법률관계가 불안정하게 되어 위 규정의 취지가 몰각된다는 점에 비추어, 위 규정은 무효사유의 주장시기도 제한하고 있는 것이라고 해석함이 타당하므로, 신주발행무효의 소에서 신주를 발행한 날부터 6월의 출소기간이 경과한 후에는 새로운 무효사유를 추가하여 주장할 수 없다(대법원 2012. 11. 15. 선고 2010다49380 판결).

4) ①, ②는 신주발행의 고유한 무효사유가 아니라 전환사채 발행이 무효라는 주장이고, ④는 신주발행의 고유한 무효사유가 아니라 전환사채 발행이 무효라는 주장과 신주발행무효의 소 출소기간 도과 후 새로운 무효사유 추가이고, ⑤는 신주발행무효의 소 출소기간 도과 후의 소제기이므로 인용될 수 없다.

③ (O) 제424조의2의 규정은 전환사채 발행의 경우에 이를 준용한다(상법 제516조 제1항). 이사와 통모하여 현저하게 불공정한 발행가액으로 주식을 인수한 자는 회사에 대하여 공정한 발행가액과의 차액에 상당한 금액을 지급할 의무가 있다(상법 제424조의2 제1항). 제403조의 대표소송 규정은 제424조의2 제1항의 지급을 청구하는 소에 관하여 이를 준용한다(상법 제424조의2 제2항).

정답 ③

47. 주식회사의 이익배당에 관한 설명 중 옳지 않은 것은? (다툼이 있는 경우 판례에 의함)

① 이익배당을 위해서는 주주총회결의가 있어야 하나, 예외적으로 재무제표를 이사회가 승인하는 경우에는 이사회의 결의로 정할 수 있다.
② 회사가 배당가능이익이 있음에도 장기간 배당결의를 하지 않는 경우, 정관에 특별한 규정이 없는 한 주주는 회사에 대하여 이익배당청구권을 행사할 수 없다.
③ 정관에 근거 규정이 있는 경우 회사는 금전 대신 현물로 배당할 것을 결의할 수 있다.
④ 주주총회결의 또는 이사회결의가 없는 이익배당은 위법배당으로 무효이므로 이 경우 회사채권자는 주주에게 수령액을 회사에 반환하라고 청구할 수 있다.
⑤ 직전 결산기에는 배당가능이익이 있어 중간배당을 한 후 당해 결산기에 배당가능이익이 없는 것으로 확정되어도 위법한 중간배당이 되는 것은 아니며, 이 경우 회사는 중간배당을 수령한 주주에게 수령액의 반환을 청구할 수 없다.

해설

① (O) 이익배당은 주주총회의 결의로 정한다. 다만, 제449조의2 제1항에 따라 재무제표를 이사회가 승인하는 경우에는 이사회의 결의로 정한다(상법 제462조 제2항).

② (O), ④ (×)
주주의 이익배당청구권은 장차 이익배당을 받을 수 있다는 의미의 권리에 지나지 아니하여 이익잉여금처분계산서가 주주총회에서 승인됨으로써 이익배당이 확정될 때까지는 주주에게 구체적이고 확정적인 배당금 지급청구권이 인정되지 아니한다. 다만 정관에서 회사에 배당의무를 부과하면서 배당금의 지급조건이나 배당금액을 산정하는 방식 등을 구체적으로 정하고 있어 그에 따라 개별 주주에게 배당할 금액이 일의적으로 산정되고, 대표이사나 이사회가 경영판단에 따라 배당금 지급 여부나 시기, 배당금액 등을 달리 정할 수 있도록 하는 규정이 없다면, 예외적으로 정관에서 정한 지급조건이 갖추어지는 때에 주주에게 구체적이고 확정적인 배당금지급청구권이 인정될 수 있다. 그리고 이러한 경우 회사는 주주총회에서 이익배당에 관한 결의를 하지 않았다거나 정관과 달리 이익배당을 거부하는 결의를 하였다는 사정을 들어 주주에게 이익배당금의 지급을 거절할 수 없다(대법원 2022. 8. 19. 선고 2020다263574 판결).

③ (O) 회사는 정관으로 금전 외의 재산으로 배당을 할 수 있음을 정할 수 있다(상법 제462조의4 제1항). 제1항에 따라 배당을 결정한 회사는 다음 사항을 정할 수 있다(상법 제462조의4 제2항).
제1호 주주가 배당되는 금전 외의 재산 대신 금전의 지급을 회사에 청구할 수 있도록 한 경우에는 그 금액 및 청구할 수 있는 기간
제2호 일정 수 미만의 주식을 보유한 주주에게 금전 외의 재산 대신 금전을 지급하기로 한 경우에는 그 일정 수 및 금액

⑤ (O) 년 1회의 결산기를 정한 회사는 영업년도 중 1회에 한하여 이사회의 결의로 일정한 날을 정하여 그 날의 주주에 대하여 이익을 배당(이하 이 조에서 "중간배당"이라 한다)할 수 있음을 정관으로 정할 수 있다(상법 제462조의3 제1항). 회사는 당해 결산기 배당가능이익이 없을 우려가 있는 때에는 중간배당을 하여서는 아니된다(상법 제462조 제3항). 즉, 배당가능이익은 직전 결산기의 재무상태표를 기준으로 하여 계산하고, 당해 결산기 재무상태표 기준으로 배당가능이익이 존재하지 않을 우려가 있는 경우에는 중간배당·분기배당이 허용되지 않는다.

정답 ④

48. 甲주식회사가 乙주식회사를 흡수합병할 경우에 관한 설명 중 옳지 <u>않은</u> 것은? (다툼이 있는 경우 판례에 의함)

① 甲회사는 보유하던 자기주식을 합병대가로 지급할 수 있다.
② 甲회사는 합병대가로 자신의 모회사 주식을 지급할 수 있다.
③ 甲회사는 합병대가의 전부를 현금으로만 지급할 수도 있다.
④ 甲회사가 보유하던 乙회사의 주식에 대하여도 합병신주를 배정할 수 있다.
⑤ 甲회사가 乙회사 발행주식총수의 90% 이상을 소유하고 있는 경우 甲회사의 주주총회 승인 결의는 면제된다.

해설

① (O), ③ (O)
합병할 회사의 일방이 합병 후 존속하는 경우에는 합병계약서에 다음의 사항을 적어야 한다(상법 제523조).
제3호 존속하는 회사가 합병을 하면서 신주를 발행하거나 자기주식을 이전하는 경우에는 발행하는 신주 또는 이전하는 자기주식의 총수, 종류와 수 및 합병으로 인하여 소멸하는 회사의 주주에 대한 신주의 배정 또는 자기주식의 이전에 관한 사항
제4호 존속하는 회사가 합병으로 소멸하는 회사의 주주에게 제3호에도 불구하고 그 대가의 전부 또는 일부로서 금전이나 그 밖의 재산을 제공하는 경우에는 그 내용 및 배정에 관한 사항

② (O) 제342조의2(자회사에 의한 모회사주식의 취득의 원칙적 금지)에도 불구하고 제523조제4호에 따라 소멸하는 회사의 주주에게 제공하는 재산이 존속하는 회사의 모회사주식을 포함하는 경우에는 존속하는 회사는 그 지급을 위하여 모회사주식을 취득할 수 있다(상법 제523조의2 제1항). 존속하는 회사는 제1항에 따라 취득한 모회사의 주식을 합병 후에도 계속 보유하고 있는 경우 합병의 효력이 발생하는 날부터 6개월 이내에 그 주식을 처분하여야 한다(상법 제523조의2 제2항).
④ (O) 존속회사(甲)가 보유하던 소멸회사(乙)의 주식을 포합주식이라 한다. 포합주식에 대하여도 합병신주를 배정할 수 있다는 견해가 다수설이다. 대법원 2004. 12. 9. 선고 2003다69355 판결도 "존속회사가 보유하던 소멸회사의 주식에 대하여 반드시 신주를 배정하여야 한다고 볼 수 없다."고 판시하여, 포합신주에 대하여 합병신주를 배정할지의 여부는 당사자들이 자유롭게 정할 수 있다고 본다. 포합주식에 합병신주를 배정하게 되면 존속회사가 자기주식을 보유하게 되는 결과가 된다.
⑤ (×) 합병할 회사의 일방이 합병 후 존속하는 경우에 합병으로 인하여 소멸하는 회사의 총주주의 동의가 있거나 그 회사의 발행주식총수의 100분의 90이상을 합병 후 존속하는 회사가 소유하고 있는 때에는 합병으로 인하여 소멸하는 회사의 주주총회의 승인은 이를 이사회의 승인으로 갈음할 수 있다(상법 제527조의2).

정답 ⑤

49. 甲이 乙에게 어음금액을 백지로 하여 약속어음을 발행하고 1억 원을 한도로 보충권을 수여하였는데, 乙이 丙에게 1억 5,000만 원의 보충권이 있다고 속여 어음금액이 백지인 채로 배서양도하였고, 丙은 1억 5,000만 원을 보충한 후에 선의이며 중대한 과실이 없는 丁에게 배서양도하였다. 이에 대한 설명으로 옳지 않은 것은? (다툼이 있는 경우 판례에 의함)

① 丙이 乙의 말을 믿고 스스로 보충한 경우에도 백지어음의 부당보충에 관한 어음법 제10조가 적용된다.
② 甲이 丁에게 1억 5,000만 원을 지급한 경우 乙은 甲에게 5,000만 원의 손해를 배상할 책임이 있다.
③ 甲이 지급을 거절하는 경우 丁은 丙에게 1억 5,000만 원을 상환청구할 수 있다.
④ 丙이 어음취득시 甲에게 보충권에 대하여 조회하지 아니하였어도 중과실이 인정되지 아니한다.
⑤ 만약 丁이 부당보충된 사실을 알면서 어음을 취득한 뒤 甲에게 지급청구를 하였더라도 甲은 1억 원에 대하여는 어음상 책임을 져야 한다.

해설

① (O), ④ (×)
1) 미완성으로 발행한 어음에 미리 합의한 사항과 다른 내용을 보충한 경우에는 그 합의의 위반을 이유로 소지인에게 대항하지 못한다. 그러나 소지인이 악의 또는 중대한 과실로 인하여 어음을 취득한 경우에는 그러하지 아니하다(어음법 제77조 제2항, 제10조).
2) 어음금액이 백지인 어음을 취득하면서 보충권한을 부여받은 자의 지시에 의하여 어음금액란을 보충하는 경우 보충권의 내용에 관하여 어음의 기명날인자에게 직접 조회하지 않았다면 특별한 사정이 없는 한 취득자에게 중대한 과실이 있다(대법원 1978. 3. 14. 선고 77다2020 판결). 즉, 보충권범위를 합의한 것에 위반한 부당보충 뿐만 아니라 보충권의 범위를 오신하여 부당보충하는 경우에도 어음법 제10조가 적용된다.

② (O), ⑤ (O)
소지인이 악의 또는 중과실로 부당 보충된 어음을 취득한 경우에도 발행인은 자신이 유효하게 보충권을 수여한 범위 안에서는 당연히 어음상의 책임을 진다(대법원 1999. 2. 9. 선고 98다37736 판결). 따라서 甲은 보충권을 수여한 1억 원의 범위 안에서는 어음상의 책임을 진다. 甲이 丁에게 1억 5,000만 원을 지급한 경우 乙은 甲에게 5,000만 원 만큼만 손해를 배상할 책임이 있다.

③ (O)
1) 위조발행된 어음이라도 어음행위독립의 원칙상 그 뒤에 유효하게 배서한 배서인에 대하여는 소구권을 행사할 수 있다(대법원 1977. 12. 13. 선고 77다1753 판결).
2) 환어음에 어음채무를 부담할 능력이 없는 자의 기명날인, 위조의 기명날인, 가설인의 기명날인 또는 기타의 사유로 인하여 환어음의 기명날인자나 그 본인에게 의무를 부담하게 할 수 없는 기명날인이 있는 경우에도 다른 기명날인자의 채무는 그 효력에 영향을 받지 아니한다(어음법 제7조).
3) 위·변조어음에 관한 어음행위독립의 원칙은 부당보충된 어음에도 마찬가지로 적용된다.   정답 ④

50. 어음행위에 관한 다음 설명으로 옳지 않은 것은? (다툼이 있는 경우 판례에 의함)

① 어음행위의 구체적인 내용은 어음에 기재된 대로 정해진다.
② 조합은 그 자체가 어음행위를 하거나 어음상의 권리를 취득할 수 없다.
③ 사기에 의한 어음행위는 무효이나 그 무효로 선의의 제3자에게 대항하지 못한다.
④ 어음을 작성한 후 교부하기 전에 분실한 자라 하더라도 어음의 외관을 신뢰하고 이를 취득한 선의의 소지인에 대해서는 발행인으로서 책임을 진다.
⑤ 동일한 어음상에 행해지는 어음행위는 그 행위의 전제가 되는 다른 어음행위가 형식적 하자 이외의 사유로 무효·취소되더라도 영향을 받지 않고 행위자는 자신이 행한 어음행위의 내용에 따라 책임을 진다.

해설

① (O) 어음·수표행위의 문언성이란 어음 수표의 효력이 기재된 문언에 따라 정해진다는 것을 말한다.
② (O)
[가] 법인격없는 조합이 어음행위를 하였을 경우에는 조합자체가 아닌 그 조합원이 위 어음행위로 인한 권리를 취득하고 또 의무를 부담하게 되는 것이다.
[나] 조합의 어음행위는 대표조합원이 그 대표자격을 표시하고 조합원 전원을 대리하여 어음상의 서명을 한 경우에도 유효하다(대법원 1970. 8. 31. 선고 70다1360 판결).
③ (×)
1) 환어음에 의하여 청구를 받은 자는 발행인 또는 종전의 소지인에 대한 인적관계로 인한 항변으로써 소지인에게 대항하지 못한다. 그러나 소지인이 그 채무자를 해할 것을 알고 어음을 취득한 때에는 그러하지 아니하다(어음법 제17조).
2) [1] 사기와 같은 의사표시의 하자를 이유로 어음발행행위를 취소하는 경우에 그 취소의 의사표시는 어음발행행위의 직접 상대방에 대하여 뿐만 아니라 어음발행행위의 직접 상대방으로부터 어음을 취득하여 그 어음금의 지급을 청구하고 있는 소지인에 대하여도 할 수 있다고 봄이 상당하다 할 것이지만, 이와 같은 의사표시의 취소는 선의의 제3자에게 대항할 수 없는 것이고, 이때의 제3자라 함은 어음발행

행위의 직접 상대방 이외의 자를 가리키는 것이므로, 어음의 발행인이 어음발행행위의 직접 상대방이 아닌 소지인을 상대로 어음발행행위 취소의 의사표시를 할 수 있다 하여 소지인의 선의·악의를 불문하고 취소의 효과를 주장할 수 있게 되는 것은 아니다.

[2] 어음행위에 착오·사기·강박 등 의사표시의 하자가 있다는 항변은 어음행위 상대방에 대한 인적항변에 불과한 것이므로, **어음채무자는 소지인이 채무자를 해할 것을 알고 어음을 취득한 경우가 아닌 한**, 소지인이 중대한 과실로 그러한 사실을 몰랐다고 하더라도 종전 소지인에 대한 인적항변으로써 소지인에게 대항할 수 없다(대법원 1997. 5. 16. 선고 96다49513 판결).

④ (O) 어음을 유통시킬 의사로 어음상에 발행인으로 기명날인하여 외관을 갖춘 어음을 작성한 자는 그 어음이 도난·분실 등으로 인하여 그의 의사에 의하지 아니하고 유통되었다고 하더라도, 배서가 연속되어 있는 그 어음을 외관을 신뢰하고 취득한 소지인에 대하여는 그 소지인이 악의 내지 중과실에 의하여 그 어음을 취득하였음을 주장·입증하지 아니하는 한 발행인으로서의 어음상의 채무를 부담한다(대법원 1999. 11. 26. 선고 99다34307 판결).

⑤ (O)
1) 어음법 제7조에 규정된 어음행위독립의 원칙에 대한 정의를 서술한 선지이다.
2) 환어음에 어음채무를 부담할 능력이 없는 자의 기명날인, 위조의 기명날인, 가설인의 기명날인 또는 기타의 사유로 인하여 환어음의 기명날인자나 그 본인에게 의무를 부담하게 할 수 없는 기명날인이 있는 경우에도 다른 기명날인자의 채무는 그 효력에 영향을 받지 아니한다(어음법 제7조).   정답 ③

51. A는 자신이 소유하는 주택에 대하여 화재보험에 가입한 후, 보험기간 중에 위 주택을 B에게 매도하고 소유권이전등기를 마쳐주었다. 다음 설명 중 옳은 것을 모두 묶은 것은? (다툼이 있는 경우 판례에 의함)

> ㄱ. 당사자간에 특별한 약정이 없다면 B는 A의 피보험자의 지위를 승계하는 것으로 추정한다.
> ㄴ. B가 A의 피보험자의 지위를 승계하는 경우 보험계약자의 지위까지 함께 승계한다.
> ㄷ. 상법은 A 또는 B가 위와 같은 양도사실을 보험자에게 통지하지 아니하면 보험자에게 대항할 수 없다고 규정한다.
> ㄹ. 주택의 소유자가 바뀌었다고 하여 당연히 위험의 현저한 변경 또는 증가가 있었다고 볼 수는 없으므로, A 또는 B가 위와 같은 양도사실을 통지하지 않았다고 하여도 보험자는 그러한 통지의무 위반을 이유로 보험계약을 해지할 수 없다.

① ㄱ, ㄴ   ② ㄱ, ㄴ, ㄷ   ③ ㄱ, ㄷ, ㄹ
④ ㄱ, ㄴ, ㄹ   ⑤ ㄱ, ㄴ, ㄷ, ㄹ

해설

㉠ (O) 피보험자가 보험의 목적을 양도한 때에는 양수인은 보험계약상의 권리와 의무를 승계한 것으로 추정한다(상법 제679조 제1항).

㉡ (O) 상법 제679조 제1항의 해석론에 관하여 피보험자의 지위를 승계하는 경우 보험계약자의 지위까지 함께 승계한다는 것이 통설적 견해이다.

㉢ (×), ㉣ (O)
1) 피보험자가 보험의 목적을 양도한 때에는 양수인은 보험계약상의 권리와 의무를 승계한 것으로 추정

되는데, 이 경우에 보험의 목적의 양도인 또는 양수인은 보험자에 대하여 지체없이 그 사실을 통지하여야 한다(상법 제679조 제1항).

2) ⓐ채권양도에 관한 민법규정을 유추적용하여 이를 대항요건으로 보고, 통지하지 않으면 양수인이 보험자에게 보험금을 청구할 수 없다는 견해도 있으나, ⓑ 다수설은 문언상 대항요건 여부에 대하여 아무 언급이 없으므로, 대항요건으로 보지 않는다. 판례는 보험계약자가 보험목적의 양도에 따른 통지의무를 위반하였으나 그로 인해 현저한 위험의 변경 또는 증가가 없는 경우, 화재보험보통약관상의 해지사유가 되지 않는다고 판시하였다(대법원 1996. 7. 26. 선고 95다52505 판결). 따라서, 다수설과 판례의 입장에 의하면 상법 제679조 제2항의 통지의무는 문언상 규정되어 있으나 아무런 강제수단이나 불이행에 따른 불이익이 없다.

정답 ④

52. 甲주식회사는 乙주식회사의 모회사이고, A는 甲주식회사의 주주이며, B는 乙주식회사의 이사이다. A가 B를 상대로 주주대표소송을 제기할 경우에 대한 설명 중 옳지 <u>않은</u> 것은? (다툼이 있는 경우 판례에 의함)

① A는 소를 제기하기 전에 乙회사의 감사에게 제소청구를 하여야 한다.
② A가 받은 승소판결은 물론 패소판결도 그 효력이 乙회사에 미친다.
③ A가 자신의 청구가 근거가 없다는 점을 과실로 알지 못하고 제소하였다가 패소한 경우 乙회사가 입은 손해를 배상할 책임이 없다.
④ A가 제기한 소송에 乙회사가 소송참가한 후 A의 소가 각하되면 乙회사의 소송참가도 부적법하게 된다.
⑤ A가 제기한 소송이 계속 중에 甲회사가 乙회사 주식을 일부 처분하여 모회사 지위를 상실하게 되어도 소송은 그대로 유지된다.

해설

① (O)
1) 모회사 발행주식총수의 100분의 1 이상에 해당하는 주식을 가진 주주는 자회사에 대하여 자회사 이사의 책임을 추궁할 소의 제기를 청구할 수 있다(상법 제406조의2 제1항).
2) 여기서 자회사라 함은 자회사의 감사 또는 감사위원회를 말한다(상법 제394조 제1항, 상법 제415조의2 제7항).

② (O) 대표소송은 주주가 타인인 회사를 위해서 스스로 원고가 되어 이사 등의 책임을 추궁하는 것이므로 본질적으로 제3자 소송담당의 성질을 가진다. 따라서 원고 주주가 받은 판결의 효력은 본래 권리의무의 귀속주체인 회사에 당연히 미치며, 이는 다중대표소송의 경우에도 마찬가지이다.

③ (O) 제403조 제3항과 제4항의 규정에 의하여 소를 제기한 주주가 패소한 때에는 악의인 경우 외에는 회사에 대하여 손해를 배상할 책임이 없다(상법 제405조 제2항).

④ (X)
1) 회사는 전조 제3항과 제4항의 소송(주주대표소송)에 참가할 수 있다(상법 제404조 제1항).
2) 원고 주주들이 주주대표소송의 사실심 변론종결시까지 대표소송상의 원고 주주요건을 유지하지 못하여 종국적으로 소가 각하되는 운명에 있다고 할지라도 회사인 원고 공동소송참가인의 참가시점에서는 원고 주주들이 적법한 원고적격을 가지고 있었다고 할 것이어서 회사인 원고 공동소송참가인의 참가는 적법하다고 할 것이고, 뿐만 아니라 <u>원고 주주들의 주주대표소송이 확정적으로 각하되기 전에는 여전히</u>

그 소송계속 상태가 유지되고 있는 것이어서, 그 각하판결 선고 이전에 회사가 원고 공동소송참가를 신청하였다면 그 참가 당시 피참가소송의 계속이 없다거나 그로 인하여 참가가 부적법하게 된다고 볼 수는 없다(대법원 2002. 3. 15. 선고 2000다9086 판결).

⑤ (○) 다중대표소송의 청구를 한 후 모회사가 보유한 자회사의 주식이 자회사 발행주식총수의 100분의 50 이하로 감소한 경우(발행주식을 보유하지 아니하게 된 경우를 제외한다)에도 다중대표소송의 제소의 효력에는 영향이 없다(상법 제406조의2 제4항).

정답 ④

53. 재판적에 관한 설명 중 옳지 않은 것은? (다툼이 있는 경우 판례에 의함)

① 사무소나 영업소에 계속하여 근무하는 사람에 대한 소는 그 업무와 관련이 없더라도 근무지 관할법원에 제기할 수 있다.
② 채권자가 수익자에 대하여 제기하는 사해행위의 취소 및 소유권이전등기의 말소등기청구의 소는 그 말소등기절차를 이행할 등기관서 소재지의 법원에 제기할 수 있다.
③ 불법행위의 가해행위지와 결과발생지가 다른 경우, 그 불법행위로 인한 손해배상책임에 대한 채무부존재확인의 소는 가해행위지나 결과발생지 관할법원에 제기할 수 있다.
④ 사무소 또는 영업소가 있는 사람이 그 사무소 또는 영업소의 업무와 관련이 있는 소를 제기하는 경우에는 그 사무소 또는 영업소가 있는 곳의 법원에 제기할 수 있다.
⑤ 동일한 교통사고에 기하여 수인의 피해자들이 가해자를 상대로 제기하는 손해배상청구의 소는 공동원고 중 1인의 청구에 대한 관할권이 있는 법원에 제기할 수 있다.

해설

① (○)
1) 사무소 또는 영업소에 계속하여 근무하는 사람에 대하여 소를 제기하는 경우에는 그 사무소 또는 영업소가 있는 곳을 관할하는 법원에 제기할 수 있다(민사소송법 제7조).
2) 사무소 또는 영업소의 업무와 관련된 소송이 아니더라도 그 주소지에서 제소하는 것보다 원·피고에게 편리하기 때문에 인정되는 특별재판적이다.

② (○) 사해행위취소의 소에 있어서의 의무이행지는 '취소의 대상인 법률행위의 의무이행지'가 아니라 '취소로 인하여 형성되는 법률관계에 있어서의 의무이행지'라고 보아야 한다. 즉, 부동산등기의 신청에 협조할 의무의 이행지는 성질상 등기지의 특별재판적에 관한 민사소송법 제19조에 규정된 '등기할 공무소 소재지'라고 할 것이므로, 원고가 사해행위취소의 소의 채권자라고 하더라도 사해행위취소에 따른 원상회복으로서의 소유권이전등기 말소등기의무의 이행지는 그 등기관서 소재지라고 볼 것이지, 원고의 주소지를 그 의무이행지로 볼 수는 없다(대법원 2002. 5. 10. 자 2002마1156 결정).

③ (○)
1) 원격지 불법행위로서 가해행위지와 손해발생지가 다른 때에는 양자 모두 재판적이 된다.
2) 불법행위로 인한 손해배상과 관련한 채무부존재확인소송의 경우, 민사소송법 제18조 제1항의 불법행위지에 근거한 토지관할이 인정된다(대법원 2011. 7. 14. 자 2011그65 결정).

④ (×)
1) 사무소 또는 영업소가 있는 사람에 대하여 그 사무소 또는 영업소의 업무와 관련이 있는 소를 제기하는 경우에는 그 사무소 또는 영업소가 있는 곳의 법원에 제기할 수 있다(민사소송법 제12조).

2) 민사소송법 제12조의 법문상 피고에 대한 특별재판적이다.
⑤ (O) 하나의 소로 여러 개의 청구를 하는 경우에는 제2조 내지 제24조의 규정에 따라 그 여러 개 가운데 하나의 청구에 대한 관할권이 있는 법원에 소를 제기할 수 있다(민사소송법 제25조 제1항). 소송목적이 되는 권리나 의무가 여러 사람에게 공통되거나 사실상 또는 법률상 같은 원인으로 말미암아 그 여러 사람이 공동소송인으로서 당사자가 되는 경우에는 제1항의 규정을 준용한다(민사소송법 제25조 제2항). **정답 ④**

54. 당사자능력에 관한 설명 중 옳지 않은 것은? (다툼이 있는 경우 판례에 의함)

① 사단법인 A시민연합의 하부조직인 B지부는 비법인사단으로서의 실체를 갖추고 독자적인 활동을 하고 있더라도 당사자능력을 갖지 못한다.
② 소제기시에는 조합이었으나 사실심변론종결시에 비법인사단으로서의 실체를 갖추었다면 당사자능력이 인정된다.
③ 사망한 당사자의 이름으로 소가 제기되었음을 간과하고 본안판결을 한 경우, 그 판결은 당연무효이며 상소나 재심도 허용되지 않는다.
④ 비법인사단의 대표자의 대표권 유무는 소송요건이므로 법원의 직권조사사항이다.
⑤ 지방자치단체는 당사자능력이 있으나 소송수행자 지정을 통해 그 소속 공무원이 소송대리 하도록 할 수는 없다.

해설

① (×) 민사소송법 제52조가 비법인사단의 당사자능력을 인정하는 것은, 법인이 아니라도 사단으로서의 실체를 갖추고 그 대표자 또는 관리인을 통하여 사회적 활동이나 거래를 하는 경우에는, 그로 인하여 발생하는 분쟁은 그 단체가 자기 이름으로 당사자가 되어 소송을 통하여 해결하도록 하기 위한 것이다. 그러므로 여기서 말하는 사단이라 함은 일정한 목적을 위하여 조직된 다수인의 결합체로서 대외적으로 사단을 대표할 기관에 관한 정함이 있는 단체를 말한다. 또한 사단법인의 하부조직의 하나라 하더라도 스스로 위와 같은 단체로서의 실체를 갖추고 독자적인 활동을 하고 있다면 사단법인과는 별개의 독립된 비법인사단으로 볼 것이다. 원심은, 원고(항만근로자 퇴직충당금 관리위원회)가 항만물류협회와는 별개로 구성되어 있고, 별도의 조직과 운영규정, 예산 및 결산에 관한 사항을 두는 등 항만물류협회와는 구별되는 독자적인 단체로서의 성격을 지닌다고 보아, 항만물류협회와는 별개의 독립된 비법인사단으로서 당사자능력이 있다고 판단하였다. 위에서 본 법리와 기록에 비추어 살펴보면, 원심의 이러한 판단은 정당하고 거기에 상고이유 주장과 같이 당사자능력에 관한 법리를 오해한 잘못이 없다(대법원 2018. 4. 26. 선고 2015다211289 판결).
② (O) 비법인사단으로서의 실체를 갖고 있어서 당사자능력이 있는지 여부는 사실심의 변론종결일을 기준으로 하여 판단되어야 할 성질의 것이다(대법원 2020. 11. 5. 선고 2017다23776 판결).
③ (O)
1) 당사자가 사망하더라도 소송대리인의 소송대리권은 소멸하지 아니하므로(민사소송법 제95조 제1호), 당사자가 소송대리인에게 소송위임을 한 다음 소 제기 전에 사망하였는데 소송대리인이 당사자가 사망한 것을 모르고 당사자를 원고로 표시하여 소를 제기하였다면 소의 제기는 적법하고, 시효중단 등 소 제기의 효력은 상속인들에게 귀속된다. 이 경우 민사소송법 제233조 제1항이 유추적용되어 사망한 사람의 상속인들은 소송절차를 수계하여야 한다(대법원 2016. 4. 29. 선고 2014다210449 판결).

2) 위 판시의 반대해석 상, ⓐ 소제기 당시 원고 명의로 된 사람이 이미 사망한 것으로 밝혀진 경우, 소송대리인이 있다는 사정도 없다면 이러한 소는 원칙적으로 부적법하여 각하되어야 하고 ⓑ 사망한 원고의 상속인에 의한 당사자표시정정신청이나 소송수계신청도 허용되지 않는다고 보는 것이 통설적인 견해이다. ⓒ 소제기 당시 당사자가 이미 사망한 사실을 간과한 판결은 당연무효로서, 상속인들에 의한 항소는 무효이다(대법원 2015. 1. 29. 선고 2014다34041 판결). ⓓ 사망한 사람을 당사자로 하여 선고된 판결은 당연무효로서 확정력이 없어 이에 대한 재심의 소도 부적법하다(대법원 1994. 12. 9. 선고 94다16564 판결).

④ (O) 비법인사단이 당사자인 사건에서 대표자에게 적법한 대표권이 있는지 여부는 소송요건에 관한 것으로서 법원의 직권조사사항이므로, 법원에 판단의 기초자료인 사실과 증거를 직권으로 탐지할 의무까지는 없다 하더라도 이미 제출된 자료에 의하여 대표권의 적법성에 의심이 갈만한 사정이 엿보인다면 그에 관하여 심리 조사할 의무가 있다(대법원 2011. 7. 28. 선고 2010다97044 판결).

⑤ (O)
1) 국가, 지방자치단체는 당사자능력이 있다. 다만, 행정청은 항고소송의 피고로서의 당사자능력은 있으나, 민사소송에서는 당사자능력이 인정되지 않는다.
2) 기록에 의하면 원심에서 변호사 아닌 피고 인천광역시 소속 공무원이 피고를 대리하여 소송을 수행하였음을 알 수 있는바, 지방자치단체는 국가를 당사자로 하는 소송에 관한 법률의 적용대상이 아니어서 같은 법률 제3조, 제7조에서 정한 바와 같은 소송수행자의 지정을 할 수 없고, 또한 민사소송법 제87조가 정하는 변호사대리의 원칙에 따라 변호사 아닌 사람의 소송대리는 허용되지 않는 것이므로, 원심이 변호사 아닌 피고 소속 공무원으로 하여금 소송수행자로서 피고의 소송대리를 하도록 한 것은 민사소송법 제424조 제1항 제4호가 정하는 '소송대리권의 수여에 흠이 있는 경우'에 해당하는 위법이 있는 것이다(대법원 2006. 6. 9. 선고 2006두4035 판결).

정답 ①

55. 당사자적격에 관한 설명 중 옳은 것을 모두 고른 것은? (다툼이 있는 경우 판례에 의함)

> ㄱ. 순차로 소유권이전등기가 경료된 경우에, 중간의 등기명의인에 대한 진정한 등기명의의 회복을 위한 소유권이전등기청구의 소는 피고적격 흠결로 각하하여야 한다.
> ㄴ. 공동주택의 입주자는 그 거주하는 동의 대표자를 상대로 그 대표자 선출결의의 무효확인을 구할 수 있다.
> ㄷ. 순차로 경료된 소유권이전등기 중 후순위 등기에 대한 말소청구가 패소 확정되어 전순위 등기의 말소등기 실행이 불가능해진 경우에 전순위 등기명의인에 대한 말소등기청구의 소는 피고적격 흠결로 각하하여야 한다.
> ㄹ. 채무자가 자신 소유 토지에 근저당권을 설정하였는데, 채권자가 피담보채권을 양도하면서 근저당권의 부기등기도 경료한 경우, 피담보채권의 전액 변제를 주장하는 채무자의 근저당권 말소등기청구의 소에서는 채권의 양수인이 피고적격자이다.
> ㅁ. 압류 및 추심명령에 의하여 추심권능을 상실한 채무자가 제3채무자를 상대로 대여금청구의 소를 제기하면 원고적격 흠결로 각하하여야 한다.

① ㄱ, ㄴ ② ㄱ, ㄴ, ㅁ ③ ㄱ, ㄹ, ㅁ
④ ㄹ, ㅁ ⑤ ㄷ, ㄹ, ㅁ

> 해설

㉠ (O) 진정한 등기명의의 회복을 위한 소유권이전등기는 이미 자기 앞으로 소유권을 표상하는 등기가 되어 있었거나 법률에 따라 소유권을 취득한 자가 진정한 등기명의를 회복하기 위한 방법으로서 현재의 등기명의인을 상대로 그 절차의 이행을 구하여야 하고, 등기의무자, 즉 등기부상의 형식상 그 등기에 의하여 권리를 상실하거나 기타 불이익을 받을 자(등기명의인이나 포괄승계인)가 아닌 자를 상대로 한 등기절차이행의 소는 피고적격이 없는 자를 상대로 한 부적법한 소이다. 이와 같이 당사자적격에 관한 사정은 직권조사사항으로서 당사자의 주장이 없더라도 법원은 이를 직권으로 조사하여 판단하여야 하고, 사실심 변론종결 이후에 당사자적격 등 소송요건이 흠결되는 사정이 발생한 경우 상고심에서도 이를 참작하여야 한다(대법원 2020. 12. 30. 선고 2020다255733 판결).

㉡ (X) 공동주택의 입주자대표회의는 동별 세대수에 비례하여 선출되는 동별 대표자를 구성원으로 하는 법인 아닌 사단이므로, 동별 대표자의 선출결의의 무효확인을 구하는 것은 결국 입주자대표회의의 구성원의 자격을 다투는 것이어서 입주자대표회의는 그 결의의 효력에 관한 분쟁의 실질적인 주체로서 그 무효확인 소송에서 피고적격을 가진다. 또한, 입주자대표회의의 구성원은 그 임기가 만료되더라도 특별한 사정이 없는 한 필요한 범위 내에서 새로운 구성원이 선출될 때까지 직무를 수행할 수 있으므로, 입주자대표회의 구성원의 임기가 만료되었다는 사정만으로는 그 구성원이 무효인 동별 대표자의 선출결의를 다툴 확인의 이익이 없는 것이라고 보기 어렵다(대법원 2008. 9. 25. 선고 2006다86597 판결).

㉢ (X) 순차 경료된 소유권이전등기의 각 말소 청구소송은 보통공동소송이므로 그 중의 어느 한 등기명의자만을 상대로 말소를 구할 수 있고, 최종 등기명의자에 대하여 등기말소를 구할 수 있는지에 관계없이 중간의 등기명의자에 대하여 등기말소를 구할 소의 이익이 있다(대법원 1998. 9. 22. 선고 98다23393 판결).

㉣ (O) 근저당권의 양도에 의한 부기등기는 기존의 근저당권설정등기에 의한 권리의 승계관계를 등기부상에 명시하는 것뿐으로 그 등기에 의하여 새로운 권리가 생기는 것이 아닌 만큼 근저당권설정등기 말소등기청구는 양수인만을 상대로 하면 족하고 양도인은 그 말소등기청구에 있어서의 피고적격이 없다 할 것이다(대법원 1968. 1. 31. 선고 67다2558 제2부 판결).

㉤ (O) 채권에 대한 압류 및 추심명령이 있으면 제3채무자에 대한 이행의 소는 추심채권자만이 제기할 수 있고 채무자는 피압류채권에 대한 이행소송을 제기할 당사자적격을 상실한다. 위와 같은 당사자적격에 관한 사항은 소송요건에 관한 것으로서 법원이 이를 직권으로 조사하여 판단하여야 하고, 비록 당사자가 사실심 변론종결 시까지 이에 관하여 주장하지 않았다 하더라도 상고심에서 새로이 이를 주장·증명할 수 있다(대법원 2018. 12. 27. 선고 2018다268385 판결).

정답 ③

56. 기일, 기간에 관한 설명 중 옳지 않은 것은? (다툼이 있는 경우 판례에 의함)

① 불변기간에 대하여, 법원은 그 기간을 늘이거나 줄일 수는 없으나, 주소 또는 거소가 멀리 떨어진 곳에 있는 사람을 위하여 부가기간을 정할 수는 있다.
② 상고이유서 제출기간은 불변기간이 아니어서 소송행위의 추후보완의 대상이 될 수 없다.
③ 기일은 재판장이 지정하는데, 첫 변론기일 또는 첫 변론준비기일을 바꾸는 것은 현저한 사유가 없는 경우라도 당사자들이 합의하면 이를 허가한다.
④ 기일은 기일통지서 또는 출석요구서를 송달하여 통지하는데, 다만 그 사건으로 출석한 사람에게는 기일을 직접 고지하면 된다.

⑤ 당사자가 변론기일 통지서를 송달받은 바 없는 경우 그 당사자가 변론기일에 임의출석하여 그 변론기일을 통지받지 못한 것에 대해 즉시 이의를 제기하지 않고 변론을 하였다 하더라도 법원의 기일통지는 헌법상 재판청구권과 관련된 것으로서 임의로 처분할 수 없으므로 그 흠이 치유되지 않는다.

해설

① (O) 법원은 법정기간 또는 법원이 정한 기간을 늘이거나 줄일 수 있다. 다만, 불변기간은 그러하지 아니하다. 법원은 불변기간에 대하여 주소 또는 거소가 멀리 떨어진 곳에 있는 사람을 위하여 부가기간(附加期間)을 정할 수 있다(민사소송법 제172조 제1, 2항).

② (O)
1) 불변기간은 대체로 재판에 대한 불복신청기간으로서 이를 늘리고 줄일 수 없다. 민사소송법 제396조 제2항의 항소기간처럼 법률상 명문으로 "불변기간으로 한다"라고 정해놓고 있는 기간을 불변기간이라 한다.
2) 상고장에 상고이유를 적지 아니한 때에 상고인은 제426조의 통지(소송기록접수통지)를 받은 날부터 20일 이내에 상고이유서를 제출하여야 한다(민사소송법 제427조).
3) 상고이유서 제출기간은 불변기간이 아니므로 민사소송법 제160조(현행 제173조)의 적용이 없다(대법원 1970. 1. 27. 선고 67다774 판결). 법률상 명문으로 "불변기간으로 한다"라는 문구가 없으므로 불변기간이 아니라고 본 판례이다.

③ (O) 첫 변론기일 또는 첫 변론준비기일을 바꾸는 것은 현저한 사유가 없는 경우라도 당사자들이 합의하면 이를 허가한다(민사소송법 제165조 제2항).

④ (O) 기일은 기일통지서 또는 출석요구서를 송달하여 통지한다. 다만, 그 사건으로 출석한 사람에게는 기일을 직접 고지하면 된다(민사소송법 제167조 제1항).

⑤ (×) 당사자가 변론기일 소환장의 송달을 받은 바 없다 하더라도 변론기일에 임의출석하여 변론을 하면서 그 변론기일의 불소환을 책문하지 아니하면 책문권의 상실로 그 하자는 치유된다(대법원 1984. 4. 24. 선고 82므14 판결).

정답 ⑤

57. 소송행위의 추후보완에 관한 설명 중 옳지 않은 것은? (다툼이 있는 경우 판례에 의함)

① 양 당사자가 조정기일에 출석하였으나 조정이 불성립으로 종결된 후, 피신청인이 주소가 변경되었음에도 주소변경신고를 하지 않은 상태에서 조정이 소송으로 이행되어 공시송달로 소송이 진행된 경우, 피신청인에게 소송의 진행상황을 조사할 의무가 있으므로, 피신청인이 상소제기의 불변기간을 지키지 못하였다면 이는 당사자가 책임을 질 수 없는 사유로 말미암은 것에 해당하지 않는다.

② 피고가 소송계속 중 교도소에 수감되었음에도 법원이 판결정본을 교도소장에게 송달하지 않고 피고 주소지로 공시송달을 한 것은 공시송달의 요건을 갖추지 못한 하자가 있으나 재판장의 명령에 따라 공시송달을 한 이상 송달의 효력은 있고, 다만 피고는 과실 없이 제1심판결의 송달을 알지 못하여 책임을 질 수 없는 사유로 항소기간을 준수할 수 없었던 때에 해당하므로 그 사유가 없어진 후 2주일 내에 추완항소를 할 수 있다.

③ 처음부터 공시송달의 방법에 의한 경우와 달리 소송의 진행 도중 소송서류의 송달이 불능하게 된 결과 부득이 공시송달의 방법에 의하게 된 경우에는 당사자에게 소송의 진행상황을 조사할 의무가 있는 것이므로, 당사자가 법원에 소송의 진행상황을 알아보지 않았다면 과실이 없다고 할 수 없어서 소송행위의 추후보완이 인정되지 않는다.

④ 소장부본과 판결정본 등이 공시송달의 방법에 의하여 송달된 경우, 당사자는 책임질 수 없는 사유가 없어진 날부터 2주 이내에 게을리 한 소송행위를 보완할 수 있는데, 여기서 사유가 없어진 날이라고 함은 당사자나 소송대리인이 단순히 판결이 있었던 사실을 안 때가 아니고 나아가 그 판결이 공시송달의 방법으로 송달된 사실을 안 때를 가리키는 것으로서, 당사자나 소송대리인이 사건기록의 열람을 하거나 또는 새로이 판결정본을 영수한 때에 비로소 판결이 공시송달의 방법으로 송달된 사실을 알게 되었다고 보아야 한다.

⑤ 판결의 선고 및 송달 사실을 알지 못하여 자신이 책임질 수 없는 사유로 말미암아 불변기간인 상소기간을 지키지 못하게 되었다는 사정은 상소를 추후보완하고자 하는 당사자 측에서 주장·증명하여야 한다.

해설

① (✕) 조정이 성립되지 아니한 것으로 사건이 종결된 후 피신청인의 주소가 변경되었음에도 피신청인이 조정법원에 주소변경신고를 하지 않은 상태에서 민사조정법 제36조 제1항 제2호에 따라 조정이 소송으로 이행되었는데, 통상의 방법으로 변론기일통지서 등 소송서류를 송달할 수 없게 되어 발송송달이나 공시송달의 방법으로 송달한 경우에는 처음부터 소장 부본이 적법하게 송달된 경우와 달라서 피신청인에게 소송의 진행상황을 조사할 의무가 있다고 할 수 없다. 따라서 피신청인이 이러한 소송의 진행상황을 조사하지 않아 상소제기의 불변기간을 지키지 못하였다면 이는 당사자가 책임질 수 없는 사유로 말미암은 것에 해당한다(대법원 2015. 8. 13. 선고 2015다213322 판결).

② (○), ④ (○)
당사자가 소송 계속 중에 수감된 경우 법원이 판결정본을 민사소송법 제182조에 따라 교도소장 등에게 송달하지 않고 당사자 주소 등에 공시송달 방법으로 송달하였다면, 공시송달의 요건을 갖추지 못한 하자가 있다고 하더라도 재판장의 명령에 따라 공시송달을 한 이상 송달의 효력은 있다. 수감된 당사자는 민사소송법 제185조에서 정한 송달장소 변경의 신고의무를 부담하지 않고 요건을 갖추지 못한 공시송달로 상소기간을 지키지 못하게 되었으므로 특별한 사정이 없는 한 과실 없이 판결의 송달을 알지 못한 것이고, 이러한 경우 책임을 질 수 없는 사유로 불변기간을 준수할 수 없었던 때에 해당하여 그 사유가 없어진 후 2주일 내에 추완 상소를 할 수 있다. 여기에서 '사유가 없어진 때'란 당사자나 소송대리인이 판결이 있었고 판결이 공시송달 방법으로 송달된 사실을 안 때를 가리킨다. 통상의 경우에는 당사자나 소송대리인이 사건 기록을 열람하거나 새로 판결정본을 영수한 때에 비로소 판결이 공시송달 방법으로 송달된 사실을 알게 되었다고 보아야 한다(대법원 2022. 1. 13. 선고 2019다220618 판결).

③ (○) 민사소송법 제160조 제1항의 '당사자가 그 책임을 질 수 없는 사유'라고 함은 당사자가 그 소송행위를 하기 위하여 일반적으로 하여야 할 주의를 다하였음에도 불구하고 그 기간을 준수할 수 없었던 사유를 가리키므로, 소송의 진행 도중 소송서류의 송달이 불능하게 된 결과 부득이 공시송달의 방법에 의하게 된 경우에는 처음부터 공시송달의 방법에 의한 경우와는 달라서 당사자에게 소송의 진행 상황을 조사할 의무가 있는 것이므로, 당사자가 법원에 소송의 진행 상황을 알아보지 않았다면 과실이 없다고 할 수 없으며, 또한 이러한 의무는 당사자가 변론기일에서 출석하여 변론을 하였는지 여부, 출석한 변론기일에서 다음

변론기일의 고지를 받았는지 여부나, 소송대리인을 선임한 바 있는지 여부를 불문하고 부담하는 것이다(대법원 1998. 10. 2. 선고 97다50152 판결).

⑤ (○) 판결의 선고 및 송달 사실을 알지 못하여 자신이 책임질 수 없는 사유로 말미암아 불변기간인 상소기간을 지키지 못하게 되었다는 사정은 상소를 추후보완하고자 하는 당사자 측에서 주장·증명하여야 한다(대법원 2021. 4. 15. 선고 2019다244980 판결).

정답 ①

58. 소취하, 소취하 간주, 반소취하에 관한 설명 중 옳은 것을 모두 고른 것은? (다툼이 있는 경우 판례에 의함)

ㄱ. 소의 취하를 서면이 아닌 말로 하는 경우 상대방이 출석한 변론기일에서만 할 수 있다.
ㄴ. 소취하의 서면이 송달된 날부터 2주 이내에 상대방이 이의를 제기하지 아니한 경우에는 소취하에 동의하지 않은 것으로 본다.
ㄷ. 당사자 쌍방이 2회에 걸쳐 변론기일에 출석하지 아니하고 법원이 직권으로 신기일을 지정한 때에는 그와 같이 직권으로 정한 기일 또는 그 후의 기일에 당사자 쌍방이 출석하지 아니하거나 출석하더라도 변론하지 아니한 때에는 소의 취하가 있는 것으로 보아야 한다.
ㄹ. 적법한 소취하의 서면이 제출된 이상 그 서면이 상대방에게 송달되기 전·후를 묻지 않고 원고는 이를 임의로 철회할 수 없다.
ㅁ. 본소가 원고의 의사와 관계없이 부적법하다 하여 각하됨으로써 종료된 경우에는 원고의 동의가 있어야만 반소취하의 효력이 발생한다.

① ㄱ, ㄴ, ㄷ
② ㄱ, ㄴ, ㅁ
③ ㄴ, ㄷ, ㄹ
④ ㄴ, ㄹ, ㅁ
⑤ ㄷ, ㄹ, ㅁ

해설

㉠ (×) 소는 판결이 확정될 때까지 그 전부나 일부를 취하할 수 있다(민사소송법 제266조 제1항). 소의 취하는 상대방이 본안에 관하여 준비서면을 제출하거나 변론준비기일에서 진술하거나 변론을 한 뒤에는 상대방의 동의를 받아야 효력을 가진다(민사소송법 제266조 제2항). 소의 취하는 서면으로 하여야 한다. 다만, 변론 또는 변론준비기일에서 말로 할 수 있다(민사소송법 제266조 제3항). 소장을 송달한 뒤에는 취하의 서면을 상대방에게 송달하여야 한다(민사소송법 제266조 제4항). 제3항 단서의 경우에 상대방이 변론 또는 변론준비기일에 출석하지 아니한 때에는 그 기일의 조서등본을 송달하여야 한다(민사소송법 제266조 제5항).

㉡ (×) 소취하의 서면이 송달된 날부터 2주 이내에 상대방이 이의를 제기하지 아니한 경우에는 소취하에 동의한 것으로 본다. 제3항 단서의 경우에 있어서, 상대방이 기일에 출석한 경우에는 소를 취하한 날부터, 상대방이 기일에 출석하지 아니한 경우에는 제5항의 등본이 송달된 날부터 2주 이내에 상대방이 이의를 제기하지 아니하는 때에도 또한 같다(민사소송법 제266조 제6항).

㉢ (○) 양 쪽 당사자가 변론기일에 출석하지 아니하거나 출석하였다 하더라도 변론하지 아니한 때에는 재판장은 다시 변론기일을 정하여 양 쪽 당사자에게 통지하여야 한다(민사소송법 제268조 제1항). 제1항의 새 변론기일 또는 그 뒤에 열린 변론기일에 양 쪽 당사자가 출석하지 아니하거나 출석하였다 하더라도 변론하지 아니한 때에는 1월 이내에 기일지정신청을 하지 아니하면 소를 취하한 것으로 본다(민사소송법 제268조 제2항). 제2항의 기일지정신청에 따라 정한 변론기일 또는 그 뒤의 변론기일에 양쪽 당사자가 출석하지 아니하거나 출석하였다 하더라도 변론하지 아니한 때에는 소를 취하한 것으로 본다(민사소송법 제268조 제3항).

㉣ (O) 소의 취하는 원고가 제기한 소를 철회하여 소송계속을 소멸시키는 원고의 법원에 대한 소송행위이고 소송행위는 일반 사법상의 행위와는 달리 내심의 의사보다 그 표시를 기준으로 하여 그 효력 유무를 판정할 수밖에 없는 것인바, 원고들 소송대리인으로부터 원고 중 1인에 대한 소 취하를 지시받은 사무원은 원고들 소송대리인의 표시기관에 해당되어 그의 착오는 원고들 소송대리인의 착오로 보아야 하므로, 그 사무원의 착오로 원고들 소송대리인의 의사에 반하여 원고들 전원의 소를 취하하였다 하더라도 이를 무효라 볼 수는 없고, 적법한 소 취하의 서면이 제출된 이상 그 서면이 상대방에게 송달되기 전·후를 묻지 않고 원고는 이를 임의로 철회할 수 없다(대법원 1997. 6. 27. 선고 97다6124 판결).

㉤ (O) 민사소송법 제244조(현행 제271조)의 규정은 원고가 반소의 제기를 유발한 본소는 스스로 취하해 놓고 그로 인하여 유발된 반소만의 유지를 상대방에게 강요한다는 것은 공평치 못하다는 이유에서 원고가 본소를 취하한 때에는 피고도 원고의 동의없이 반소를 취하할 수 있도록 한 규정이므로 본소가 원고의 의사와 관계없이 부적법하다 하여 각하됨으로써 종료된 경우에까지 유추적용 할 수 없고, 원고의 동의가 있어야만 반소취하의 효력이 발생한다 할 것이다(대법원 1984. 7. 10. 선고 84다카298 판결). **정답 ⑤**

59. 재판상 자백에 관한 설명 중 옳지 않은 것은? (다툼이 있는 경우 판례에 의함)

① 자백이 진실에 반한다는 증명이 있다고 하여 그 자백이 착오로 인한 것이라고 추정되는 것은 아니지만, 그 자백이 진실에 반한다는 사실이 증명된 경우라면 변론 전체의 취지에 의하여 그 자백이 착오로 인한 것이라는 점을 인정할 수 있다.
② 법정변제충당의 순서 자체는 법률 규정의 적용에 의하여 정하여지는 법률상의 효과여서 그에 관한 진술이 비록 그 진술자에게 불리하더라도 이를 자백이라고 볼 수 없다.
③ 이행불능에 관한 주장은 법률적 효과에 관한 진술을 한 것에 불과하고 사실에 관한 진술을 한 것이라고 볼 수 없으므로 그 진술은 자유로이 철회할 수 있다.
④ 일단 자기에게 불리한 사실을 진술한 당사자는 상대방이 이를 원용하기 전이라도 그 자인한 진술을 철회할 수 없다.
⑤ 소유권에 기한 이전등기말소청구소송에 있어서 피고가 원고 주장의 소유권을 인정하는 진술은 그 소전제가 되는 소유권의 내용을 이루는 사실에 대한 진술로 볼 수 있으므로 이는 재판상 자백이라 할 것이다.

해설

① (O) 재판상의 자백에 대하여 상대방의 동의가 없는 경우에는 자백을 한 당사자가 그 자백이 진실에 부합되지 않는다는 것과 자백이 착오에 기인한다는 사실을 증명한 경우에 이를 취소할 수 있는바, 이때 진실에 부합하지 않는다는 사실에 대한 증명은 그 반대되는 사실을 직접증거에 의하여 증명함으로써 할 수 있지만, 자백사실이 진실에 부합하지 않음을 추인할 수 있는 간접사실의 증명에 의하여도 가능하다고 할 것이고, 또 자백이 진실에 반한다는 증명이 있다고 하여 그 자백이 착오로 인한 것이라고 추정되는 것은 아니지만 그 자백이 진실과 부합되지 않는 사실이 증명된 경우라면 변론의 전취지에 의하여 그 자백이 착오로 인한 것이라는 점을 인정할 수 있다(대법원 2000. 9. 8. 선고 2000다23013 판결).

② (O)
1) 법정변제충당의 순서를 정함에 있어 기준이 되는 이행기나 변제이익에 관한 사항 등은 구체적 사실로서 자백의 대상이 될 수 있으나, 법정변제충당의 순서 자체는 법률 규정의 적용에 의하여 정하여지는 법률상

의 효과여서 그에 관한 진술이 비록 그 진술자에게 불리하더라도 이를 자백이라고 볼 수는 없다(대법원 1998. 7. 10. 선고 98다6763 판결).
2) 자백의 대상은 '구체적인 사실'이다. 따라서 '사실'이 아닌 '사실에 대한 법적 판단이나 평가에 관한 법률상 주장'은 자백의 대상이 아니다.

③ (O)
1) 법원에서 당사자가 자백한 사실과 현저한 사실은 증명을 필요로 하지 아니한다. 다만, 진실에 어긋나는 자백은 그것이 착오로 말미암은 것임을 증명한 때에는 취소할 수 있다(민사소송법 제288조).
2) 이행불능에 관한 주장은 법률적 효과에 관한 진술을 한 것에 불과하고 사실에 관한 진술을 한 것이라고는 볼 수 없으므로 그 진술은 자유로이 철회할 수 있고 법원도 이에 구속되지 않는다고 할 것인바, 따라서 자백의 취소에 관한 규정이 적용될 여지가 없다(대법원 1990. 12. 11. 선고 90다7104 판결).

④ (X) 재판상 자백의 일종인 소위 선행자백은 당사자 일방이 자기에게 불리한 사실상의 진술을 자진하여 한 후 그 상대방이 이를 원용함으로써 그 사실에 관하여 당사자 쌍방의 주장이 일치함을 요하므로 그 일치가 있기 전에는 전자의 진술을 선행자백이라 할 수 없고 따라서 일단 자기에게 불리한 사실을 진술한 당사자도 그 후 그 상대방의 원용이 있기 전에는 그 자인한 진술을 철회하고 이와 모순되는 진술을 자유로이 할 수 있으며 이 경우 앞의 자인진술은 소송자료로부터 제거된다(대법원 1986. 7. 22. 선고 85다카944 판결).

⑤ (O) 소유권에 기한 이전등기말소청구소송에 있어서 피고가 원고 주장의 소유권을 인정하는 진술은 그 소전제가 되는 소유권의 내용을 이루는 사실에 대한 진술로 볼 수 있으므로 이는 재판상 자백이다(대법원 1989. 5. 9. 선고 87다카749 판결).

정답 ④

60. 증거에 관한 설명 중 옳은 것을 모두 고른 것은? (다툼이 있는 경우 판례에 의함)

ㄱ. 일반육체노동을 하는 사람 또는 육체노동을 주로 생계활동으로 하는 사람의 가동연한은 경험칙상 만 60세로 보아야 한다.
ㄴ. 피고와 제3자 사이에 있었던 민사소송의 확정판결의 존재를 넘어서 그 판결의 이유를 구성하는 사실관계들까지 법원에 현저한 사실로 볼 수는 없다.
ㄷ. 법원에 현저한 사실이라 함은 법관이 개인적 경험으로 알고 있는 사실로서 그 사실의 존재에 관하여 명확한 기억을 하고 있거나 또는 기록 등을 조사하여 곧바로 그 내용을 알 수 있는 사실을 말한다.
ㄹ. 선서하지 아니한 감정인에 의한 감정 결과는 증거능력이 없다.
ㅁ. 당사자 일방이 증명을 방해하는 행위를 하였더라도 법원은 이를 하나의 자료로 삼아 자유로운 심증에 따라 방해자 측에게 불리한 평가를 할 수 있을 뿐이며, 증명책임이 전환되거나 곧바로 상대방의 주장 사실이 증명되었다고 보아야 하는 것은 아니다.
ㅂ. 음성·영상자료에 해당하는 동영상 파일은 문서제출명령의 대상이다.

① ㄱ, ㄴ, ㅁ   ② ㄴ, ㄷ, ㅁ   ③ ㄴ, ㄹ, ㅁ
④ ㄴ, ㅁ, ㅂ   ⑤ ㄷ, ㄹ, ㅂ

해설

㉠ (×) 우리나라의 사회적·경제적 구조와 생활여건이 급속하게 향상·발전하고 법제도가 정비·개선됨에 따라 종전 전원합의체 판결 당시 위 경험칙의 기초가 되었던 제반 사정들이 현저히 변하였기 때문에 위와 같은 견해(육체노동의 가동연한을 경험칙상 만 60세로 보아야 한다는 견해)는 더 이상 유지하기 어렵게 되었다. 이제는 특별한 사정이 없는 한 만 60세를 넘어 만 65세까지도 가동할 수 있다고 보는 것이 경험칙에 합당하다(대법원 2019. 2. 21. 선고 2018다248909 전원합의체 판결).

㉡ (○) 피고와 제3자 사이에 있었던 민사소송의 확정판결의 존재를 넘어서 그 판결의 이유를 구성하는 사실관계들까지 법원에 현저한 사실로 볼 수는 없다. 민사재판에 있어서 이미 확정된 관련 민사사건의 판결에서 인정된 사실은 특별한 사정이 없는 한 유력한 증거가 되지만, 당해 민사재판에서 제출된 다른 증거 내용에 비추어 확정된 관련 민사사건 판결의 사실인정을 그대로 채용하기 어려운 경우에는 합리적인 이유를 설시하여 이를 배척할 수 있다는 법리도 그와 같이 확정된 민사판결 이유 중의 사실관계가 현저한 사실에 해당하지 않음을 전제로 한 것이다(대법원 2019. 8. 9. 선고 2019다222140 판결).

㉢ (×)
1) 법원에서 당사자가 자백한 사실과 현저한 사실은 증명을 필요로 하지 아니한다. 다만, 진실에 어긋나는 자백은 그것이 착오로 말미암은 것임을 증명한 때에는 취소할 수 있다(민사소송법 제288조).
2) 민사소송법 제261조 소정의 '법원에 현저한 사실'이라 함은 법관이 직무상 경험으로 알고 있는 사실로서 그 사실의 존재에 관하여 명확한 기억을 하고 있거나 또는 기록 등을 조사하여 곧바로 그 내용을 알 수 있는 사실을 말한다(대법원 1996. 7. 18. 선고 94다20051 전원합의체 판결).

㉣ (○) 선서하지 아니한 감정인에 의한 신체감정결과는 증거능력이 없다(대법원 1982. 8. 24. 선고 82다카317 판결).

㉤ (○) 당사자 일방이 입증을 방해하는 행위를 하였더라도 법원으로서는 이를 하나의 자료로 삼아 자유로운 심증에 따라 방해자측에게 불리한 평가를 할 수 있음에 그칠 뿐 입증책임이 전환되거나 곧바로 상대방의 주장 사실이 증명된 것으로 보아야 하는 것은 아니다(대법원 1999. 4. 13. 선고 98다9915 판결).

㉥ (×) 민사소송법 제344조 제1항 제1호, 제374조를 신청 근거 규정으로 기재한 동영상 파일 등과 사진의 제출명령신청에 대하여, 제1심법원이 사진에 관한 구체적인 심리 없이 곧바로 문서제출명령을 하고 검증의 대상인 동영상 파일을 문서제출명령에 포함시킨 것이 정당하다고 판단한 원심의 조치에는 문서제출명령의 대상에 관한 법리오해의 잘못이 있다(대법원 2010. 7. 14. 자 2009마2105 결정).

정답 ③

61. 청구의 병합에 관한 설명 중 옳지 <u>않은</u> 것은? (다툼이 있는 경우 판례에 의함)

① 예비적 병합에서 주위적 청구를 기각하고 예비적 청구를 인용한 판결에 대하여 피고만 항소한 경우에, 피고는 항소심에서 주위적 청구를 인낙하여 소송을 종료시킬 수 있으며, 이 경우 예비적 청구에 관하여는 심판할 필요가 없다.

② 항소심에서 원고가 종전의 청구를 주위적 청구로 하고 예비적 청구를 추가한 경우에 피고가 예비적 청구만을 인낙하는 것은 허용되지 아니하며 그 인낙을 한 취지가 조서에 기재되더라도 인낙의 효력이 발생하지 아니한다.

③ 채권자가 본래적 급부청구에다가 이에 대신할 전보배상을 부가하여 대상청구를 병합하여 소구한 경우, 대상청구는 본래적 급부청구권이 현존함을 전제로 이것이 판결확정 전에 이행불능되거나 또는 판결확정 후에 집행불능이 되는 경우에 대비하여 전보배상을 미리 청구하는 경우로서 양자의 병합은 단순병합에 속하는 것으로 허용된다.

④ 논리적으로 양립할 수 있는 수개의 청구라고 하더라도 수개의 청구 사이에 논리적 관계가 밀접하고 심판의 순위를 붙여 청구할 합리적 필요성이 있는 경우에는 당사자가 붙인 순위에 따라서 당사자가 먼저 구하는 청구를 심리하여 이유가 없으면 다음 청구를 심리하는 이른바 부진정 예비적 병합 청구의 소도 허용된다.

⑤ 성질상 선택적 관계에 있는 부진정 예비적 병합에서 법원이 주위적 청구를 배척하면서 예비적 청구에 대하여 판단하지 않은 경우에 그 예비적 청구 부분은 재판의 누락에 해당하여 원심에 계속 중이라고 볼 것이므로 원심법원이 추가판결을 하여야 한다.

해설

① (O) 제1심 법원이 원고의 주위적 청구와 예비적 청구를 병합심리한 끝에 주위적 청구는 기각하고 예비적 청구만을 인용하는 판결을 선고한 데 대하여 피고만 항소를 하더라도, 항소의 제기에 의한 이심의 효력은 피고의 불복신청의 범위와는 관계없이 사건 전부에 미쳐 주위적 청구에 관한 부분도 항소심에 이심되는 것이므로, 피고가 항소심의 변론에서 원고의 주위적 청구를 인낙하여 그 인낙이 조서에 기재되면 그 조서는 확정판결과 동일한 효력이 있는 것이고, 따라서 그 인낙으로 인하여 주위적 청구의 인용을 해제조건으로 병합심판을 구한 예비적 청구에 관하여는 심판할 필요가 없어 사건이 그대로 종결되는 것이다(대법원 1992. 6. 9. 선고 92다12032 판결).

② (O) 원심에서 추가된 청구가 종전의 주위적 청구가 인용될 것을 해제조건으로 하여 청구된 것임이 분명하다면, 원심으로서는 종전의 주위적 청구의 당부를 먼저 판단하여 그 이유가 없을 때에만 원심에서 추가된 예비적 청구에 관하여 심리판단할 수 있고, 위 추가된 예비적 청구만을 분리하여 심리하거나 일부 판결을 할 수 없으며, 피고로서도 위 추가된 예비적 청구에 관하여만 인낙을 할 수도 없고, 가사 인낙을 한 취지가 조서에 기재되었다 하더라도 그 인낙의 효력이 발생하지 아니한다(대법원 1995. 7. 25. 선고 94다62017 판결).

③ (O) 채권자가 본래적 급부청구에다가 이에 대신할 전보배상을 부가하여 대상청구를 병합하여 소구한 경우의 대상청구는 본래적 급부청구의 현존함을 전제로 하여 이것이 판결확정 후에 이행불능 또는 집행불능이 된 경우에 대비하여 전보배상을 미리 청구하는 경우로서 양자의 경합은 현재의 급부청구와 장래의 급부청구와의 단순병합에 속한다 할 것이고 이 경우의 대상금액의 산정시기는 사실심 변론의 종결당시의 본래적 급부의 가격을 기준으로 산정하여야 한다(대법원 1975. 7. 22. 선고 75다450 판결).

④ (O) 청구의 예비적 병합은 논리적으로 양립할 수 없는 수 개의 청구에 관하여 주위적 청구의 인용을 해제조건으로 예비적 청구에 대하여 심판을 구하는 형태의 병합이다. 그러나 논리적으로 양립할 수 있는 수 개의 청구라고 하더라도, 주위적으로 재산상 손해배상을 청구하면서 그 손해가 인정되지 않을 경우에 예비적으로 같은 액수의 정신적 손해배상을 청구하는 것과 같이 수 개의 청구 사이에 논리적 관계가 밀접하고, 심판의 순위를 붙여 청구를 할 합리적 필요성이 있다고 인정되는 경우에는, 당사자가 붙인 순위에 따라서 당사자가 먼저 구하는 청구를 심리하여 이유가 없으면 다음 청구를 심리하는 이른바 부진정 예비적 병합 청구의 소도 허용된다(대법원 2021. 5. 7. 선고 2020다292411 판결).

⑤ (X) 예비적 병합의 경우에는 수 개의 청구가 하나의 소송절차에 불가분적으로 결합되어 있기 때문에 주위적 청구를 먼저 판단하지 않고 예비적 청구만을 인용하거나 주위적 청구만을 배척하고 예비적 청구에 대하여 판단하지 않는 등의 일부판결은 예비적 병합의 성질에 반하는 것으로서 법률상 허용되지 않는다. 그런데도 주위적 청구를 배척하면서 예비적 청구에 대하여 판단하지 않은 판결을 한 경우에는 그 판결에 대한 상소가 제기되면 판단이 누락된 예비적 청구 부분도 상소심으로 이심이 되고 그 부분이 재판의 누락에 해당하여 원심에 계속 중이라고 볼 것은 아니다. 이러한 법리는 부진정 예비적 병합의 경우에도 달리 볼 이유가 없다(대법원 2021. 5. 7. 선고 2020다292411 판결).

정답 ⑤

62. 甲은 2023. 3. 7. 乙에게 1억 원을 약정이율 연 10%, 변제기 2024. 3. 6.로 정하여 대여하였다. 1년이 지나도록 乙이 변제를 하지 않자, 甲은 乙을 상대로 대여원금 1억 원의 지급을 구하는 소를 제기하였고, 제1심에서 전부 승소하였다. 乙이 제1심판결에 불복하여 항소를 제기하자, 이를 괘씸히 여긴 甲은 항소심에서 약정이자 청구를 추가하였다. 이에 乙은 제1심에서보다 불리한 판결을 받을 것을 걱정한 나머지 항소를 취하하였다. 이에 관한 설명 중 옳은 것을 모두 고른 것은? (다툼이 있는 경우 판례에 의함)

> ㄱ. 甲이 항소심에서 대여원금 청구에 약정이자 청구를 추가한 것은 청구의 추가적 변경에 해당하며 청구의 기초의 동일성이 인정된다.
> ㄴ. 甲이 제1심에서 전부 승소하였지만 항소심에서 약정이자 청구를 추가한 것은 부대항소를 제기한 것으로 볼 수 있다.
> ㄷ. 乙이 甲의 동의 없이 일방적으로 항소를 취하한 것은 적법하다.
> ㄹ. 乙의 항소취하에도 불구하고 항소심 법원은 甲의 약정이자 청구에 대하여 심판할 수 있다.

① ㄱ, ㄷ　　② ㄱ, ㄴ, ㄷ　　③ ㄴ, ㄷ
④ ㄱ, ㄴ, ㄹ　　⑤ ㄴ, ㄷ, ㄹ

해설

㉠ (O) 신·구청구 가운데 어느 쪽이 다른 쪽의 변형물이거나 부수물인 경우 청구기초의 동일성이 있다.

㉡ (O)
1) 제1심에서 전부 승소한 원고도 항소심 계속 중 그 청구취지를 확장·변경할 수 있고, 그것이 피고에게 불리하게 하는 한도 내에서는 부대항소를 한 취지로도 볼 수 있다(대법원 1995. 6. 30. 선고 94다58261 판결).
2) 부대항소는 항소가 아니고, 1심판결 이상으로 자신에게 유리한 판결을 구하는 공격적 신청이므로, 항소의 이익을 요구하지 않는다. 따라서 피항소인은 이미 개시된 항소심절차에 편승하여 자신에게 유리하게 항소심의 심판범위를 편승시킬 수 있다. 사안의 경우는 피항소인이 부대항소로서 소의 추가적 변경을 구하여 금전지급청구의 청구취지를 확장하는 신청을 한 것이다.

㉢ (O) 항소는 항소심의 종국판결이 있기 전에 취하할 수 있다(민사소송법 제393조 제1항). 동조 제2항에서 제266조 제2항을 준용하고 있지 아니하므로, 항소취하는 소취하와 달리 상대방의 동의가 필요없다.

㉣ (X)
1) 부대항소는 항소가 취하되거나 부적법하여 각하된 때에는 그 효력을 잃는다. 다만, 항소기간 이내에 한 부대항소는 독립된 항소로 본다(민사소송법 제404조).
2) 甲의 청구는 1심에서 전부인용되었다. 따라서 甲의 부대항소가 항소기간 이내에 제기되었다고 가정하더라도, 항소의 이익이 없어 이를 독립된 항소로 볼 수는 없다. 결국 乙의 항소가 취하되면서 甲의 부대항소로 효력을 잃는다.

정답 ②

63. 불이익변경금지의 원칙에 관한 설명 중 옳지 <u>않은</u> 것은? (다툼이 있는 경우 판례에 의함)

① 甲은 乙을 상대로 대여원금과 이에 대한 지연손해금을 청구하여 제1심에서 전부 승소하였고, 乙이 지연손해금청구 부분에 대하여만 불복하여 항소를 제기하였으나, 항소심법원은 乙의 항소를 기각하였다. 이에 乙이 지연손해금청구는 물론 대여원금청구 부분에 대하여도 상고를 제기하였다면 대여원금청구 부분은 상고의 대상이 될 수 없다.

② 甲이 乙을 상대로 X토지와 Y토지에 대한 소유권확인의 소를 제기하여, 제1심에서 X토지 부분만 청구를 인용하고 Y토지 부분은 청구를 기각하는 판결이 선고되었다. 제1심판결에 대하여 甲만 항소하였는데, 항소심법원이 甲의 청구 전부에 관하여 확인의 이익이 없다는 이유로 소각하판결을 한 것은 불이익변경금지의 원칙에 반한다.

③ 甲은 乙이 丙 명의의 X토지를 시효취득하였으며 자신은 乙로부터 이를 매수하였다고 주장하면서, 乙을 대위하여 丙을 상대로 소유권이전등기청구의 소를 제기하였다. 제1심법원은 甲과 乙 사이의 매매사실이 인정되지 않는다는 이유로 소각하판결을 하였고, 이에 대하여 甲만이 항소하였다. 항소심의 심리 결과 甲과 乙 사이의 매매사실은 인정되지만 乙의 시효취득사실이 인정되지 않는 경우, 항소심법원은 甲의 항소를 기각하여야 한다.

④ 甲이 乙을 상대로 X토지에 관하여 매매를 원인으로 한 소유권이전등기청구를 하였고, 제1심법원은 乙에 대하여 甲으로부터 매매대금 1억 원을 지급받음과 동시에 소유권이전등기절차의 이행을 명하는 상환이행판결을 하였다. 제1심판결에 대하여 甲만 항소한 경우, 항소심법원은 반대급부의 내용을 甲에게 더 불리하게 2억 원으로 변경할 수 없다.

⑤ 甲의 乙에 대한 1억 원의 대여금청구소송에서 乙이 전부 변제의 항변을 하였는데, 제1심법원은 乙의 변제항변을 일부 인정하여 甲의 청구를 4,000만 원만 일부 인용하였고, 이에 대하여 甲만이 항소하였다. 항소심에서 乙은 甲에 대한 1억 원의 물품대금채권을 반대채권으로 하여 예비적으로 상계항변을 제출하였다. 심리 결과 乙의 변제항변은 전부 이유 없지만 상계항변이 전부 이유 있는 경우, 항소심법원은 甲의 청구를 전부 기각할 수 있다.

해설

① (○)
1) 지연손해금청구 부분만 항소가 제기된 경우, 대여원금청구 부분은 확정이 차단되어 항소심에 이심은 되는 것이지만, 항소심의 심판대상이 되지 아니하고 항소심판결 선고와 동시에 확정된다.
2) 1개의 청구 일부를 기각하는 제1심판결에 대하여 일방 당사자만이 항소한 경우 제1심판결의 심판대상이었던 청구 전부가 불가분적으로 항소심에 이심되나, 항소심의 심판범위는 이심된 부분 가운데 항소인이 불복한 한도로 제한되고, 항소심의 심판대상이 되지 아니한 부분은 항소심판결 선고와 동시에 확정되어 소송이 종료된다(대법원 2020. 3. 26. 선고 2018다221867 판결).

② (×) 원고의 수 개의 청구 중 하나의 청구를 인용하고 나머지 청구를 기각한 제1심판결에 대하여 원고만이 항소를 제기하고 피고가 부대항소를 하지 아니하였다고 하더라도 원고 승소 부분은 원고의 항소로 인하여 항소심에 이심되는 것이고, 제1심판결의 변경은 불복신청의 한도에서 할 수 있다는 민사소송법 제385조(현행 제415조)의 규정은 법원이 당사자의 신청과는 관계없이 직권으로 조사하여야 할 사항에는 그 적용이 없는 것이므로, 항소심이 원고들이 불복하지 않은 청구에 대하여도 확인의 이익의 유무를 조사하여 원고들의 청구를 각하한 조치는 정당하고, 불이익변경금지의 원칙에 반하지 않는다.

③ (○) 원고의 청구를 기각하여야 할 것인데도 원고의 소가 부적법하다고 각하한 원심판결에 대하여 원고만이 상고한 경우 불이익변경금지의 원칙상 원고에게 더 불리한 청구기각의 판결을 선고할 수는 없으므로 원고의 상고를 기각할 수밖에 없다(대법원 1994. 9. 9. 선고 94다8037 판결).

④ (○) 항소심은 당사자의 불복신청범위 내에서 제1심판결의 당부를 판단할 수 있을 뿐이므로, 설사 제1심판결이 부당하다고 인정되는 경우라 하더라도 그 판결을 불복당사자의 불이익으로 변경하는 것은 당사자

가 신청한 불복의 한도를 넘어 제1심판결의 당부를 판단하는 것이 되어 허용될 수 없다 할 것인바, 원고만이 항소한 경우에 항소심으로서는 제1심보다 원고에게 불리한 판결을 할 수는 없고, 한편 불이익하게 변경된 것인지 여부는 기판력의 범위를 기준으로 하나 공동소송의 경우 원·피고별로 각각 판단하여야 하고, 동시이행의 판결에 있어서는 원고가 그 반대급부를 제공하지 아니하고는 판결에 따른 집행을 할 수 없어 비록 피고의 반대급부이행청구에 관하여 기판력이 생기지 아니하더라도 반대급부의 내용이 원고에게 불리하게 변경된 경우에는 불이익변경금지 원칙에 반하게 된다(대법원 2005. 8. 19. 선고 2004다8197 판결).

⑤ (O) 제1심 판결은 그 불복의 한도안에서 바꿀 수 있다. 다만, 상계에 관한 주장을 인정한 때에는 그러하지 아니하다(민사소송법 제415조).

정답 ②

64. 고유필수적 공동소송에 관한 설명 중 옳지 않은 것은? (다툼이 있는 경우 판례에 의함)

① 「집합건물의 소유 및 관리에 관한 법률」 제24조 제5항 소정의 관리인 해임의 소는 관리단과 관리인 사이의 법률관계의 해소를 목적으로 하는 형성의 소이므로 그 법률관계의 당사자인 관리단과 관리인 모두를 공동피고로 하여야 하는 고유필수적 공동소송에 해당한다.
② 조합원이 조합재산을 횡령하여 조합에 손해가 발생한 경우 그 손해배상채권은 조합원 전원의 준합유에 속하므로 원칙적으로 전 조합원이 고유필수적 공동소송에 의하여만 구할 수 있다.
③ 합유로 소유권이전등기가 된 부동산에 관하여 명의신탁해지를 원인으로 한 소유권이전등기 절차의 이행을 구하는 소송은 고유필수적 공동소송에 해당한다.
④ 채무자가 채권자대위권에 의한 소송이 제기된 것을 알았을 경우에, 각 채권자대위권에 기하여 공동하여 채무자의 권리를 행사하는 다수의 채권자들은 고유필수적 공동소송관계에 있다.
⑤ 공유물 전체에 대한 소유관계 확인은 이를 다투는 제3자를 상대로 공유자 전원이 하여야 하는 것이므로 고유필수적 공동소송에 해당한다.

해설

① (O) 집합건물의 소유 및 관리에 관한 법률 제24조 제3항에서 정한 관리인 해임의 소는 관리단과 관리인 사이의 법률관계 해소를 목적으로 하는 형성의 소이므로 법률관계의 당사자인 관리단과 관리인 모두를 공동피고로 하여야 하는 고유필수적 공동소송에 해당한다(대법원 2011. 6. 24. 선고 2011다1323 판결).
② (O) 조합원이 조합재산을 횡령하는 행위로 인하여 손해를 입은 주체는 조합재산을 상실한 조합이므로, 이로 인하여 조합원이 조합재산에 대한 합유지분을 상실하였다고 하더라도 이는 조합원의 지위에서 입은 손해에 지나지 않는다. 따라서 조합원으로서는 조합관계를 벗어난 개인의 지위에서 손해배상을 구할 수는 없고, 그 손해배상채권은 조합원 전원의 준합유에 속하므로 원칙적으로 전 조합원이 고유필수적 공동소송에 의하여만 구할 수 있다(대법원 2022. 12. 29. 선고 2022다263448 판결).
③ (O) 합유로 소유권이전등기가 된 부동산에 관하여 명의신탁 해지를 원인으로 한 소유권이전등기절차의 이행을 구하는 소송은 조합재산인 합유물의 처분에 관한 소송으로서 합유자 전원을 피고로 하여야 할 뿐 아니라 합유자 전원에 대하여 합일적으로 확정되어야 하는 고유필수적 공동소송에 해당하며, 그 명의신탁 해지를 구하는 당사자가 합유자 중의 1인이라는 사유만으로 달리 볼 것은 아니다(대법원 2015. 9. 10. 선고 2014다73794 판결).
④ (×)

[가] 채무자가 채권자대위권에 의한 소송이 제기된 것을 알았을 경우에는 그 확정판결의 효력은 채무자에게도 미친다.
[나] 위 "가"항의 경우 각 채권자대위권에 기하여 공동하여 채무자의 권리를 행사하는 다수의 채권자들은 유사필요적 공동소송관계에 있다 할 것이다(대법원 1991. 12. 27. 선고 91다23486 판결).

⑤ (○) 공유자의 지분은 다른 공유자의 지분에 의하여 일정한 비율로 제한을 받는 것을 제외하고는 독립한 소유권과 같은 것으로 공유자는 그 지분을 부인하는 제3자에 대하여 각자 그 지분권을 주장하여 지분의 확인을 소구하여야 하는 것이고, 공유자 일부가 제3자를 상대로 다른 공유자의 지분의 확인을 구하는 것은 타인의 권리관계의 확인을 구하는 소에 해당한다고 보아야 할 것이므로 그 타인 간의 권리관계가 자기의 권리관계에 영향을 미치는 경우에 한하여 확인의 이익이 있다고 할 것이며, 공유물 전체에 대한 소유관계 확인도 이를 다투는 제3자를 상대로 공유자 전원이 하여야 하는 것이지 공유자 일부만이 그 관계를 대외적으로 주장할 수 있는 것이 아니므로, 아무런 특별한 사정이 없이 다른 공유자의 지분의 확인을 구하는 것은 확인의 이익이 없다(대법원 1994. 11. 11. 선고 94다35008 판결).

정답 ④

65. 보조참가에 관한 설명 중 옳은 것을 모두 고른 것은? (다툼이 있는 경우 판례에 의함)

ㄱ. 보조참가의 요건으로서 소송 결과에 대한 이해관계란 당해 소송의 판결의 효력이 직접 미치는 경우를 의미하는 것이지 그 판결을 전제로 하여 보조참가를 하려는 자의 법률상의 지위가 결정되는 관계에 있는 경우를 의미하는 것은 아니다.
ㄴ. 증거를 제출한 참가인의 참가신청이 부적법 각하되었다 하여도 법원이 이미 실시한 증거조사에 의하여 얻은 증거자료의 효력에는 아무런 영향이 없다.
ㄷ. 당사자가 참가에 대하여 이의를 신청하지 아니한 채 변론하거나 변론준비기일에서 진술을 한 경우에는 이의를 신청할 권리를 잃는다.
ㄹ. 조정을 갈음하는 결정은 확정판결과 동일한 효력이 있으므로 전소가 조정을 갈음하는 결정에 의하여 종료된 경우에도 참가적 효력이 인정된다.

① ㄱ, ㄴ　　② ㄱ, ㄷ　　③ ㄴ, ㄷ
④ ㄴ, ㄹ　　⑤ ㄷ, ㄹ

해설

㉠ (×) 특정 소송사건에서 당사자 일방을 보조하기 위하여 보조참가를 하려면 당해 소송의 결과에 대하여 이해관계가 있어야 할 것이고, 여기서 말하는 이해관계라 함은 사실상·경제상 또는 감정상의 이해관계가 아니라 법률상의 이해관계를 말하는 것으로, 이는 당해 소송의 판결의 기판력이나 집행력을 당연히 받는 경우 또는 당해 소송의 판결의 효력이 직접 미치지는 아니한다고 하더라도 적어도 그 판결을 전제로 하여 보조참가를 하려는 자의 법률상의 지위가 결정되는 관계에 있는 경우를 의미하는 것이다(대법원 2007. 4. 26. 선고 2005다19156 판결).

㉡ (○) 증거를 제출한 참가인의 참가 신청이 부적법 각하되어야 하여도 법원이 이미 실시한 증거방법에 의하여 법원이 얻은 증거자료의 효력에는 아무런 영향이 없다(대법원 1971. 3. 31. 선고 71다309 판결).

㉢ (○) 당사자가 참가에 대하여 이의를 신청하지 아니한 채 변론하거나 변론준비기일에서 진술을 한 경우에는 이의를 신청할 권리를 잃는다(민사소송법 제74조).

ㄹ (✕) 전소가 확정판결이 아닌 조정에 갈음하는 결정에 의하여 종료된 경우에는 확정판결에서와 같은 법원의 사실상, 법률상의 판단이 이루어졌다고 할 수 없으므로 참가적 효력이 인정되지 아니한다(대법원 2019. 6. 13. 선고 2016다221085 판결).

정답 ③

66. 임의적 당사자변경에 관한 설명 중 옳은 것(○)과 옳지 않은 것(✕)을 올바르게 조합한 것은? (다툼이 있는 경우 판례에 의함)

> ㄱ. 가사소송에서 필수적 공동소송인을 추가하거나 피고를 경정하는 것은 사실심의 변론종결시까지 할 수 있다.
> ㄴ. 피고경정신청을 허가하는 제1심법원의 결정에 대하여는 종전의 피고가 이에 대한 동의가 없었음을 사유로 하는 경우에 한하여 즉시항고를 할 수 있고 피고경정신청을 한 원고는 그 허가결정의 부당함을 내세워 불복할 수 없다.
> ㄷ. 채무자나 소유자가 배당이의의 소를 제기한 경우의 소송목적물은 피고로 된 채권자가 경매절차에서 배당받을 권리의 존부·범위·순위에 한정되는 것이지, 원고인 채무자나 소유자가 경매절차에서 배당받을 권리까지 포함하는 것은 아니므로, 제3자가 채무자나 소유자로부터 위와 같이 배당받을 권리를 양수하였더라도 그 배당이의소송이 계속되어 있는 동안에 소송목적인 권리 또는 의무의 전부 또는 일부를 승계한 경우에 해당된다고 볼 수는 없다.
> ㄹ. 소송계속 중에 소송목적인 의무의 승계가 있다는 이유로 하는 소송인수신청이 있는 경우, 승계적격의 흠결이 명백하지 않는 한, 법원은 심리한 결과 승계 사실이 인정되지 않으면 청구기각의 본안판결을 하면 되고 인수참가신청 자체를 각하할 것은 아니다.

① ㄱ(○), ㄴ(○), ㄷ(✕), ㄹ(○)
② ㄱ(○), ㄴ(✕), ㄷ(○), ㄹ(✕)
③ ㄱ(○), ㄴ(○), ㄷ(○), ㄹ(○)
④ ㄱ(✕), ㄴ(✕), ㄷ(○), ㄹ(✕)
⑤ ㄱ(✕), ㄴ(○), ㄷ(✕), ㄹ(✕)

해설

ㄱ (○) 민사소송법 제68조 또는 제260조에 따라 필수적 공동소송인을 추가하거나 피고를 하는 것은 사실심의 변론종결시까지 할 수 있다(가사소송법 제15조).

ㄴ (○) 민사소송법 제234조의2(현행 제260조)에 의하여 피고경정신청을 허가하는 제1심 법원의 결정에 대하여는 같은 법 제234조의3(현행 제261조) 제3항에 의하여 종전의 피고가 이에 대한 동의가 없었음을 사유로 하는 경우에 한하여 즉시항고를 할 수 있는 이외에는 달리 불복할 수 없다고 보아야 하고 더욱이 피고경정신청을 한 원고가 그 허가결정의 부당함을 내세워 불복하는 것은 허용될 수 없다 할 것이므로, 이러한 허가결정의 당부는 같은 법 제234조의3(현행 제261조) 제3항에 의한 즉시항고 외에는 불복할 수 없는 종국판결 전의 재판에 관한 것이어서 같은 법 제362조 단서에 의하여 항소심 법원의 판단대상이 되지 아니한다(대법원 1992. 10. 9. 선고 92다25533 판결).

ㄷ (○) 배당이의의 소의 원고적격은 채무자 또는 배당기일에 출석하여 배당표에 대하여 이의를 진술한 채권자에 한하여 인정되나, 담보권 실행을 위한 경매에서 경매목적물의 소유자는 위 채무자에 포함된다. 이때 채권자는 자기의 이해에 관계되는 범위 안에서만 다른 채권자를 상대로 채권의 존부·범위·순위에 대하여

이의할 수 있으나(민사집행법 제151조 제3항), 채무자나 소유자는 이러한 제한이 없으며(민사집행법 제151조 제1항), 채무자나 소유자가 배당이의의 소에서 승소하면 집행법원은 그 부분에 대하여 배당이의를 하지 아니한 채권자를 위하여서도 배당표를 바꾸어야 하므로(민사집행법 제161조 제2항 제2호), 채무자나 소유자가 제기한 배당이의의 소는 피고로 된 채권자에 대한 배당액 자체만이 심리대상이어서, 원고인 채무자나 소유자는 피고의 채권이 존재하지 아니함을 주장·증명하는 것으로 충분하고, 자신이 피고에게 배당된 금원을 배당받을 권리가 있다는 점까지 주장·증명할 필요는 없다. 따라서 채무자나 소유자가 배당이의의 소를 제기한 경우의 소송목적물은 피고로 된 채권자가 경매절차에서 배당받을 권리의 존부·범위·순위에 한정되는 것이지, 원고인 채무자나 소유자가 경매절차에서 배당받을 권리까지 포함하는 것은 아니므로, 제3자가 채무자나 소유자로부터 위와 같이 배당받을 권리를 양수하였더라도 배당이의 소송이 계속되어 있는 동안에 소송목적인 권리 또는 의무의 전부 또는 일부를 승계한 경우에 해당된다고 볼 수는 없다(대법원 2023. 2. 23. 선고 2022다285288 판결).

ㄹ (O) 소송 계속중에 소송목적인 의무의 승계가 있다는 이유로 하는 소송인수신청이 있는 경우 신청의 이유로서 주장하는 사실관계 자체에서 그 승계적격의 흠결이 명백하지 않는 한 결정으로 그 신청을 인용하여야 하는 것이고, 그 승계인에 해당하는가의 여부는 피인수신청인에 대한 청구의 당부와 관련하여 판단할 사항으로 심리한 결과 승계사실이 인정되지 않으면 청구기각의 본안판결을 하면 되는 것이지 인수참가신청 자체가 부적법하게 되는 것은 아니다(대법원 2005. 10. 27. 선고 2003다66691 판결). **정답** ③

67. 甲은 乙과의 사이에 X토지에 관하여 명의신탁약정을 하고 乙 앞으로 매매를 원인으로 소유권이전등기를 마쳐 주었다. 그 후 甲은 위 등기가 명의신탁약정에 의한 것으로 무효라고 주장하며 乙을 상대로 소유권이전등기말소청구의 소(이하 '전소'라 한다)를 제기하였다. 甲은 전소의 제1심과 항소심에서 모두 승소하였는데, 상고심 계속 중 소를 취하하였다. 이후 甲이 재차 乙을 상대로 X토지에 관한 소유권이전등기의 말소를 구하는 소(이하 '후소'라 한다)를 제기하자, 乙은 甲의 후소가 재소금지 원칙에 위반된다고 항변하였다. 이에 甲은 乙이 X토지를 제3자에게 처분하지는 않았지만 전소 제기시부터 줄곧 X토지의 반환을 거부함으로써 甲의 소유권을 침해했다고 주장하며, X토지 가액 상당의 손해배상을 구하는 것으로 청구를 교환적으로 변경하였다. 이 사안과 관련된 설명 중 옳은 것(○)과 옳지 않은 것(×)을 올바르게 조합한 것은?

ㄱ. 甲이 청구를 교환적으로 변경하지 않았다면, 새로운 권리보호의 이익이 없는 甲의 후소는 재소금지 원칙에 위반되어 각하될 운명이었다.

ㄴ. 재소금지의 효과로 인하여 甲이 더 이상 소송을 통해 乙 명의의 소유권이전등기의 말소를 강제할 수 없게 되었더라도 실체법상의 권리인 甲의 소유권이 소멸하는 것은 아니다.

ㄷ. 만일 乙이 X토지를 제3자에게 처분하였다면 甲은 소유권을 상실하게 되고, 이 경우 乙은 형사상 횡령죄로 처벌되지 않더라도 甲의 소유권을 침해한 것이므로 민사상 불법행위책임을 부담한다.

ㄹ. 乙이 X토지를 제3자에게 처분하지 않은 이상, 甲에게 손해가 현실적으로 발생하였다고 볼 수 없으므로 법원은 甲의 손해배상청구를 기각하여야 한다.

① ㄱ(○), ㄴ(○), ㄷ(○), ㄹ(○) ② ㄱ(○), ㄴ(×), ㄷ(○), ㄹ(○)
③ ㄱ(○), ㄴ(○), ㄷ(×), ㄹ(○) ④ ㄱ(○), ㄴ(×), ㄷ(×), ㄹ(○)
⑤ ㄱ(×), ㄴ(○), ㄷ(○), ㄹ(×)

해설

㉠ (O) 취하된 부분에 대하여는 소가 처음부터 계속되지 아니한 것으로 본다(민사소송법 제267조 제1항). 본안에 대한 종국판결이 있은 뒤에 소를 취하한 사람은 같은 소를 제기하지 못한다(민사소송법 제267조 제2항).

㉡ (O), ㉢ (O), ㉣ (O)
甲이 乙 앞으로 마쳐준 부동산 소유권이전등기가 명의신탁에 의한 것으로 무효라고 주장하면서 乙을 상대로 소유권이전등기말소청구의 소를 제기하여 제1심과 항소심 모두 승소하였으나 상고심 계속 중 소를 취하하였는데, 그 후 재차 乙을 상대로 소유권이전등기의 말소를 구하는 소를 제기하였다가 부동산 가액 상당 손해배상을 구하는 것으로 청구를 변경한 사안에서, 불법행위로 인한 재산상 손해는 위법한 가해행위로 생긴 재산상 불이익, 즉 위법행위가 없었더라면 존재하였을 재산상태와 위법행위가 가해진 현재의 재산상태의 차이를 말하므로, 부동산 교환가치 전액이 甲의 손해가 되려면 乙의 행위 때문에 부동산이 멸실되거나 甲이 소유권을 잃는 등의 결과가 사회통념상 현실적으로 발생해야 하는데, 양자 간 등기명의신탁의 경우 부동산 실권리자명의 등기에 관한 법률에 따라 명의신탁 약정과 그에 터 잡은 등기가 무효이므로, ㉡, ㉣ 甲이 부동산 소유권을 여전히 보유하고 있는 이상 乙 앞으로 마친 소유권이전등기로 인하여 어떠한 손해를 입게 되는 것은 아니며, 재소금지의 효과는 동일한 당사자 사이에 같은 소송물에 관하여 다시 소를 제기하지 못하게 하는 것일 뿐 실체상의 권리는 소멸하지 않으므로, ㉠ 甲이 종전 소송을 취하함에 따라 원인무효인 乙 명의 소유권이전등기의 말소를 소송을 통해 강제할 수 없을 뿐 부동산 소유권은 계속 甲에게 남아 있고, ㉢ 乙이 부동산을 제3자에게 처분할 경우에 비로소 甲이 소유권을 상실하게 되는데도, 이와 달리 乙이 원인무효인 소유권이전등기의 말소를 거부하고 있을 뿐인데도 甲의 소유권이 침해되어 부동산 가액 상당 손해가 발생했다고 보아 그 금액의 배상을 명한 원심판단에 법리오해의 잘못이 있다(대법원 2023. 1. 12. 선고 2022다266874 판결). **정답 ①**

68. 공유관계에 관한 설명 중 옳지 않은 것은? (다툼이 있는 경우 판례에 의함)

① 甲이 소유한 X토지 위에 乙, 丙, 丁이 권원 없이 Y건물을 지어 공동으로 소유하고 있는 경우, 甲이 乙을 제외하고 丙, 丁을 상대로 하여 Y건물의 철거를 청구하는 소를 제기한 것은 적법하다.
② 공유토지의 일부에 대하여 취득시효완성을 원인으로 공유자들을 상대로 그 시효취득부분에 대한 소유권이전등기절차의 이행을 청구하는 소송은 필수적 공동소송이 아니다.
③ 甲, 乙, 丙이 각 3분의 1 지분으로 공유하고 있는 X토지의 일부에 乙이 소나무를 심어 그 부분을 독점적으로 점유하고 있다면, 甲은 보존행위로서 단독으로 乙을 상대로 소나무의 수거 및 토지의 인도를 청구할 수 있다.
④ 집합건물에서 전유부분 면적 비율에 상응하는 적정 대지지분을 가진 구분소유자는 그 대지 전부를 용도에 따라 사용·수익할 수 있는 적법한 권원을 가지므로, 구분소유자 아닌 대지 공유자는 그 대지 공유지분권에 기초하여 적정 대지지분을 가진 구분소유자를 상대로는 대지의 사용·수익에 따른 부당이득반환을 청구할 수 없다.
⑤ 청약저축 가입자는 주택공급을 신청할 권리를 가지게 되고, 그 가입자가 사망하여 공동상속인들이 그 권리를 공동으로 상속하는 경우에는 공동상속인들이 그 상속지분비율에 따라 피상속인의 권리를 준공유하게 되므로, 공동상속인이 청약저축 예금계약을 해지하려면 특별한 사정이 없는 한 전원이 해지의 의사표시를 하여야 한다.

해설

① (O) 타인 소유의 토지 위에 설치되어 있는 공작물을 철거할 의무가 있는 수인을 상대로 그 공작물의 철거를 청구하는 소송은 필요적공동소송이 아니다(대법원 1993. 2. 23. 선고 92다49218 판결).

② (O) 토지를 수인이 공유하는 경우에 공유자들의 소유권이 지분의 형식으로 공존하는 것뿐이고, 그 처분권이 공동에 속하는 것은 아니므로 공유토지의 일부에 대하여 취득시효완성을 원인으로 공유자들을 상대로 그 시효취득부분에 대한 소유권이전등기절차의 이행을 청구하는 소송은 필요적 공동소송이라고 할 수 없다(대법원 1994. 12. 27. 선고 93다32880 판결).

③ (×) 공유물의 소수지분권자가 다른 공유자와 협의 없이 공유물의 전부 또는 일부를 독점적으로 점유·사용하고 있는 경우 다른 소수지분권자는 공유물의 보존행위로서 그 인도를 청구할 수는 없고, 다만 자신의 지분권에 기초하여 공유물에 대한 방해 상태를 제거하거나 공동 점유를 방해하는 행위의 금지 등을 청구할 수 있다고 보아야 한다(대법원 2020. 5. 21. 선고 2018다287522 전원합의체 판결).

④ (O) 집합건물에서 전유부분 면적 비율에 상응하는 적정 대지지분을 가진 구분소유자는 그 대지 전부를 용도에 따라 사용·수익할 수 있는 적법한 권원을 가지므로, 구분소유자 아닌 대지 공유자는 그 대지 공유지분권에 기초하여 적정 대지지분을 가진 구분소유자를 상대로는 대지의 사용·수익에 따른 부당이득반환을 청구할 수 없다고 봄이 타당하다(대법원 2022. 9. 29. 선고 2022다228674 판결).

⑤ (O) 금전채권과 같이 급부의 내용이 가분인 채권은 공동상속되는 경우 상속개시와 동시에 당연히 법정상속분에 따라 공동상속인들에게 분할하여 귀속하고, 특별수익이 존재하거나 기여분이 인정되는 등 특별한 사정이 있는 경우에는 가분채권도 상속재산분할의 대상이 될 수 있다. 주식은 주식회사의 주주 지위를 표창하는 것으로서 금전채권과 같은 가분채권이 아니므로 공동상속하는 경우 법정상속분에 따라 당연히 분할하여 귀속하는 것이 아니라 공동상속인들이 이를 준공유하는 법률관계를 형성하고, 주택공급을 신청할 권리와 분리될 수 없는 청약저축의 가입자가 사망하여 공동상속이 이루어진 경우 공동상속인이 청약저축 예금계약을 해지하려면 금융기관과 사이에 다른 내용의 특약이 있다는 등의 특별한 사정이 없는 한 전원이 해지의 의사표시를 하여야 한다(대법원 2023. 12. 21. 선고 2023다221144 판결). 즉, 상속채권은 분할채권 내지 준공유가 원칙인데, 위 판례는 주택청약권의 특수성이 반영된 사안으로 이해하면 된다.

정답 ③

69. 비상장회사인 甲주식회사(총 발행주식 40,000주)의 대표이사 乙은 회사의 내규에 위반하여 담보설정도 없이 丙주식회사에게 甲주식회사의 자금을 대여하였는데, 그 당시 丙주식회사는 이미 채무변제능력을 상실하여 그에게 자금을 대여할 경우 甲주식회사에 손해가 발생하리라는 점을 乙이 충분히 알고 있었음이 밝혀졌다. 甲주식회사의 주식을 丁은 300주, 戊는 500주 가진 주주이다. 이에 관한 설명 중 옳은 것을 모두 고른 것은? (다툼이 있는 경우 판례에 의함)

ㄱ. 丁은 甲주식회사에 대하여 그 이유를 기재한 서면으로 대표이사 乙의 책임을 추궁할 소의 제기를 청구할 수 있다.

ㄴ. 戊는 회사에 대하여 그 이유를 기재한 서면으로 대표이사 乙의 책임을 추궁할 소의 제기를 청구할 수 있는데, 여기서 회사라 함은 감사 또는 감사위원회를 말한다.

ㄷ. 戊가 乙의 책임을 추궁할 소를 제기할 당시 甲주식회사의 주식을 500주 가지고 있었다면 그 후 소송계속 중 戊가 주주의 지위를 상실하였다 하더라도 이미 제기된 소가 부적법해지는 것은 아니다.

ㄹ. 戊가 회사에 회복할 수 없는 손해가 생길 염려가 없음에도 불구하고 회사에 대하여 대표이사 乙의 책임을 추궁할 소의 제기를 청구하지 않고 곧바로 회사를 위하여 소를 제기한 경우 그 소는 부적법하다.

① ㄱ, ㄷ ② ㄷ, ㄹ ③ ㄱ, ㄹ
④ ㄴ, ㄷ ⑤ ㄴ, ㄹ

해설

㉠ (×)
1) 발행주식의 총수의 100분의 1 이상에 해당하는 주식을 가진 주주는 회사에 대하여 이사의 책임을 추궁할 소의 제기를 청구할 수 있다(상법 제403조 제1항).
2) 甲주식회사의 총 발행주식 40,000주이고, 발행주식의 총수의 100분의 1이상에 해당하는 주식은 400주인데, 丁은 300주를 소유한 주주에 불과하다.

㉡ (○)
1) 회사라 함은 회사의 감사 또는 감사위원회를 말한다(상법 제394조 제1항, 상법 제415조의2 제7항).
2) 회사가 이사에 대하여 또는 이사가 회사에 대하여 소를 제기하는 경우에 감사는 그 소에 관하여 회사를 대표한다(상법 제394조 제1항 전문). 제394조 제1항 중 "감사"는 "감사위원회 위원"으로 본다(상법 제415조의2 제7항).

㉢ (×)
1) 제3항과 제4항의 소(주주대표소송)를 제기한 주주의 보유주식이 제소후 발행주식총수의 100분의 1 미만으로 감소한 경우(발행주식을 보유하지 아니하게 된 경우를 제외한다)에도 제소의 효력에는 영향이 없다(상법 제403조 제5항).
2) 대표소송을 제기한 주주 중 일부가 주식을 처분하는 등의 사유로 주식을 전혀 보유하지 아니하게 되어 주주의 지위를 상실하면, 특별한 사정이 없는 한 그 주주는 원고적격을 상실하여 그가 제기한 부분의 소는 부적법하게 되고, 이는 함께 대표소송을 제기한 다른 원고들이 주주의 지위를 유지하고 있다고 하여 달리 볼 것은 아니다(대법원 2013. 9. 12. 선고 2011다57869 판결).

㉣ (○) 회사에 회복할 수 없는 손해가 생길 염려가 없음에도 불구하고 회사에 대하여 이사의 책임을 추궁할 소의 제기를 청구하지 아니한 채 발행주식 총수의 100분의 1 이상에 해당하는 주식을 가진 주주가 즉시 회사를 위하여 소를 제기하였다면 그 소송은 부적법한 것으로서 각하되어야 한다. 여기서 회복할 수 없는 손해가 생길 염려가 있는 경우라 함은 이사에 대한 손해배상청구권의 시효가 완성된다든지 이사가 도피하거나 재산을 처분하려는 때와 같이 이사에 대한 책임추궁이 불가능 또는 무익해질 염려가 있는 경우 등을 의미한다(대법원 2010. 4. 15. 선고 2009다98058 판결).

정답 ⑤

70. 주주총회결의 관련 소송에 관한 설명 중 옳지 않은 것은? (다툼이 있는 경우 판례에 의함)

① 주주총회를 소집할 권한이 없는 자가 이사회의 주주총회 소집결정도 없이 소집한 주주총회에서 이루어진 결의는, 특별한 사정이 없는 이상, 총회 및 결의라고 볼 만한 것이 사실상 존재한다고 하더라도 그 성립과정에 중대한 하자가 있어 법률상 존재하지 않는다고 보아야 한다.
② 주식회사의 주주는 주식의 소유자로서 회사의 재산관계에 대하여 법률상의 이해관계를 가지므로 주주총회결의 부존재의 확인을 구할 이익이 있다.

③ 이사가 그 지위에 기하여 주주총회결의 취소의 소를 제기하였다가 소송 계속 중에 사망하였거나 사실심 변론종결 후에 사망하였다면, 그 소송은 이사의 사망으로 중단되지 않고 그대로 종료된다.
④ 이사 선임의 주주총회결의에 대한 취소판결이 확정된 경우 그 결의에 의하여 이사로 선임된 이사들에 의하여 구성된 이사회에서 선정된 대표이사는 소급하여 그 자격을 상실한다.
⑤ 주주총회결의의 부존재 또는 무효 확인을 구하는 소를 여러 사람이 공동으로 제기한 경우, 민사소송법 제67조가 적용되는 필수적 공동소송에 해당한다.

해설

① (O) 주주총회를 소집할 권한이 없는 자가 이사회의 주주총회 소집결정도 없이 소집한 주주총회에서 이루어진 결의는, 1인 회사의 1인 주주에 의한 총회 또는 주주 전원이 참석하여 총회를 개최하는 데 동의하고 아무런 이의 없이 결의가 이루어졌다는 등의 특별한 사정이 없는 이상, 총회 및 결의라고 볼 만한 것이 사실상 존재한다고 하더라도 그 성립 과정에 중대한 하자가 있어 법률상 존재하지 않는다(대법원 2010. 6. 24. 선고 2010다13541 판결).

② (✕) 주주총회결의 부존재 확인의 소는 제소권자의 제한이 없으므로 결의의 부존재의 확인에 관하여 정당한 법률상 이익이 있는 자라면 누구나 소송으로써 그 확인을 구할 수 있으나, 확인의 소에 있어서 확인의 이익은 원고의 권리 또는 법률상의 지위에 현존하는 불안·위험이 있고 그 불안·위험을 제거함에는 확인판결을 받는 것이 가장 유효·적절한 수단일 때에만 인정된다. 그리고 <u>주식회사의 주주는 주식의 소유자로서 회사의 경영에 이해관계를 가지고 있다고 할 것이나, 회사의 재산관계에 대하여는 단순히 사실상, 경제상 또는 일반적, 추상적인 이해관계만을 가질 뿐, 구체적 또는 법률상의 이해관계를 가진다고는 할 수 없다</u>(대법원 2016. 7. 22. 선고 2015다66397 판결).

③ (O) 이사가 그 지위에 기하여 주주총회결의 취소의 소를 제기하였다가 소송 계속 중에 사망하였거나 사실심 변론종결 후에 사망하였다면, 그 소송은 이사의 사망으로 중단되지 않고 그대로 종료된다. 이사는 주식회사의 의사결정기관인 이사회의 구성원이고, 의사결정기관 구성원으로서의 지위는 일신전속적인 것이어서 상속의 대상이 되지 않기 때문이다(대법원 2019. 2. 14. 선고 2015다255258 판결).

④ (O) 이사 선임의 주주총회결의에 대한 취소판결이 확정된 경우 그 결의에 의하여 이사로 선임된 이사들에 의하여 구성된 이사회에서 선정된 대표이사는 소급하여 그 자격을 상실하고, 그 대표이사가 이사 선임의 주주총회결의에 대한 취소판결이 확정되기 전에 한 행위는 대표권이 없는 자가 한 행위로서 무효가 된다(대법원 2004. 2. 27. 선고 2002다19797 판결).

⑤ (O)
1) <u>주주총회결의의 부존재 또는 무효 확인을 구하는 소의 경우</u>, 상법 제380조에 의해 준용되는 상법 제190조 본문에 따라 청구를 인용하는 판결은 제3자에 대하여도 효력이 있다. 이러한 소를 여러 사람이 공동으로 제기한 경우 당사자 1인이 받은 승소판결의 효력이 다른 공동소송인에게 미치므로 공동소송인 사이에 소송법상 합일확정의 필요성이 인정되고, 상법상 회사관계소송에 관한 전속관할이나 병합심리 규정(상법 제186조, 제188조)도 당사자 간 합일확정을 전제로 하는 점 및 당사자의 의사와 소송경제 등을 함께 고려하면, 이는 <u>민사소송법 제67조가 적용되는 필수적 공동소송에 해당한다</u>(대법원 2021. 7. 22. 선고 2020다284977 전원합의체 판결).
2) 주주총회결의의 부존재 또는 무효 확인을 구하는 소를 여러 사람이 공동으로 제기한 경우, **유사필수적 공동소송**이라는 의미의 판시이다. 따라서 제소권자가 개별적으로 소를 제기할 수 있지만 일단 공동원고가 되면 합일확정의 필요성이 있다.

정답 ②

COMPACT 변시 2024년 10모 민사법 해설

제2편
사례형

2024년도 제3차 변호사시험 모의시험 — 논술형(사례형)

시험과목	민사법(사례형)	응시번호		성 명	

응시자 준수사항

【공통사항】
1. 시험 시작 전 문제지의 봉인을 손상하는 경우, 봉인을 손상하지 않더라도 문제지를 들추는 행위 등으로 문제 내용을 미리 보는 경우 그 답안은 영점으로 처리됩니다.
2. 시험시간 중에는 휴대전화, 스마트워치, 무선이어폰 등 무선통신 기기를 비롯한 전자기기를 지녀서는 안 됩니다.
3. **답안은 반드시 문제번호에 해당하는 번호의 답안지**(제1문은 제1문 답안지 내, 제2문은 제2문 답안지 내)**에 작성**하여야 합니다. 즉, 해당 문제의 번호와 답안지의 번호가 일치하지 않으면 그 답안은 영점으로 처리됩니다. 다만, 수기로 작성하는 답안지에 한해 답안지를 제출하기 전 시험관리관이 답안지 번호를 정정해 준 경우에는 정상적으로 채점됩니다.
4. 답안지에는 문제 내용을 쓸 필요가 없으며, 답안 이외의 사항을 기재하거나 밑줄 기타 어떠한 표시도 하여서는 안 됩니다.
5. 지정된 시각까지 지정된 시험실에 입실하지 않거나 시험관리관의 승인 없이 시험시간 중에 시험실에서 퇴실한 경우, 그 시간 시험과 나머지 시간의 시험에 응시할 수 없습니다.
6. 시험시간 중에는 어떠한 경우에도 문제지를 시험실 밖으로 가지고 갈 수 없고, 그 시험시간이 끝난 후에는 문제지를 시험장 밖으로 가지고 갈 수 있습니다.

【IBT 방식】
1. 시험시간은 프로그램에 의해 자동 시작, 종료되며 시험이 종료되면 답안을 수정하는 등 답안 작성을 일절 할 수 없습니다.

【수기 방식】
1. 답안은 흑색 또는 청색 필기구(수성펜이나 연필 사용 금지) 중 한 가지 필기구만을 사용하여 답안 작성란(흰색 부분) 안에 기재하여야 합니다.
2. 답안지에 성명과 수험번호 등을 기재하지 않아 인적사항이 확인되지 않는 경우에는 영점으로 처리되는 등 불이익을 받게 됩니다. 특히 답안지를 바꾸어 다시 작성하는 경우, 성명 등의 기재를 빠뜨리지 않도록 유의하여야 합니다.
3. 답안을 정정할 경우에는 두 줄로 긋고 다시 써야 하며, 수정액·수정테이프 등은 사용할 수 없습니다.
4. 시험 종료 시각에 임박하여 답안지를 교체했더라도 시험시간이 끝나면 그 즉시 새로 작성한 답안지를 회수합니다.
5. 시험시간이 지난 후에는 답안지를 일절 작성할 수 없습니다. 이를 위반하여 **시험시간이 종료되었음에도 불구하고 계속 답안을 작성할 경우 그 답안은 영점으로 처리됩니다.**
6. **배부된 답안지는 백지 답안이라도 모두 제출**하여야 하며, **답안지를 제출하지 아니한 경우 그 시간 시험과 나머지 시험에 응시할 수 없습니다.**

법학전문대학원협의회
KOREAN ASSOCIATION OF LAW SCHOOLS

〈제1문의 1〉

甲은 2023. 1. 1. 乙로부터 X토지를 8억 원에 매수하기로 합의하면서, 소유권이전등기는 추후에 甲이 요구할 때에 마쳐주기로 하였다. 이에 甲은 2023. 4. 3. 매매대금 8억 원을 乙에게 지급하고, X토지를 인도받았다. 1개월 뒤 甲은 乙에게 X토지의 소유권이전등기절차의 이행을 요구하였으나, 乙은 주변 토지의 시가가 급등하였음을 이유로 4억 원을 더 주지 않으면 이전등기를 해줄 수 없다며 이를 거부하였다.

甲은 乙을 상대로 소유권이전등기청구의 소를 제기하기 위하여 변호사 A를 선임하였는데, 상소 제기에 관한 특별수권을 부여하지는 않았다. 甲은 소송위임 후 귀가 중에 교통사고로 사망하고 말았다. 甲의 사망사실을 알지 못한 변호사 A는 甲을 원고로 표시하여 乙을 상대로 소유권이전등기청구의 소를 제기하였으며, 제1심법원은 2024. 3. 10. 甲의 청구를 기각하는 판결을 선고하였다. 이에 甲의 유일한 상속인인 丙은 변호사 B에게 항소심 소송대리를 위임하였고, B는 甲의 명의로 항소장을 제출하였다. 항소심법원은 제1심 소제기 당시에 이미 사망한 자에 의한 제소는 부적법하고 그 흠결이 보정될 수 없으므로 제1심판결이 당연무효라는 이유로 제1심판결을 취소하고 소각하 판결을 선고하였다.

문제.
항소심의 판단은 적법한가? (15점)

문제해설 [제1문의 1] 문제 해설

1. 문제

사자 명의 소송에서 소송대리인이 선임된 경우, (1) 상속인이 수계하지 않은 상태에서 한 소 제기의 적법 여부 및 판결의 효력, (2) 그 판결에 대한 항소심 판단의 적법 여부가 문제이다.

2. 甲 사망 이후, A 변호사 소 제기 적법 여부 및 판결 효력

(1) **관련 조문** - 당사자가 사망하더라도 소송대리권은 소멸되지 않는다(민소법 제95조 제1호). 소송대리인이 있는 경우에는 당사자의 사망으로 소송절차가 중단되지 않는다(민소법 제238조).

(2) **판례** - 망인의 소송대리인은 당사자 지위의 당연승계로 인하여 상속인으로부터 새로이 수권을 받을 필요 없이 법률상 당연히 상속인의 소송대리인으로 취급되어 상속인들 모두를 위하여 소송을 수행하게 되므로, 당사자가 소송대리인에게 소송위임을 한 다음 소 제기 전에 사망하였는데 소송대리인이 당사자가 사망한 것을 모르고 당사자를 원고로 표시하여 소를 제기하였다면 소의 제기는 적법하다(대법원 2016. 4. 29. 선고 2014다210449 판결).

(3) **사안의 경우** - A 변호사는 甲의 사망 이후에도 소송대리권이 있기에 甲의 사망 이후에 소를 제기한 것은 적법하고, 이는 상속인 丙에 대한 판결로서 유효하다.

3. 항소심 판단의 적법 여부

(1) **관련 조문** - 당사자가 죽은 경우, 상속인이 소송절차를 수계하여야 한다(민소법 제233조 제1항).

(2) **판례** - 상속인들에게서 항소심 소송을 위임받은 소송대리인이 소송수계절차를 취하지 아니한 채 사망한 당사자 명의로 항소장 및 항소이유서를 제출하였더라도, 상속인들이 항소심에서 수계신청을 하고 소송대리인의 소송행위를 적법한 것으로 추인하면 하자는 치유되고, 추인은 묵시적으로도 가능하다(대법원 2016. 4. 29. 선고 2014다210449 판결).

(3) **사안의 경우** - 심급대리의 원칙상 변호사 A의 특별수권이 없었던 경우이므로, 소송대리권은 판결정본이 송달되면 소멸하고, 그 때에 소송절차는 중단된다. 丙은 수계절차를 먼저 또는 동시에 밟지 않고 항소하였으므로 원칙적으로 그 항소는 위법하나, 나중에 丙이 항소심에서 수계신청을 하고, 소송대리인 B의 항소를 적법한 것으로 추인하면, 그 하자는 치유되는바, 사망한 자에 의한 제소가 부적법하고 흠결이 보정될 수 없다는 항소심의 판단은 위법하다.

4. 결론

항소심의 판단은 적법하지 않다.

〈제1문의 2〉

〈기초적 사실관계〉

甲은 2023. 3. 2. 乙에게 5천만 원을 무이자로 빌려줬는데 변제기인 2023. 6. 30.이 지나도 乙이 돈을 갚지 않는다고 주장하며 2023. 7. 5. 乙을 상대로 대여금청구의 소를 제기하였다.

※ 이하의 추가적 사실관계들은 각각 독립적인 별개의 사실관계이고, 질문도 별개임.

〈추가적 사실관계 1〉

그런데 乙은 사기범죄로 2023. 4. 6. 징역 2년을 선고받고 법정구속되어 여주교도소에 수감되었다. 그러나 수소법원은 乙의 수감사실을 알지 못하여 위 소장부본을 乙의 주소지로 송달하였고 2023. 7. 20. 乙의 배우자인 丙이 수령하였다.

문제 1.
위 소장부본의 송달은 유효한가? (10점)

〈추가적 사실관계 2〉

甲은 소장에서 "甲은 2023. 3. 2. 乙에게 5천만 원을 무이자, 변제기 2023. 6. 30.로 정하여 대여하였는데, 변제기가 지나도록 乙이 변제를 하지 않았다."는 사실을 기재하였으나 이를 뒷받침할 증거방법은 첨부하지 않았다. 소장부본을 송달받은 乙은 답변서를 통해 소장의 기재사실을 모두 부인하였다. 제1회 변론기일에 甲은 소장을, 乙은 답변서를 각 진술하였다. 제2회 변론기일에 乙은 丙을 증인신청하면서 그 증명취지로 위 대여금의 변제사실을 증명하기 위한 것이라고 진술하였고, 법원은 위 丙을 증인으로 채택하였다. 제3회 변론기일에 출석한 丙은 선서 후 "甲이 乙에게 5천만 원을 대여하는 자리에 같이 있었고, 2023. 11. 14.경 乙이 甲에게 원금 및 이에 대한 지연손해금까지 모두 갚는 자리에도 같이 있었기 때문에 모두 내 두 눈으로 똑똑히 보았다."라고 증언하였다. 그 후 변론이 종결되었다. 수소법원은 위 증언의 신빙성을 높게 평가하고 있다. 다만 소송의 전 과정을 통해 乙이 명시적으로 변제항변을 한 바는 없다.

문제 2.
수소법원은 위 丙의 증언을 바탕으로 甲의 청구를 기각할 수 있는가? (20점)

문제해설 [제1문의 2] 문제 1. 해설

1. 문제
법원이 수감된 당사자에게 교도소가 아닌 기존 주소지에 실시한 송달의 유효 여부가 문제 된다.

2. 수감된 당사자의 주소지에 실시한 송달 유효 여부
(1) **관련 조문 및 법리** – 교도소에 수감된 사람에게 할 송달은 교도소장에게 한다(민소법 제182조).

(2) **판례** – 수감된 당사자에 대한 송달을 교도소장에게 하지 않고 당사자의 종전 주소나 거소로 한 것은 부적법한 송달로서 무효이고, 이는 법원이 서류를 송달받을 당사자가 수감된 사실을 몰랐거나, 수감된 당사자가 송달의 대상인 서류의 내용을 알았다고 하더라도 마찬가지인바, 수감된 당사자에 대하여 민소법 제185조나 제187조에 따라 종전에 송달받던 장소로 발송송달을 하였더라도 적법한 송달의 효력을 인정할 수 없다(대법원 2021. 8. 19. 선고 2021다53 판결).

(3) **사안의 경우** – 乙이 여주교도소에 수감되어 있음에도 불구하고 수소법원은 소장부본을 乙의 기존 주소지로 송달하였는바, 법원이 乙의 수감사실을 알지 못하였더라도 그 송달은 무효이다.

3. 결론
위 소장부본의 송달은 유효하지 않다.

문제해설 [제1문의 2] 문제 2. 해설

1. 문제
(1) 대여 및 변제 사실이 주요사실로서 변론주의의 적용 대상 인지 여부, (2) 증거공통의 원칙이 적용되어 甲이 주장한 대여 사실을 乙이 신청한 증인의 증언으로 인정할 수 있는지 여부, (3) 乙이 명시적으로 변제사실을 주장하지 않았지만, 증인 신청으로 변제 사실을 간접적 주장한 것으로 볼 수 있는지 여부가 문제 된다.

2. 대여 및 변제 사실이 주요사실로서 변론주의의 적용 대상 인지 여부
(1) **관련 법리** - 변론주의란 민사소송법상 소송자료 즉, 사실과 증거의 수집, 제출책임은 당사자에게 있고, 당사자가 수집하여 변론에서 제출한 소송자료만으로 재판의 기초로 삼아야 한다. 법원은 법규의 요건사실 존재가 증명되어야 그 법규를 적용할 수 있으며 각 당사자는 자기에게 유리한 법규의 요건사실에 대한 증명책임이 있다. 원고는 권리근거규범의 요건사실에 대하여 피고는 반대규범(권리장애규범, 권리저지규범, 권리멸각규범)의 요건사실에 대한 증명책임이 있다.

(2) **사안의 경우** - 대여사실은 甲에게 대여금채권을 발생시키는 권리근거규범의 요건사실이고, 변제 사실은 乙에게 위 채무의 소멸을 가져오는 권리반대규범의 요건사실, 즉 권리소멸사실로서 각 주요사실에 해당하는바, 2023. 3. 2.자 대여 사실과 2023. 11. 14.자 변제 사실은 모두 주요사실이라 할 것이어서 변론주의가 적용된다.

3. 甲의 대여사실 인정 여부
(1) **관련 법리** - 증거공통의 원칙이란 증거는 어느 당사자에 의하여 제출되거나 또 상대방이 이를 원용하는지 여부에 불구하고 이를 당사자 어느 쪽의 유리한 사실인정 증거로 할 수 있는 것을 말한다.

(2) **사안의 경우** - 대여사실에 관하여 甲은 소장을 통해 명시적인 주장을 하였으나 이에 대한 별다른 증거를 제출하지 않았다. 다만 乙이 신청한 증인 丙이 대여 사실을 인정하는 증언을 하였고, 이는 증거공통의 원칙에 따라 이를 甲의 대여사실에 대한 증거로 삼아 甲에게 유리한 판단을 할 수 있는바, 수소법원은 丙의 증언의 신빙성을 높게 평가하므로, 甲의 대여사실은 인정된다.

4. 乙의 변제사실 인정 여부
(1) **관련 법리** - 변론에서 당사자가 직접적으로 명시적인 주장을 하지 않아도, 증인신청으로서 그에 관한 진술이 있었다고 볼 수 있거나, 당사자가 법원에 서증을 제출하며 그 증명취지를 진술함으로써 서증에 기재된 사실을 주장하거나 그밖에 당사자의 변론을 전체적으로 관찰하여 간접적으로 주장한 것으로 볼 수 있는 경우에는 주요사실에 대한 주장이 있는 것으로 볼 수 있다.

(2) **사안의 경우** - 乙은 제2회 변론기일에 丙을 증인으로 신청하면서 증명취지로 변제사실을 증명하기 위한 것이라고 진술하였다. 증인 丙에 대한 증인신문기일에 甲이 반대신문할 수 있어서,

甲의 방어권 행사에 불이익을 초래할 염려는 없었으므로, 변제사실에 대한 乙의 간접적 주장을 인정할 수 있다. 따라서, 丙이 2023. 11. 14.경 乙이 甲에게 1억 원 및 이에 대한 지연손해금까지 모두 갚은 것을 목격하였다고 증언하였고, 수소법원은 이 증언의 신빙성을 높게 평가하므로, 이 증언을 가지고 乙의 변제사실을 인정할 수 있다.

5. 결론

甲의 대여 사실과 乙의 변제 사실을 모두 인정할 수 있으므로, 乙의 변제에 관한 간접적 주장을 받아들여 수소법원은 甲의 청구를 기각할 수 있다.

〈제1문의 3〉

〈기초적 사실관계〉

甲은 2024. 1.경 乙을 상대로 대여금 1억 원의 지급을 구하는 소를 제기하였다. 甲이 소장에 첨부한 차용증 사본(이하 '갑제1호증'이라 한다)에는, "乙은 2023. 12.말까지 甲에게 대여금 1억 원을 갚겠다."라고 기재되어 있었고, 乙 명의의 기재 옆에 무인이 되어 있었다.

※ 이하의 추가적 사실관계들은 각각 독립적인 별개의 사실관계이고, 질문도 별개임.

〈추가적 사실관계 1〉

乙이 갑제1호증에 현출된 무인이 자신의 것이 아니라고 다투자, 甲은 갑제1호증의 무인에 대한 무인 감정 신청을 하였다. 무인 감정 결과에 의하면 갑제1호증에 있는 무인은 乙의 지문과 상이하다고 감정되었다. 법원은 감정 경위나 감정 방법의 잘못 등 감정 자체를 배척할 특별한 사유가 없음에도 무인 감정 결과를 배척하면서 甲의 청구를 인용하였다.

문제 1.
이러한 판결은 적법한가? (10점)

〈추가적 사실관계 2〉

乙은 제1회 변론기일에서 甲의 금전 대여 사실에 대한 주장을 모두 인정하였으나, 제2회 변론기일에서는 금전 대여 사실이 없다며 제1회 변론기일에 한 자백을 취소한다고 주장하면서 무인 감정 신청을 하였다. 무인 감정 결과 갑제1호증에 있는 무인은 乙의 지문과 상이하다고 감정되었다. 한편 제3회 변론기일에 실시된 증인신문에서 증인 丙은 乙이 갑제1호증 문서에 무인하는 것을 목격하였다고 증언하였다. 법원은 변론종결 후에도 금전 대여 사실의 존부에 관하여 심증을 형성하지 못하였다.

문제 2.
법원은 어떠한 판결을 해야 하는가? (10점)

문제해설 [제1문의 3] 문제 1. 해설

1. 문제
사문서의 진정성립 추정에 있어서, 무인 감정 결과 증명력 배척 판결의 적법 여부가 문제 된다.

2. 무인 감정 결과 증명력 배척 판결의 적법 여부
(1) **관련 조문** - 사문서는 그것이 진정한 것임을 증명하여야 한다(민소법 제357조). 사문서는 본인 또는 대리인의 서명이나 날인 또는 무인(拇印)이 있는 때에는 진정한 것으로 추정한다(민소법 제358조).

(2) **판례** - 과학적인 방법이라고 할 수 있는 무인 감정 결과를 배척하기 위하여는 특별한 사정이 없는 한, 감정 경위나 감정 방법의 잘못 등 감정 자체에 있어서의 배척 사유가 있어야 한다(대법원 1999. 4. 9. 선고 98다57198 판결).

(3) **사안의 경우** - 법원이 감정 경위나 감정 방법의 잘못 등 감정 자체에 있어서의 배척 사유가 있다는 사정도 설시하지 않고, 달리 특별한 사정이 없음에도 무인 감정 결과를 배척한 것은 위법하다.

3. 결론
법원이 무인 감정 결과를 배척하고 甲의 청구를 인용하는 판결을 선고한 것은 위법하다.

문제해설 [제1문의 3] 문제 2. 해설

1. 문제
재판상 자백의 효과 및 자백의 취소 가부가 문제 된다.

2. 재판상 자백의 효과 및 자백의 취소 가부

(1) 법원에 대한 효과
1) 관련 조문 및 법리 - 법원에서 당사자가 자백한 사실은 증명을 필요로 하지 아니한다(민소법 제358조). 자백이 성립하면 증거에 의한 증명이 불필요할 뿐만 아니라 법원은 자백된 사실과 다른 사실인정을 할 수 없다.
2) 사안의 경우 - 乙은 제1회 변론기일에서 甲의 주장 사실을 모두 인정하였으므로 법원은 甲의 주장이 진실에 부합한다는 점이 증명되었다는 심증을 형성하지 못하였더라도 자백된 금전 대여 사실을 인정하여야 한다.

(2) 당사자에 대한 효과
1) 관련 조문 및 법리 - 재판상 자백이 성립하면 원칙적으로 당사자는 이를 취소할 수 없고, 예외적으로 자백이 진실에 어긋나고 착오로 인한 것임을 증명한 때에 한하여 취소할 수 있다(민소법 제288조 단서).
2) 사안의 경우 - 법원은 乙의 자백이 진실에 부합되지 않는다는 점에 대해서 증명되었다는 심증을 형성하지 못하였으므로, 乙의 취소 주장은 인정될 수 없다.

3. 결론
법원은 자백된 금전 대여 사실에 따라 甲의 청구를 인용하는 판결을 하여야 한다.

<제1문의 4>

甲은 乙을 상대로 X토지에 관하여 취득시효 완성을 원인으로 한 소유권이전등기청구의 소를 제기하였다. 甲은 乙의 주소를 알고 있음에도 불구하고 고의로 소장에 허위의 주소를 기재하여 공시송달에 의한 승소판결을 받았고 이 판결은 그대로 확정되었다(이하 '재심대상판결'이라 한다). 甲은 재심대상판결에 기하여 자기 앞으로 취득시효 완성을 원인으로 한 소유권이전등기를 경료한 후에 다시 丙 앞으로 매매를 원인으로 한 소유권이전등기를 경료해 주었다. 乙은 甲과 丙을 상대로 하여 ① 재심의 소로 재심대상판결의 취소 및 본소청구의 기각을 구하는 외에, ② 재심대상판결에 의하여 甲 명의로 경료된 소유권이전등기와 그 후 丙 명의로 경료된 소유권이전등기의 각 말소등기를 구하는 청구를 병합하여 제기하였다.

이에 甲은 X토지에 관하여 乙과의 매매 사실을 주장하며 자기 앞으로 경료된 소유권이전등기가 실체관계에 부합하므로 재심사유가 있더라도 판결의 결과가 정당하여 재심청구를 기각하여야 한다고 주장하고 있다. 또한 丙은 재심대상판결의 당사자가 아닌 자신을 상대로 제기한 재심의 소는 부적법하다고 주장하고 있다.

문제.
법원은 甲과 丙에 대한 재심청구와 소유권이전등기말소청구에 관하여 각 어떠한 판결을 하여야 하는가? (20점)

문제해설 [제1문의 4] 문제 해설

1. 문제
항소심에서 청구의 교환적 변경이 있고 법원의 심리 결과 변경된 청구에 대하여 이유 없는 경우, 항소기각을 내린 항소심 판결의 적법 여부가 문제 된다.

2. 甲과 丙에 대한 재심청구

(1) 甲에 대한 재심청구

1) 관련 법리 - 재심의 사유가 있는 경우라도 판결이 정당하다고 인정한 때에는 법원은 재심의 청구를 기각하여야 한다(민소법 제460조).

2) 사안의 경우
① 재심의 소의 본안 소송물은 甲의 乙에 대한 취득시효 완성을 원인으로 한 소유권이전등기 청구권의 존부이고, 乙의 甲에 대한 소유권이전등기의 말소등기청구권의 존부가 아니다. 즉, 甲의 주장과 같이 매매 사실이 인정되어 甲 앞으로 경료된 소유권이전등기가 실체관계에 부합 하더라도, 甲의 취득시효 완성을 원인으로 한 소유권이전등기청구가 이유 있는 것은 아니므로 결과가 정당한 경우의 재심청구기각에 관한 민소법 제460조가 적용될 수 없다.
② 다만, 재심의 소가 이유 있다는 이유로 재심대상 판결이 취소된 후에 乙이 甲을 상대로 제기할 소유권이전등기 말소등기청구의 소가 이유 없을 수는 있다.
③ 그렇다면, 乙의 甲에 대한 재심의 소에 관하여 법원은 재심 대상 판결을 취소하고 甲의 청구를 기각하여야 한다.

(2) 丙에 대한 재심청구

1) 관련 조문 및 법리 - 확정판결은 변론을 종결한 뒤의 승계인에 대하여 효력이 미친다(민소법 제218조 1항). 재심의 소는 확정판결을 취소하여 그 기판력을 배제하는데 목적이 있으므로 확정판결에 표시되어 있는 소송당사자는 물론, 그 기판력이 미치는 변론종결 후의 일반 또는 특정 승계인도 재심의 소에 대한 당사자적격이 있다.

2) 판례 - 재심대상 판결의 소송물은 취득시효 완성을 이유로 한 소유권이전등기청구권으로서 채권적 청구권인 경우, 그 변론종결 후에 원고로부터 소유권이전등기를 경료받은 승계인은 기판력이 미치는 변론종결 후의 제3자에 해당하지 아니하고, 피고들은 재심대상판결의 기판력을 배제하기 위하여 승계인에 대하여도 재심의 소를 제기할 필요는 없으므로 승계인에 대한 재심의 소는 부적법하다(대법원 1997. 5. 28. 선고 96다41649 판결).

3) 사안의 경우 - 재심대상 판결의 소송물은 취득시효 완성을 이유로 한 소유권이전등기청구권으로서 채권적 청구권이므로, 재심대상 판결 이후에 甲으로부터 소유권이전등기를 경료받은 丙은 기판력이 미치는 변론종결 후의 승계인에 해당하지 않는다. 그렇다면, 乙은 재심대상판결의 기판력을 배제하기 위하여 丙에 대하여도 재심의 소를 제기할 필요는 없는바, 피고적격이 없는 丙에 대한 재심의 소는 부적법하다.

3. 甲과 丙에 대한 소유권이전등기말소청구

    (1) **관련 조문** - 여러 개의 청구는 같은 종류의 소송절차에 따르는 경우에만 하나의 소로 제기할 수 있다(민소법 제253조).

    (2) **판례** - 피고들이 재심대상판결의 취소와 그 본소청구의 기각을 구하는 외에, 원고와 승계인을 상대로 재심대상판결에 의하여 경료된 원고 명의의 소유권이전등기와 그 후 승계인의 명의로 경료된 소유권이전등기의 각 말소를 구하는 청구를 병합하여 제기하고 있으나, 그와 같은 청구들은 별소로 제기하여야 할 것이고 재심의 소에 병합하여 제기할 수 없다(대법원 1997. 5. 28. 선고 96다41649 판결).

    (3) **사안의 경우** - 乙은 재심대상 판결의 취소와 본소청구의 기각을 구하는 외에 甲과 丙 명의로 순차 경료된 소유권이전등기의 각 말소를 구하는 청구를 병합하여 제기하였으나, 위와 같은 청구들은 별소로 제기하여야 하고 재심의 소에 병합하여 제기할 수 없는바, 법원은 甲과 丙에 대한 각 소유권이전등기의 말소등기청구의 소는 부적법 각하하여야 한다.

4. 결론

    (1) 법원은 甲에 대한 재심의 소는 재심 대상 판결을 취소하고 甲의 청구를 기각하며(재심 인용), 丙에 대한 재심의 소는 피고적격의 흠으로 각하한다.

    (2) 법원은 재심의 소에 병합하여 제기된 甲과 丙에 대한 각 소유권이전등기의 말소청구의 소는 각하한다.

〈제1문의 5〉

甲은 乙 소유의 X건물에 관하여 乙의 대리인이라고 주장하는 丙과 임대차계약을 체결하였다. 甲은 공인중개사 丁의 소개로 丙을 만났고, 丁이 중개하여 위 계약이 체결되었다. 그러나 乙은 위 임대차계약의 성립을 인정하지 않았다. 그러자 甲은 乙을 상대로 위 임대차계약이 丙의 대리로 유효하게 체결되었음을 원인으로 위 임대차계약에 따른 임차권의 확인을 구하고, 乙에 대한 청구가 받아들여지지 아니할 경우에 대비하여 丁을 예비적 피고로 삼아, 丁이 丙을 乙의 대리인으로 소개한 것이 기망행위라고 주장하며 불법행위로 인한 손해배상을 구하는 소를 제기하였다.

제1심법원은 甲의 주장을 받아들여 임차권 확인 청구를 인용하면서 丁에 대하여는 아무런 판결을 하지 않았다. 이에 대하여 乙이 항소를 제기하였는데, 항소심에서 甲은 乙의 동의를 받아서 乙에 대하여만 소를 취하하였다.

丁은 항소인인 乙에 대한 소가 취하된 이상 丁에 대하여는 본안판단을 할 수 없다고 주장한다.

문제.
이러한 丁의 주장은 타당한가? (15점)

문제해설 [제1문의 5] 문제 해설

1. 문제
(1) 예비적 공동소송 여부, (2) 예비적 공동소송의 심판 방법, (3) 필수적 공동소송 규정 적용의 예외 해당 여부가 문제 된다.

2. 예비적 공동소송 여부
(1) **관련 조문** - 공동소송인 가운데 일부에 대한 청구가 다른 공동소송인에 대한 청구와 법률상 양립할 수 없는 경우에는 법원은 제1심의 변론을 종결할 때까지 원고의 신청에 따라 결정으로 피고를 추가하도록 허가할 수 있다(민소법 제70조 제1항).

(2) **판례** - 민소법 제70조 제1항에 있어서 '법률상 양립할 수 없다'는 것은, 두 청구들 사이에서 한쪽 청구에 대한 판단 이유가 다른 쪽 청구에 대한 판단 이유에 영향을 주어 각 청구에 대한 판단 과정이 필연적으로 상호 결합되어 있는 관계를 의미하며, 실체법적으로나 소송법상으로도 서로 양립할 수 없는 경우를 포함한다(대법원 2007. 6. 26. 자 2007마515 결정).

(3) **사안의 경우** - 乙에 대한 임차권 확인 청구와 丁에 대한 불법행위 손해배상 청구가 법률상 양립 불가능하므로 예비적 공동소송에 해당한다.

3. 예비적 공동소송의 심판 방법
(1) **관련 조문** - 주관적·예비적 공동소송에서는 모든 공동소송인에 관한 청구에 대하여 판결을 하여야 한다(민소법 제70조 제2항).

(2) **판례** - 주관적·예비적 공동소송에서 주위적 공동소송인과 예비적 공동소송인 중 어느 한 사람이 상소를 제기하면 다른 공동소송인에 관한 청구 부분도 확정이 차단되고 상소심에 이심되어 심판 대상이 된다(대법원 2014. 3. 27. 선고 2009다104960 판결).

(3) **사안의 경우** - 제1심법원이 丁에 대한 청구에 관하여 판단하지 않은 것은 위법하므로, 이때 乙의 항소로 丁에 대한 청구도 항소심으로 이심되고 심판 대상이 된다.

4. 필수적 공동소송 규정 적용의 예외 해당 여부
(1) **관련 조문** - 민소법은 주관적·예비적 공동소송에 대하여 필수적 공동소송에 관한 규정인 제67조 내지 제69조를 준용하도록 하면서도 소의 취하의 경우에는 그 예외를 인정하고 있다(민소법 제70조 제1항 단서).

(2) **판례** - 공동소송인 중 일부가 소를 취하하거나 일부 공동소송인에 대한 소를 취하할 수 있고, 이 경우 소를 취하하지 않은 나머지 공동소송인에 관한 청구 부분은 여전히 심판의 대상이 된다 (대법원 2018. 2. 13. 선고 2015다242429 판결).

(3) 사안의 경우 - 甲은 乙과 丁 가운데 乙에 대하여만 소를 취하할 수 있고, 이 경우 丁에 대한 청구는 여전히 항소심의 심판 대상이 된다.

5. 결론
丁의 주장은 타당하지 않다.

〈제1문의 6〉

〈기초적 사실관계〉

X 토지에 관하여는 A가 소유권보존등기를 마쳤고, 위 토지 지상 Y 주택(시가 2억 원)에 관하여는 A와 甲이 각 2분의 1 지분에 관하여 소유권보존등기를 마쳤다. A는 2021. 2. 1. B로부터 8천만 원을 변제기 2022. 1. 31., 이자 연 8%로 정하여 차용하였고, A와 甲은 같은 날 B에게 그 담보로 Y 주택 중 각자의 지분에 관하여 근저당권설정등기(채권최고액 1억 5천만 원)를 각 마쳐주었다. 한편 A와 甲은 2022. 5. 6. Y 주택을 丁에게 임차보증금 1억 2천만 원에 임대하면서 보증금을 수령하였고, 丁은 같은 날 Y 주택을 인도받은 즉시 전입신고를 마쳤고 확정일자도 받았다(이후 현재까지 Y 주택의 시가는 변동이 없다).

[※ 추가적 사실관계 및 질문은 상호무관하고 독립적임]

〈추가된 사실관계 1〉

A는 2021. 6. 30. Y 주택의 철거조건 없이 乙에게 X 토지를 매도하여 같은 날 乙 앞으로 소유권이전등기를 마쳐주었다. 한편, 甲은 2022. 2. 1. 丙에게 Y 주택에 대한 자신의 지분을 매도하여 같은 날 丙 앞으로 지분이전등기를 마쳐주었다. 乙은 2023. 2. 1. 丙을 상대로 그 지분에 관하여 Y 주택의 철거를 구하는 소를 제기하였다. 丙은 "① 주택철거청구는 공유자인 A와 丙을 모두 피고로 삼아야 하는데 자신만을 피고로 하였기 때문에 이 사건 소는 부적법하며, ② 자신은 적법한 권원에 기하여 점유하고 있으므로 乙의 청구는 이유가 없다."고 주장한다.

문제 1.

乙의 丙에 대한 청구의 결론(소 각하, 전부 인용, 일부 인용, 청구기각, 일부 인용의 경우에 인용되는 부분을 정확히 기재할 것)을 구체적인 논거와 함께 서술하시오. (25점)

〈추가된 사실관계 2〉

甲은 2023. 2. 1. 채무초과상태에서 자신의 Y 건물에 대한 지분을 戊에게 증여하고 같은 날 戊 앞으로 지분이전등기를 마쳐주었다. 2023. 5. 9. 甲의 채권자 C는 戊를 피고로 하여 甲의 戊에 대한 위 지분의 증여행위를 사해행위로 취소하는 소를 제기하였다.

문제 2.

증여당시에 확정된 근저당권의 피담보채무액이 9천만 원이라고 할 때 C의 戊에 대한 소의 결론(소 각하, 전부 인용, 일부 인용, 청구기각, 일부 인용의 경우에 인용되는 부분을 정확히 기재할 것)을 구체적인 논거와 함께 서술하시오. (25점)

문제해설 [제1문의 6] 문제 1. 해설

1. 문제
(1) 건물 철거 의무의 법적 성질 및 필수적 공동소송 여부, (2) 丙이 적법한 권원에 기하여 점유하고 있는지가 문제 된다.

2. 건물 철거 의무의 법적 성질 및 필수적 공동소송 여부

(1) **판례** - 공유자들의 건물 철거 의무는 그 성질상 불가분채무로서 각자 그 지분의 한도 내에서 건물 전체에 대한 철거 의무를 지는 것이고, 공유자 전원을 피고로 삼지 않고 일부만을 피고로 하여서도 건물 철거를 청구할 수 있다(대법원 1980. 6. 24. 선고 80다756 판결).

(2) **사안의 경우** - 실체법상 관리처분권이 여러 사람에게 공동 귀속되었다고 볼 수 있어야 필수적 공동소송인데, 공유관계에서는 공유자가 각각 지분권을 가지므로 필수적 공동소송이라고 보기는 어려운바, 乙이 Y 주택의 소유자 A와 丙을 모두 피고로 하여야 하므로 丙만을 상대로 제기한 소가 부적법하다는 주장은 타당하지 않다.

3. 丙의 점유권원 여부

(1) 공유관계에서의 관습법상 법정지상권의 성부

1) **관련 법리** - ① 토지상에 건물이 존재하고, ② 토지와 건물이 동일한 소유에 속하고, ③ 매매 기타 적법한 원인으로 소유자가 달라져야 한다.

2) **판례** - 대지 소유자가 그 지상 건물을 타인과 함께 공유하면서 그 단독 소유의 대지만을 건물 철거의 조건 없이 타에 매도한 경우에는 건물공유자들은 각기 건물을 위하여 대지 전부에 대하여 관습에 의한 법정지상권을 취득한다(대법원 1977. 7. 26. 선고 76다388 판결).

3) **사안의 경우** - A가 A와 甲이 공유하고 있는 Y 건물의 부지인 X 토지를 乙에게 매도하였고 이로 인해 소유자가 달라진 것으로 볼 수 있으므로, A와 甲은 A가 2021. 6. 30. X 토지에 대한 관습법상의 법정지상권을 취득한다.

(2) 관습법상 법정지상권 취득 후 건물 양수인의 법적 지위

1) **관련 조문** - 종물은 주물의 처분에 따른다(민법 제100조 제2항). 부동산에 관한 법률행위로 인한 물권의 득실변경은 등기하여야 그 효력이 생긴다(민법 제186조).

2) **판례**

① 매수인이 건물을 제3자에게 양도한 때에는, 민법 제100조 제2항이 유추적용되어 건물과 함께 종된 권리인 지상권도 양도한다(대법원 1996. 4. 26. 선고 95다52864 판결).

② 관습상 법정지상권이 붙은 건물의 소유자가 건물을 제3자에게 처분한 경우에는 법정지상권에 관한 등기를 경료하지 아니한 자로서는 건물의 소유권을 취득한 사실만 가지고는 법정지상권을 취득하였다고 할 수 없어 대지소유자에게 지상권을 주장할 수 없고 그 법정지상권은 여전히 당초의 법정지상권자에게 유보되어 있다(대법원 1995. 4. 11. 선고 94다39925 판결).

3) 사안의 경우 - 甲이 2022. 2. 1. 丙에게 Y 주택에 대한 1/2지분을 매도한 때에 민법 제100조 제2항이 유추적용되어, 관습법상 법정지상권도 함께 丙에게 양도하기로 한 것으로 해석된다. 다만, 丙은 아직 지상권이전등기를 한 것이 아니기 때문에 지상권은 여전히 甲에게 있다.

(3) 신의성실의 원칙

1) 관련 조문 - 권리의 행사와 의무의 이행은 신의에 좇아 성실히 하여야 하고, 권리는 남용하지 못한다(민법 제2조).

2) 판례 - 법정지상권을 취득할 지위에 있는 건물 양수인에 대하여 대지 소유자가 건물의 철거를 구하는 것은 지상권의 부담을 용인하고 지상권설정등기절차를 이행할 의무가 있는 자가 그 권리자를 상대로 한 것이어서 신의성실의 원칙상 허용될 수 없다(대법원 1996. 3. 26. 선고 95다45545 판결).

3) 사안의 경우 - 丙은 甲을 대위하여 乙에게 지상권설정등기의 이행을 청구할 수 있는 지위에 있으므로 관습법상 법정지상권을 취득할 지위에 있는바, 乙의 丙에 대한 건물 철거 청구는 신의칙에 반하여 허용될 수 없다.

4. 결론

乙의 丙에 대한 청구는 기각된다.

문제해설 [제1문의 6] 문제 2. 해설

1. 문제
甲의 증여 행위가 채무초과 상태를 악화시키는 사해행위에 해당되는지 여부가 문제 된다.

2. 甲의 증여 행위가 사해행위 해당되는지 여부

(1) **관련 조문** - 채무자가 채권자를 해함을 알고 재산권을 목적으로 한 법률행위를 한 때에는 채권자는 그 취소 및 원상회복을 법원에 청구할 수 있다(민법 제406조 제1항).

(2) **판례**

1) 사해행위취소의 소에서 채무자가 수익자에게 양도한 목적물에 저당권이 설정되어 있는 경우라면 그 목적물 중에서 일반채권자들의 공동담보에 제공되는 책임재산은 피담보채권액을 공제한 나머지 부분만이고, 그 피담보채권액이 목적물의 가액을 초과할 때는 당해 목적물의 양도는 사해행위에 해당한다고 할 수 없다(대법원 2017. 1. 12. 선고 2016다208792 판결).

2) 하나의 공유부동산 중 일부 지분이 채무자의 소유이고, 다른 일부 지분이 물상보증인의 소유인 경우에는, 물상보증인이 민법 제481조, 제482조의 규정에 따른 변제자대위에 의하여 채무자 소유의 부동산에 대하여 저당권을 행사할 수 있는 지위에 있는 점 등을 고려할 때, 채무자 소유의 부동산에 관한 피담보채권액은 공동 저당권의 피담보채권액 전액으로 봄이 상당하다(대법원 2021. 11. 11. 선고 2021다258777 판결).

3) 건물의 공유자가 공동으로 건물을 임대하고 임차보증금을 수령한 경우 임대목적물을 다수의 당사자로서 공동으로 임대한 것이고 임차보증금 반환채무는 성질상 불가분채무에 해당한다. 임차인이 공유자 전원으로부터 상임법 제3조 제1항에서 정한 대항요건을 갖추어 임차보증금에 관하여 우선변제를 받을 수 있는 권리를 가진 경우에, 상가건물의 공유자 중 1인인 채무자가 처분한 지분 중에 일반채권자들의 공동담보에 제공되는 책임재산은 우선변제권이 있는 임차보증금 반환채권 전액을 공제한 나머지 부분이다(대법원 2017. 5. 30. 선고 2017다205073 판결).

(3) **사안의 경우**

1) 甲은 A의 채권자 B를 위하여 Y 건물 1/2 지분에 관하여 근저당권설정등기를 마쳐준 물상보증인이다. 위 근저당권의 피담보채권액은 9,000만 원이고, 채무자 A의 Y 건물 1/2 지분 가액이 1억 원이므로 채무자 A의 위 지분을 가지고 9,000만 원 전부 변제가 가능하여, Y 건물에 관한 甲의 지분이 부담하는 피담보채무는 없는바, Y 건물에 관한 甲의 지분의 가액인 1억 원 전부를 적극재산으로 평가할 수 있다.

2) 그런데, 丁은 상임법상 대항력 있는 임차인으로 Y 주택에 대해 우선변제권을 취득하였기에 甲의 Y 주택의 1/2 지분 중에 일반채권자인 丁의 공동담보에 제공되는 책임재산은 우선변제권이 있는 임차보증금 반환 채권 전액인 1억 2천만 원을 공제하고 남은 잔액인데, 1억에서 1억 2천만 원을 공제하면 음수(-)가 되기 때문에 일반채권자들에 대한 사해행위가 될 수 없다.

3) 따라서, 적극재산은 1억 원이고 소극재산은 1억 2천만 원이므로 甲의 Y 주택의 지분 중에 일반 채권자인 丁의 공동담보에 제공되는 책임재산에 해당하지 않는다.

3. 결론
C의 戊에 대한 채권자 취소소송은 기각된다.

⟨제2문의 1⟩

⟨기초적 사실관계⟩
　　甲은 2015. 5.경부터 나대지인 X 토지를 소유하고 있었는데 해외에 장기간 나가게 되었다.

[※ 추가적 사실관계 및 질문은 상호무관하고 독립적임]

⟨추가된 사실관계 1⟩
　　2021. 6. 1. 乙은 X 토지 위에 무단으로 Y 주택을 신축하였다. 乙은 Y 주택에 대하여 丙과 2021. 8. 1. 임대차계약을 체결하였고, 임대차계약에 따라 丙은 乙로부터 Y 주택을 인도받은 다음 전입신고를 마쳤다. 해외에서 돌아온 甲은 이러한 사실을 확인하고 2022. 8. 1. 乙을 상대로는 'Y 주택으로부터의 퇴거, Y 주택의 철거 및 X 토지의 인도'를, 丙을 상대로는 'Y 주택으로부터의 퇴거'를 청구하였다. 이에 대해 乙은 자신의 건물인데 무슨 권리로 甲이 이러한 주장을 하느냐고 반문하였고, 丙은 자신이 주택임대차보호법상 보호받는 제3자에 해당한다고 주장하였다.

문제 1.
　　甲의 乙과 丙에 대한 청구의 결론[전부인용, 일부인용(이 경우 인정되는 구체적인 범위를 기재하시오), 기각]을 구체적인 논거와 함께 서술하시오. (20점)

⟨추가된 사실관계 2⟩
　　甲은 X 토지 위에 Y 주택을 신축하였고, 2020. 6. 1. X 토지에 A은행 명의의 근저당권이 설정되었다. 乙은 2021. 8. 10. 甲으로부터 Y 주택을 매수하여 소유권이전등기를 마쳤다. 甲이 A은행에 대한 채무를 변제하지 않자 A은행의 신청에 의한 임의경매절차가 진행되어 丙이 2021. 10. 1. X 토지를 매수하였고 소유권이전등기를 마쳤다. 그 후 丙은 乙을 상대로 Y 주택의 철거 및 X 토지의 인도를 구하였다.

문제 2.
　　丙의 乙에 대한 청구의 결론[전부인용, 일부인용(이 경우 인정되는 구체적인 범위를 기재하시오), 기각]을 구체적인 논거와 함께 서술하시오. (10점)

⟨추가된 사실관계 3⟩
　　2019. 9. 12. 甲은 K은행으로부터 3억 원을 차용하면서(변제기 2024. 9. 11.), 이를 담보하기 위하여 같은 날 K은행에게 X토지에 관하여 저당권설정등기를 마쳐 주었다. 2019. 12. 3. 甲은 대리인 丁을 통해 戊와 건물의 소유를 목적으로 하는 임대차계약(임대기간 4년)을 체결하였고 같은 날 戊는 X토지에 관하여 임대차 등기를 마쳤다. 2024. 2. 3. 甲은 戊가 신축한 Z 건물을 매수한 후 같은 날 戊에게 매매대금을 지급하고 Z 건물에 관하여 甲 명의로 소유권이전등기를 마쳤다.

문제 3.
　　변제기가 지난 2024. 10. 22.까지도 甲이 K은행에 차용금채무를 변제하지 않은 경우에 K은행이 일괄경매청구권에 기하여 X 토지뿐만 아니라 Z 건물에 관한 임의경매를 신청할 수 있는지에 대해 구체적인 이유와 함께 서술하시오. (10점)

문제해설 [제2문의 1] 문제 1. 해설

1. 문제

건물소유자가 타인 소유의 토지를 불법점유하고 있는 경우, 토지소유자가 (1) 건물소유자에게 토지 인도, 건물 철거 및 퇴거 청구 가부, (2) 건물 점유자에게 건물 퇴거 청구 가부가 문제 된다.

2. 甲의 乙에 대한 토지 인도, 건물 철거 및 퇴거 청구 가부

(1) **관련 조문** - 소유자는 그 소유에 속한 물건을 점유한 자에 대하여 반환을 청구할 수 있다. 그러나 점유자가 그 물건을 점유할 권리가 있는 때에는 반환을 거부할 수 있다(민법 제213조). 소유자는 소유권을 방해하는 자에 대하여 방해의 제거를 청구할 수 있다(민법 제214조).

(2) **판례** - 건물소유자가 건물의 소유를 통하여 타인 소유의 토지를 점유하고 있다고 하더라도 토지소유자로서는 건물의 철거와 대지 부분의 인도를 청구할 수 있을 뿐, 자기 소유의 건물을 점유하고 있는 사람에 대하여 건물에서 퇴거할 것을 청구할 수 없다(대법원 2022. 6. 30. 선고 2021다276256 판결).

(3) **사안의 경우** - 乙은 건물의 소유를 통하여 타인 소유의 토지를 무단으로 점유하고 있으므로 토지소유자 甲은 乙을 상대로 건물의 철거와 대지 부분의 인도를 청구할 수 있으나, 토지소유자 甲은 자기 소유의 건물을 점유하고 있는 乙에 대하여 건물에서 퇴거할 것을 청구할 수 없다.

3. 甲의 丙에 대한 건물 퇴거 청구 가부

(1) **관련 조문** - 소유자는 소유권을 방해하는 자에 대하여 방해의 제거를 청구할 수 있다(민법 제214조).

(2) **판례** - 토지소유자는 자신의 소유권에 기한 방해배제로서 건물점유자에 대하여 건물로부터의 퇴출을 청구할 수 있다. 그리고 이는 건물점유자가 건물소유자로부터의 임차인으로서 그 건물 임차권이 이른바 대항력을 가진다고 해서 달라지지 아니한다. 건물임차권의 대항력은 기본적으로 건물에 관한 것이고 토지를 목적으로 하는 것이 아니므로 이로써 토지소유권을 제약할 수 없고, 토지에 있는 건물에 대하여 대항력 있는 임차권이 존재한다고 하여도 이를 토지소유자에 대하여 대항할 수 있는 토지사용권이라고 할 수는 없다(대법원 2010. 8. 19. 선고 2010다43801 판결).

(3) **사안의 경우** - 丙은 건물에 대한 대항력을 갖는 자이지, 토지에 대한 대항력을 갖는 자에 해당하지 않는바, 甲은 丙에게 퇴거를 청구할 수 있다.

4. 결론

甲의 乙에 대한 건물철거 및 토지인도는 인용되고 퇴거청구는 기각된다. 甲의 丙에 대한 퇴거청구는 인용된다.

문제해설 [제2문의 1] 문제 2. 해설

1. 문제
乙의 민법 제366조의 법정지상권 취득 여부가 문제 된다.

2. 乙의 민법 제366조의 법정지상권 취득 여부

(1) **관련 조문** - 저당권설정당시 ① 토지 상에 건물이 존재하고, ② 토지와 건물의 소유자가 동일하며, ③ 저당권 실행으로 토지와 건물의 소유자가 달라진 경우, 토지소유자는 건물소유자를 위하여 지상권을 설정한 것으로 본다(민법 제366조).

(2) **판례** - 토지와 건물이 동일인의 소유였다가 건물이 제3자에게 양도된 뒤에 저당권이 실행된 경우에도 사회경제적 손실방지, 저당권자는 법정지상권 부담예상, 저당권설정자의 담보가치는 그대로 유지됨을 근거로 법정지상권 성립을 인정한다(대법원 1999. 11. 23. 선고 99다52602 판결).

(3) **사안의 경우** - X 토지에 근저당권이 설정된 2020. 6. 1. 당시 X 토지와 Y 주택은 모두 甲 소유였고, 2021. 8. 10. Y 주택이 乙에게 양도되었으나 이러한 사정은 법정지상권 성립에 장애가 되지 않는다. 근저당권에 기한 경매절차에서 2021. 10. 1. 丙이 X 토지의 소유권을 취득함으로써 토지와 건물의 소유자가 달라졌다고 볼 수 있어 당시 Y 건물 소유자인 乙이 건물 소유를 위하여 X 토지에 관한 법정지상권 취득한다.

3. 결론
丙의 乙에 대한 청구는 기각된다.

문제해설 [제2문의 1] 문제 3. 해설

1. 문제
저당권설정자가 축조하지 않은 건물에 대해서도 민법 제365조의 일괄경매 청구가 가능한지 문제된다.

2. K 은행의 일괄경매 청구 가부

(1) **관련 조문 및 법리** – 토지를 목적으로 저당권을 설정한 후 그 설정자가 그 토지에 건물을 축조한 때에는 저당권자는 토지와 함께 그 건물에 대하여 경매를 청구할 수 있다(민법 제365조). 저당권의 실행으로 토지가 제3자에게 경락될 경우에 건물을 철거하여야 한다면 사회경제적으로 현저한 불이익이 생기고, 저당권자에게도 저당 토지상의 건물의 존재로 인하여 생기게 되는 경매의 어려움을 해소하기 위함이다.

(2) **판례** – 일괄경매 청구권은 저당권설정자로부터 저당 토지에 대한 용익권을 설정받은 자가 그 토지에 건물을 축조한 경우라도 그 후 저당권설정자가 그 건물의 소유권을 취득한 경우에는 저당권자는 토지와 함께 그 건물에 대하여 경매를 청구할 수 있다(대법원 2003. 4. 11. 선고 2003다3850 판결).

(3) **사안의 경우** – 甲 소유 X 토지에 대하여 K 은행의 저당권이 설정된 후 甲으로부터 임차권을 취득한 戊가 Z 건물을 축조하여 보존등기를 마친 다음, 이를 甲이 취득한 경우에도 저당권자 K 은행은 X 토지와 Z 건물에 대하여 일괄경매를 청구할 수 있다.

3. 결론
K은행은 저당권실행당시의 甲 소유의 X 토지와 Z 건물에 대한 일괄적인 임의경매신청이 가능하다.

〈제2문의 2〉

〈기초적 사실관계〉

甲은 X 토지를 조상 대대로 상속받아 소유해 왔다. 그런데 2012. 2. 1. 甲이 사망하였고, 그로부터 며칠 후 甲의 상속인들인 乙, 丙이 상속재산분할의 협의를 거쳐 X 토지를 乙이 단독으로 상속받기로 하고 乙명의로 상속등기가 마쳐졌다.

[※ 추가적 사실관계 및 질문은 상호무관하고 독립적임]

〈추가된 사실관계 1〉

甲에게는 직계비속인 乙과 丙 이외에도 내연관계에 있는 여성과의 사이에서 1989. 1. 4. 태어난 아들 丁이 있었고 丁에 대해서는 甲이 친생자 출생신고를 한 바 있다. 2012. 3. 3. 丁은 乙과 丙이 자신을 배제한 채 상속재산을 분할한 것을 알게 되었다. 그 후 乙은 2020. 1. 5. B에게 X 토지를 3억 원에 매도하고 B명의로 소유권이전등기를 마쳐주었다. 丁은 2021. 12. 10. B에 대하여 원인무효를 이유로 X 토지의 소유권이전등기말소를 구하는 소를 제기하였다.

문제 1.

丁의 B에 대한 청구의 결론(소 각하, 전부 인용, 일부 인용, 청구기각, 일부 인용의 경우에 인용되는 부분을 정확히 기재할 것)을 구체적인 논거와 함께 서술하시오. (15점)

〈추가된 사실관계 2〉

乙은 2015. 12. 1. A로부터 2억 원을 이자 연 3%로 정하여 차용하면서(변제기 2020. 11. 30.), 이에 대한 담보조로 X토지(시가 5억 원)에 대하여 2015. 12. 3. A 명의로 소유권이전등기를 마쳐 주었다. 한편 乙은 2018. 1. 15. 戊에게 X 토지를 임대하였고 이후 戊는 X토지를 밭으로 이용하였다. 원금과 이자를 전혀 받지 못한 A는 乙에게 최고 등의 어떠한 조치를 취하지 않은 채, 2023. 11. 15. 戊를 상대로 ① 자신이 2020. 12. 1. X 토지에 대한 소유권을 취득하였다고 주장하면서 X토지의 인도를 청구하고, ② 양도담보권 혹은 소유권에 기하여 2018. 1. 15.부터 X토지를 반환할 때까지의 차임상당액에 대한 부당이득반환을 구하는 소를 제기하였다.

문제 2.

A의 戊에 대한 청구의 결론(소 각하, 전부 인용, 일부 인용, 청구기각, 일부 인용의 경우에 인용되는 부분을 정확히 기재할 것)을 구체적인 논거와 함께 서술하시오. (20점)

문제해설 [제2문의 2] 문제 1. 해설

1. 문제

丁의 B에 대한 상속회복청구권 가부가 문제 된다.

2. 丁의 B에 대한 상속회복청구권 가부

(1) **관련 조문** – 상속권이 참칭상속권자로 인하여 침해된 때에는 상속권자는 상속회복의 소를 제기할 수 있다. 상속회복청구권은 그 침해를 안 날로부터 3년, 상속권의 침해행위가 있은 날로부터 10년을 경과하면 소멸된다(민법 제999조 제1, 2항). 부가 혼인 외의 자녀에 대하여 친생자출생의 신고를 한 때에는 그 신고는 인지의 효력이 있다(가족관계등록법 제57조 제1항).

(2) **판례** – 공동상속인이라도 자신의 상속분을 넘는 부분에 대한 권리를 주장한다면 그 부분에 관하여는 참칭상속인으로 보며, 참칭상속인으로부터 상속재산을 양수한 제3자도 상속회복청구권의 대상이 된다(대법원 1997. 1. 21. 선고 96다4688 판결).

(3) **사안의 경우**

1) 丁은 부친 甲의 인지가 있었으므로 상속인이다. 乙과 丙이 丁을 상속재산분할 협의 과정에서 배제하고 乙이 단독으로 X토지를 상속받았으므로, 丁은 진정상속인이 되고 乙은 참칭상속인에 해당한다.

2) 그런데, 丁은 2012. 3. 3. 그 침해를 알았으면서도 3년이 지난 뒤에 소를 제기하여 제소기간이 도과하였는바, 등기 말소를 구하는 소는 각하되어야 한다.

3. 결론

丁의 B에 대한 상속회복청구는 각하된다.

문제해설 [제2문의 2] 문제 2. 해설

1. 문제
A의 戊에 대한 토지 인도 및 부당이득반환 가부와 관련하여, 가등기담보법이 적용되는 양도담보에서 담보목적물의 소유권 및 토지 사용·수익권의 주체가 누구인지가 문제 된다.

2. A의 戊에 대한 토지 인도 청구 가부

(1) **관련 조문** - 차용물의 반환에 관하여 차주가 차용물을 갈음하여 다른 재산권을 이전할 것을 예약할 때 그 재산의 예약 당시 가액이 차용액과 이에 붙인 이자를 합산한 액수를 초과하는 경우, 이에 따른 담보계약과 그 담보의 목적으로 마친 소유권이전등기에 대하여 가등기담보법이 적용된다(가담법 제4조 제1항). 채권자는 담보목적부동산에 관하여 이미 소유권이전등기를 마친 경우에는 청산기간이 지난 후 청산금을 채무자에게 지급한 때에 담보목적부동산의 소유권을 취득한다(가담법 제4조 제2항). 소유자는 그 소유에 속한 물건을 점유한 자에 대하여 반환을 청구할 수 있다(민법 제213조).

(2) **판례** - 가등기담보법이 적용되는 경우에는 채권자가 담보목적 부동산에 관하여 소유자로 등기되어 있다고 하더라도 청산절차 등 법에 정한 요건을 충족해야만 비로소 담보목적 부동산의 소유권을 취득할 수 있다(대법원 2022. 4. 14. 선고 2021다263519 판결).

(3) **사안의 경우**

1) 乙이 A에게 2억 원을 빌리면서 X 토지에 대하여 소유권이전등기를 경료해 준 경우, A는 차용물 2억 원 반환에 갈음하여 X토지(5억원)에 대한 양도담보권을 취득한 양도담보권자이고, 乙은 양도담보권설정자로 가등기담보법이 적용된다.

2) 그런데, A는 피담보채권액을 초과하는 금액에 대한 청산금(5억 원에서 피담보채권액 2억원 및 이자를 공제한 금액) 지급 절차를 거치지 않아서 소유권을 취득하지 못하였는바, A의 소유권에 기한 戊에 대한 X 토지 인도 청구는 기각된다.

3. A의 戊에 대한 부당이득반환 청구 가부

(1) **관련 조문** - 법률상 원인없이 타인의 재산으로 인하여 이익을 얻고 이로 인하여 타인에게 손해를 가한 자는 그 이익을 반환하여야 한다(민법 제741조).

(2) **판례** - 양도담보가 가담법 적용 대상이 되는 경우에는 양도담보권자가 청산절차 등을 거쳐 담보목적 부동산의 소유권을 취득하기 전까지 양도담보설정자가 소유자이므로, 사용수익권을 갖는다(대법원 2022. 4. 14. 선고 2021다263519 판결).

(3) **사안의 경우** - 양보담보권자인 A는 소유권을 취득하지 못하여 사용수익권 또한 없으므로 戊에게 차임상당액의 부당이득을 청구할 수 없다.

4. 결론
A의 戊에 대한 청구는 기각된다.

〈제2문의 3〉

〈기초적 사실관계〉

乙은 2009. 4. 1. 甲과 甲 소유의 X 토지에 관하여 '임대차 기간은 2009. 4. 1.부터 2019. 3. 31.까지, 월차임은 1백만 원'으로 하는 건물 소유 목적의 임대차계약을 체결하면서 甲으로부터 X 토지를 인도받았다. 乙은 X 토지 위에 Y 건물을 신축한 후 2009. 10. 1. 자기명의로 소유권보존등기를 마쳐두었다. 한편 甲은 A은행으로부터 1억 원을 차용하면서 그에 대한 담보로 2014. 10. 10. X 토지에 대한 저당권설정등기를 A은행 명의로 마쳐주었다.

그런데 甲이 대여금을 상환하지 못하자, A은행은 2018. 5. 20. 위 저당권에 기하여 X 토지에 대한 경매절차를 개시하였고, 그 절차에서 X 토지를 매수하여 丁이 2018. 11. 1. 매각대금을 완납하였다. 丁은 2019. 5. 1. 乙에게 Y 건물의 철거와 X 토지의 인도를 구하였다. 그러나 乙은 丁에게 X 토지에 관한 임대차계약의 갱신을 청구하면서 丁의 요구를 거절한 채 X 토지를 계속 사용하였다.

이에 丁은 2019. 7. 1. 乙을 상대로 'Y 건물의 철거와 X 토지의 인도를 구함과 동시에 2018. 11. 1.부터 인도할 때까지 X 토지의 사용에 따른 차임 내지 차임상당액의 지급'을 구하는 소를 제기하였다.

이 소송에서 乙은 丁이 乙의 임대차계약의 갱신을 거절하였으므로 丁에게 Y 건물의 매수를 청구한다는 항변을 하였다. 이에 법원은 丁에게 Y 건물의 철거와 X 토지의 인도 청구를 유지할 것인지 아니면 대금지급과 상환으로 Y 건물의 인도를 구할 의사가 있는지 석명을 요구하였다. 이에 대하여 丁은 "① X 토지의 임대차계약은 甲과 乙 사이에 체결되었으므로 자신에게는 지상물매수청구권을 행사할 수 없으며, ② 만약 그렇지 않다고 하더라도 甲과 乙은 2009. 4. 1. 임대차계약 당시 계약기간이 만료하면 X 토지를 원상으로 회복해 주기로 약정하였다."고 주장하면서 乙의 매수청구 항변이 이유 없음을 이유로 'Y 건물의 철거와 X 토지의 인도 청구'를 유지하였다.

문제.

丁의 乙에 대한 청구(Y 건물의 철거 및 X 토지의 인도, 차임 내지 차임상당액의 지급청구)의 결론(소각하, 전부 인용, 일부 인용, 청구기각, 일부 인용의 경우에 인용되는 부분을 정확히 기재할 것)을 구체적인 논거와 함께 서술하시오. (25점)

문제해설 [제2문의 3] 문제 해설

1. 문제
丁의 乙에 대한 Y 건물 철거 및 X 토지 인도 청구, 부당이득반환 청구와 관련하여, Y 건물에 대한 매수청구권 행사의 적법 여부가 문제 된다.

2. Y 건물에 대한 매수청구권 행사의 적법 여부
(1) **관련 조문** - 건물의 소유를 목적으로 한 토지임대차는 이를 등기하지 아니한 경우에도 임차인이 그 지상건물을 등기한 때에는 제3자에 대하여 임대차의 효력이 생긴다(민법 제622조 제1항). 등기된 임차권은 저당권에 대항할 수 없는 경우에는 매각으로 소멸되지만, 대항할 수 있는 경우에는 등기된 임차권은 매수인이 인수한다(민집법 제91조 제3,4항). 건물의 소유를 목적으로 한 토지임대차의 기간이 만료한 경우에 건물이 현존한 때에는 토지임차인은 임대차 갱신을 청구하고 토지임대인이 이를 원하지 아니하는 때에는 토지임차인은 상당한 가액으로 건물의 매수를 청구할 수 있다(민법 제643조, 제283조).

(2) **판례** - 토지임대인이 제3자에게 토지를 양도하는 등으로 토지소유권이 이전된 경우에는 토지임대인의 지위가 승계되거나 토지임차인이 토지소유자에게 임차권을 대항할 수 있다면 새로운 토지소유자를 상대로 지상물매수청구권을 행사할 수 있다(대법원 2017. 4. 26. 선고 2014다72449 판결).

(3) **사안의 경우** - 乙이 2009. 4. 1. 甲으로부터 X 토지에 관한 임대차계약을 체결하고, 이를 등기하지 아니하였지만 2009. 10. 1. Y 건물을 신축하고 2009. 10. 1. 보존등기를 한 때에 대항력 있는 토지임차인의 지위를 취득한다. 그런데, A 은행이 2014. 10. 10. 설정한 저당권 실행으로 2018. 11. 1. X 토지를 매수한 丁은 인수주의에 따라 대항력 있는 토지임차권을 인수하여, 토지임대인의 지위를 승계한다. 따라서, 토지임차인 乙이 토지임대인 丁에게 건물매수청구권을 행사하는 것은 적법 유효하다.

3. 丁의 乙에 대한 Y 건물 철거 및 X 토지 인도 청구 가부
(1) **관련 조문** - 소유자는 소유권을 방해하는 자에 대하여 방해의 제거를 청구할 수 있다(민법 제214조). 지상물매수청구권의 규정에 위반하는 약정으로 임차인에게 불리한 것은 효력이 없다(민법 제652조).

(2) **판례** - 임대인의 건물 철거와 부지인도 청구에는 건물매수대금 지급과 동시에 건물인도를 구하는 청구가 포함되어 있다고 볼 수 없어 임대인이 종전의 청구를 유지할 것인지, 아니면 대금 지급과 상환으로 지상물의 명도를 청구할 의사가 있는 것인지를 석명하고 임대인이 그 석명에 응하여 소를 변경한 때에는 지상물 인도의 판결을 한다(대법원 1995. 7. 11. 선고 94다34265 전원합의체 판결).

(3) 사안의 경우 - 지상물매수청구권 포기약정은 편면적 강행규정으로 임차인 乙에게 불리하여 무효이므로, 이는 건물매수청구권 행사에 장애 사유가 되지 않는다. 즉, 乙의 건물매수청구권이 인정되고 乙이 丁을 상대로 행사하였으므로 乙과 丁은 Y 건물 매매계약의 당사자가 되는바, 소를 변경한 경우에는 건물매매 대금 지급과 동시에 건물에 대한 소유권 이전 및 인도를 하라는 상환이행판결이 내려질 수 있다. 그런데, 법원의 석명권 행사에도 丁은 乙의 Y건물매수청구권이 이유 없음을 주장하며 Y건물의 철거 및 X토지인도 청구를 유지하였는바, 기각 판결을 해야 한다.

4. 丁의 乙에 대한 차임 및 차임 상당액의 부당이득반환 청구 가부

   (1) **관련 조문** - 법률상 원인없이 타인의 재산으로 인하여 이익을 얻고 이로 인하여 타인에게 손해를 가한 자는 그 이익을 반환하여야 한다(민법 제741조).

   (2) **판례** - 지상물매수청구권을 행사한 후에 그 임대인인 대지의 소유자로부터 매수대금을 지급받을 때까지 그 지상건물 등의 인도를 거부할 수 있다고 하여도, 지상건물 등의 점유·사용을 통하여 그 부지를 계속하여 점유·사용하는 한 그로 인한 부당이득으로서 부지의 임료 상당액은 이를 반환할 의무가 있다(대법원 2001. 6. 1. 선고 99다60535 판결).

   (3) **사안의 경우** - 丁은 2018. 11. 1. 소유권을 취득하면서 임대인의 지위를 승계하였으므로 임차인 乙은 임대차 기간이 종료되기 전까지는 차임을 지급해야 한다. 임대차계약기간이 만료된 2019. 4. 1.부터 지상물매수청구권을 행사하면서 토지 X를 종전과 같이 사용하는 한 임차인은 차임 상당액의 부당이득반환의무를 부담한다. 따라서 丁의 乙에 대한 2018. 11. 1. ~ 2019. 3. 31. 5개월 차임 및 2019. 4. 1.부터 인도완료시까지 차임 상당액의 부당이득반환 청구는 인용된다.

5. 결론

   丁의 乙에 대한 건물 철거 및 토지인도 청구는 기각되고, 차임 내지 차임 상당액의 부당이득반환 청구는 인용된다.

〈제3문〉

〈기초사실관계〉

甲주식회사(이하 '주식회사'를 '회사'라고 한다)는 2023. 1.경 설립된 비상장회사로서 자본금은 30억 원이며, 사업부문은 가전 부문과 배터리 제조 부문으로 구성되어 있다. A는 甲회사의 주식 10%를 보유하고 있다. 甲회사는 2023. 8.경 주권을 발행하여 주주들에게 교부하였는데, 이때 B는 A의 승낙도 없이 마치 자신이 A인양 행세하여 甲회사로부터 주권을 교부받았다. B는 2023. 9.경 위 주권을 다시 그러한 사정을 전혀 알지 못하는 C에게 양도하였고, C는 2023. 10.경 甲회사에 위 주권을 제시하여 C의 명의로 명의개서를 마쳤다. 甲회사는 급속하게 매출이 확대되고 있는 배터리 제조 부문을 물적 분할하여 乙회사를 설립하기로 하고 분할계획서를 작성하였는데, 그 분할계획서에는 甲회사의 기존 채무를 乙회사에게 승계시킬지에 대하여 아무런 정함이 없었다. 甲회사는 분할결의를 위하여 2024. 3.경 주주총회를 소집하였는데 이때 A에게 소집통지를 하지 않고 C에게 소집통지를 하였다. 甲회사는 주주총회의 분할결의를 거쳐 2024. 4.경 분할등기를 마쳤다.

한편 위 주주총회일을 전후하여 일부 채권자들과 일부 소액주주들이 위 분할에 반대하였다. 위 일부 채권자들은 채권자보호절차의 이행을 요구하였고 위 일부 소액 주주들은 자신들의 주식을 매수하여 줄 것을 요구하였으나, 甲회사는 이들의 요구를 모두 무시하고 분할을 강행한 바 있다.

그 후 甲회사는 2024. 5.경 제조시설을 확장하기 위하여 이사회결의를 거쳐 丙회사로부터 공장 부지를 10억 원에 매수하였다. 위 매수에 대하여 일부 주주들이 반대하자, 甲회사의 대표이사는 주주총회 의사록을 임의로 만들어 이를 丙회사에 제시하여 주주총회의 승인이 있는 것처럼 믿게 한 바 있다.

문제 1.

A는 2024. 8.경 甲회사를 상대로 자신에게 소집통지를 하지 않은 채 주주총회를 소집하여 분할 결의를 하였다는 사유로 분할무효의 소를 제기하였다. 이러한 소에 대하여 甲회사는 ① C가 주식을 선의취득하였으므로 A는 주주가 아니어서 원고적격이 없으며, ② 명의개서된 주주는 회사에 대항력이 있으므로 명의주주인 C에게 소집통지를 한 것은 적법하며, ③ A가 제기한 소는 주주총회결의일로부터 2월이 경과한 후에 제기한 것이므로 부적법하다고 다투고 있다. A의 소가 인용될지 여부를 甲회사의 위 주장을 중심으로 서술하라. (30점)

문제 2.

甲회사가 채권자보호절차 및 주식매수청구권 행사를 무시하고 분할을 강행한 것은 적법한가? (15점)

문제 3.

甲회사는 丙회사에게 위 공장 부지에 대한 매매대금 10억 원을 반환하라고 요구할 수 있는가? (15점)

〈추가사실관계〉

A는 자신이 타던 승용차를 D에게 위탁매매를 의뢰하면서 반드시 2,000만 원 이상으로 매도하라고 지정하였고 위탁매매에 따른 보수는 300만 원으로 약정하였다. D는 E에게 위 승용차를 1,800만 원에 매도한 후 E로부터 매매대금조로 자기앞수표 1,800만 원권을 교부받았다.

E는 위 승용차를 인도받아 운행하면서 丁보험회사와 위 승용차를 피보험차량으로 하여 자동차종합보험계약을 체결하였다. 위 자동차종합보험의 보험약관에서는 "자동차의 운전자가 무면허운전을 하였을 때에 생긴 사고로 인한 손해를 보상하지 아니한다."고 규정하고 있다. E는 운전면허가 취소된 상태에서 위 승용차를 운행하던 중 자동차가 빙판길에 미끄러지면서 자신이 상해를 입었고 나아가 행인 F에게도 상해를 입혔다. 위 자동차종합보험계약에 근거하여 E와 F는 丁보험회사를 상대로 각 치료비 상당액의 손해를 보험금으로 청구하였다. 丁보험회사는 위 무면허운전 면책약관을 이유로 E와 F의 각 보험금 청구를 거절하였다.

문제 4.
  가. D는 위탁매매에 따른 보수의 전부 또는 일부를 청구할 수 있는가? (10점)
  나. D의 채권자는 위 자기앞수표를 압류할 수 있는가? (10점)

문제 5.
  丁보험회사가 면책약관을 이유로 E와 F에 대하여 보험금의 지급을 거절한 것은 정당한가? (20점)

문제해설 [제3문] 문제 1. 해설

1. 문제
(1) C의 선의취득 여부, (2) C에 대한 소집통지 적법 여부, (3) 분할 무효의 원인으로 주주총회결의의 하자를 주장하는 경우의 제소기간이 문제 된다.

2. C의 선의취득 여부

(1) 관련 조문 및 법리
1) 어떤 사유로든 주권의 점유를 잃은 자가 있는 경우에 그 주권의 소지인은 그 권리를 증명할 때에는 그 주권을 반환할 의무가 없다. 그러나 소지인이 악의 또는 중대한 과실로 인하여 주권을 취득한 경우에는 그러하지 아니하다(상법 제359조, 수표법 제21조).

2) 발행설 - 주권이 작성된 후 회사의 의사에 기하여 교부가 이루어지면 주권으로서의 효력이 발생한다. 교부대상이 반드시 주주에 한하지 않으며, 어음 수표에서 유통성 확보를 위하여 채택한 이론이다.

3) 교부설 - 회사가 주권을 주주에게 교부한 때에 주권으로서의 효력이 발생한다. 주권이 정당한 주주에게 교부되기 전에는 주권으로서의 효력을 가지지 않기 때문에 선의취득이 불가능하다.

(2) 판례
상법 제355조의 주권 발행은 동법 제356조 소정의 형식을 구비한 문서를 작성하여 이를 주주에게 교부하는 것을 말하고 위 문서가 주주에게 교부된 때에 비로소 주권으로서의 효력을 발생하는 것이므로 회사가 주주권을 표창하는 문서를 작성하여 이를 주주가 아닌 제3자에게 교부하였다 할지라도 위 문서는 아직 회사의 주권으로서의 효력을 가지지 못한다(대법원 2000. 3. 23. 선고 99다67529 판결).

(3) 검토 및 사안의 경우
1) 주권의 선의취득은 유효한 주권을 전제로 주권을 회사가 정당한 주주권자에게 교부한 때 주권으로서의 효력이 발생하는 교부시설을 취하고 있다. 이와 달리 어음은 완전유가증권으로 거래의 안전을 보호할 필요가 크기 때문에 주권의 효력발생시기를 앞당기는 발행시설을 취하고 있다. 주권의 효력발생시기를 늦추는 이유는 불완전유가증권으로 진정한 권리자의 보호가 좀 더 중요하기 때문이다.

2) 그렇다면, B는 정당한 주주권자가 아니므로 甲 회사가 B에게 발행한 주권은 무효이며, C는 악의 또는 중과실의 여부와 상관없이 주권을 선의취득 할 수 없다.

3. C에 대한 소집통지 적법 여부
(1) 관련 조문 및 법리 - 주주에 대한 회사의 통지 또는 최고는 주주명부에 기재한 주소 또는 그 자로부터 회사에 통지한 주소로 하면 된다(상법 제353조 제1항). 주주명부에 주주로 기재되어 있는 자라고 하여도 적법하게 명의개서가 되지 아니한 경우에는 주주권의 행사자로 인정하여서는 아니 된다. 가령 위조 또는 절취한 주권으로 명의개서한 자, 회사의 오류에 의하여 우연히 주주

명부에 기재된 자, 보관 중인 주권을 이용하여 임의로 명의개서한 자 등은 주주명부에 주주로 기재되어 있는 자라고 하여도 주주권 행사자로 인정될 수 없다.

(2) **판례** - 주주명부에 '적법하게' 주주로 기재되어 있는 자는 회사에 대한 관계에서 주식에 관한 의결권 등 주주권을 행사할 수 있고, 회사 역시 주주명부상 주주 외에 실제 주식을 인수하거나 양수하고자 하였던 자가 따로 존재한다는 사실을 알았든 몰랐든 간에 주주명부상 주주의 주주권 행사를 부인할 수 없으며, 주주명부에 기재를 마치지 아니한 자의 주주권 행사를 인정할 수도 없다(대법원 2017. 3. 23. 선고 2015다248342 전원합의체 판결).

(3) **사안의 경우** - C는 무효인 주권을 제시하여 명의개서를 마쳤으므로 적법하게 명의개서를 한 자가 아니며, A명의를 말소한 것도 부적법하여 무효이므로 甲 회사는 A에게 주주총회 소집통지를 하여야 하는바, 甲 회사가 C에게 주주총회 소집통지를 한 것은 적법하지 않다.

4. 분할 무효의 원인으로 주주총회결의의 하자를 주장하는 경우의 제소기간

(1) **관련 조문 및 법리**

1) 분할에 관하여는 합병무효의 소에 관한 규정이 준용되므로 분할에 무효원인이 있는 경우에는 분할무효의 소로서 다툴 수 있다. 분할무효의 소는 분할등기일로부터 6월 이내에 제기하여야 한다(상법 제530조의11 제1항, 제529조).

2) 주주총회 결의에 취소 사유가 있는 경우에는 주주총회 결의일로부터 2개월 이내에 소를 제기하여야 한다(상법 제376조 제1항).

3) 흡수설 - 분할승인을 위한 주주총회결의에 하자가 있는 경우 분할결의는 분할의 효력이 발생하기 위한 요소에 불과하므로 분할결의의 하자를 다투는 소는 분할무효의 소에 흡수된다. ① 주주총회 취소소송에서 단기의 제소기간을 둔 취지는 주주총회 결의의 하자로 인한 분쟁을 조기에 종결하라는 것이므로 분할무효의 소에서 주주총회 결의의 하자를 주장하는 경우, 주주총회 결의일로부터 2월 이내에 제기하여야 한다는 견해와, ② 분할무효의 소는 그 사유와 상관없이 제소할 수 있으므로, 주주총회 결의의 하자를 주장하는 경우에도 6월 이내에 제기하면 된다는 견해가 있다.

(2) **판례** - 주주총회 결의의 취소소송 기간이 2개월이나, 분할합병 무효 소송의 제소 기간은 그 사유와 상관없이 분할합병 등기일로부터 6개월이고, 원고들은 분할합병 승인 주주총회 결의의 취소가 아닌 무효나 부존재를 근거로 이 사건 분할합병무효의 소를 제기하고 있다. 그리고 이 사건 소는 분할합병 등기일로부터 6개월이 경과하기 전인 2006. 6. 2. 제기되었음이 기록상 명백하므로, 원고들의 이 사건 소는 제소 기간을 지킨 것으로 적법하다(서울서부지방법원 2007. 6. 15. 선고 2006가합5550 판결).

(3) **검토 및 사안의 경우**

1) 주주총회 취소소송에서 단기의 제소기간을 둔 취지를 고려하면, 분할무효의 소에서 주주총회 결의 하자를 주장하는 경우에도 2월 이내의 제소기간을 준수하여야 한다.

2) 그렇다면, 甲 회사의 주식 10%를 보유하고 있는 A에게 주주총회 소집통지를 하지 않은 주주총회 결의에 취소 사유 하자를 주장하는 이 사건 분할무효의 소는 주주총회 결의일인 2024. 3.로부터 2월이 경과한 2024. 8.에 제기되었으므로 제소기간을 도과하였는바, 부적법하다.

5. 결론

A는 원고적격이 있고, C에 대한 소집통지를 한 것은 부적법하나, 제소기간을 도과하여 A의 소는 각하되어야 한다.

문제해설 [제3문] 문제 2. 해설

1. 문제
단순분할에서 채권자보호절차 준수 및 반대주주의 주식매수청구권 인정 여부가 문제 된다.

2. 채권자보호절차 준수 여부

(1) 관련 조문 및 법리
1) 회사는 분할에 대한 주주총회의 승인 결의가 있은 날부터 2주 내에 채권자에 대하여 분할에 이의가 있으면 1월 이상의 기간 내에 이를 제출할 것을 공고하고 알고 있는 채권자에 대하여는 따로따로 이를 최고하여야 한다(제530조의9 제4항, 제527조의5).
2) 단순분할시 신설회사가 분할회사의 채무에 대하여 연대책임을 지는 경우에는 채권자가 분할로 인한 책임재산의 감소에 따른 불이익을 받을 염려가 없으므로 채권자보호절차를 거칠 필요가 없다.

(2) 사안의 경우 - 甲회사는 분할계획서에 채무승계에 관하여 아무런 정함이 없어서, 甲회사와 乙회사는 기존 채무에 대하여 연대책임을 지게 되는바, 甲회사는 채권자보호절차를 거치지 않아도 된다.

3. 주식매수청구권 인정 여부

(1) 관련 조문 및 법리
1) 상장회사의 경우 분할 회사의 주주들에게 일정한 요건 하에서 주식매수청구권을 인정하고 있다(자본시장법 제165조의5 제1항).
2) 비상장회사에서 상법상 주식매수청구권은 분할합병에만 준용되므로 단순분할이 이루어지는 경우에는 인적 분할이든 물적 분할이든 인정되지 않는다.
3) 물적 분할은 주로 기업이 핵심 사업을 따로 떼어내 자회사로 만들어 상장하는 경우로 이용하는 경우가 많았는데, 이 과정에서 모기업 일반주주들이 손해를 보는 경우가 발생하였다. 이에, 법무부는 비상장회사가 총자산액의 10%를 초과하는 물적분할을 할 때 반대주주에게 주식매수청구권을 부여하도록 상법 개정안을 국회에 제출한 상황이다.

(2) 사안의 경우 - 甲회사는 비상장회사이어서 반대주주의 주식매수청구권이 인정되지 않는바, 甲회사가 반대주주의 주식매수청구권을 인정하지 않고 분할을 강행했어도 현재로는 부적법하지 않다. 다만, 입법예고안이 통과된 이후에는 달리 판단될 수도 있다.

4. 결론
분할계획서에 채무승계에 관하여 아무런 정함이 없이 단순분할을 한 甲회사가 채권자보호절차 및 반대주주의 주식매수청구를 행사를 무시하고 분할을 강행한 것은 적법하다.

문제해설 [제3문] 문제 3. 해설

1. 문제
(1) 공장부지의 매매와 관련하여 주주총회 결의가 필요 여부, (2) 주주총회 결의가 없는 경우의 거래행위 효력이 문제 된다.

2. 주주총회 결의 필요 여부
(1) **관련 조문** - 회사가 그 성립 후 2년 내에 그 성립 전부터 존재하는 재산으로서 영업을 위하여 계속하여 사용하여야 할 것을 자본금의 100분의 5 이상에 해당하는 대가로 취득하는 계약을 하는 경우에도 주주총회 특별결의를 요한다(상법 제375조, 제374조).

(2) **사안의 경우** - 甲회사는 공장부지를 회사성립 후 1년 4개월이 지날 무렵 자본금 30억 원의 100분의 5 이상에 해당하는 10억 원을 사용하여 매수하였으므로 사후설립에 해당하는바, 甲회사는 주주총회 특별결의를 거쳐야 한다.

3. 주주총회 결의가 없는 경우의 거래 행위 효력
(1) **관련 조문 및 법리**
  1) 대표이사의 대표권은 법령, 정관 등으로 제한할 수 있는데 대표이사가 그러한 제한을 벗어나서 대표권을 행사한 경우 그러한 거래행위는 무권대표행위가 되므로 무효이다. 그런데 대표권의 제한은 선의의 제3자에게 대항하지 못한다(상법 제389조 제3항, 제209조 제1,2항).
  2) 상법이 주주총회의 승인을 얻도록 한 것은 그러한 거래가 회사의 이익에 중대한 영향을 미칠 뿐만 아니라 그러한 중요한 거래를 행하면서도 상법상 절차를 확인하지 않은 상대방까지 보호할 필요가 없다는 점을 고려하면 이러한 경우에는 선의의 제3자를 보호할 필요가 없다.
  3) 예컨대, 영업양도(상법 제374조), 일정 규모 이상의 사후설립(상법 제375조)과 같이 상법이 주주총회의 결의를 거치도록 한 경우 그러한 결의를 거치지 않고 거래가 이루어졌다면 그러한 거래는 상대방의 선의 여부와 상관없이 무효이다.

(2) **판례** - 상법 제374조 제1항 제1호는 강행법규이므로, 주식회사가 영업의 전부 또는 중요한 일부를 양도한 후 주주총회의 특별결의가 없었다는 이유를 들어 스스로 그 약정의 무효를 주장하더라도 주주 전원이 약정에 동의한 것으로 볼 수 있는 특별한 사정이 없다면 무효 주장이 신의칙에 반하지 않는다(대법원 2018. 4. 26. 선고 2017다288757 판결).

(3) **사안의 경우** - 甲회사의 공장부지의 매수행위는 상대방의 선의 여부와 상관없이 무효이므로 甲회사는 丙회사에게 매매대금의 반환을 구할 수 있다. 甲회사 스스로가 매매의 무효를 주장하여도 甲회사 주주 전원이 그와 같은 약정에 동의한 것으로 볼 수 없는 한 신의칙에 반한다고 볼 수도 없다.

4. 결론

상법상 사후설립에 관한 규정에 비추어 주주총회결의 없이 이루어진 위 매매는 무효이고, 이 경우 거래상대방은 선의 여부와 상관없이 보호되지 않는바, 甲회사는 丙회사에게 위 매매대금의 반환을 구할 수 있다.

문제해설 [제3문] 문제 4. 가 해설

1. 문제
위탁매매인 D의 지정가액준수의무 위반의 효과가 문제 된다.

2. 지정가액준수의무 위반의 효과
(1) 관련 조문 - 위탁자가 지정한 가액보다 염가로 매도한 경우에도 위탁매매인이 그 차액을 부담한 때에는 그 매매는 위탁자에 대하여 효력이 있다(상법 제106조 제1항).

(2) 사안의 경우 - 위탁매매인 D가 지정가 2,000만 원 보다 낮은 1,800만원에 E에게 매도하였으므로 원칙적으로 위탁자 A에게 계약의 유효를 주장할 수 없고 보수지급도 청구할 수 없으나, 위탁매매인 D는 위탁인이 지정한 가격인 2,000만 원과 실제 매매 금액 1,800만 원의 차액을 자신이 부담하게 되면 위탁매매로 인한 경제적 효과를 위탁자 A에게 귀속시킬 수 있고 위탁매매에 따른 보수도 청구할 수 있다.

3. 결론
D가 차손 200만 원을 부담한 경우에 한하여 D와 E의 매매가 유효하며, 이때 A는 매매계약의 이행을 거절할 수 없고, D에게 보수를 지급하여야 한다.

문제해설 [제3문] 문제 4. 나 해설

1. 문제
위탁매매로 인한 채권의 귀속 여부가 문제된다.

2. 위탁매매로 인한 채권의 귀속여부

(1) **관련 조문** - 위탁매매인이 위탁자로부터 받은 물건이나 위탁매매로 인하여 취득한 물건, 유가증권 또는 채권은 위탁자와 위탁매매인 또는 위탁매매인의 채권자간의 관계에서는 이를 위탁자의 소유 또는 채권으로 본다(상법 제103조).

(2) **판례** - 위탁매매인이 그가 제3자에 대하여 부담하는 채무를 담보하기 위하여 그 채권자에게 위탁매매로 취득한 채권을 양도한 경우에 위탁매매인은 위탁자에 대한 관계에서는 위탁자에 속하는 채권을 무권리자로서 양도한 것이고, 이는 무권리자의 처분으로 특별한 사정이 없는 한 위탁자에 대하여 효력이 없다(대법원 2011. 7. 14. 선고 2011다31645 판결).

(3) **사안의 경우** - 자기앞수표는 위탁매매인 D가 위탁자 A를 위하여 점유하고 있으므로 위탁자 A는 위탁매매인 D의 채권자에 대한 관계에서 해당 자기앞수표의 소유자이다. 따라서 위탁매매인 D의 채권자는 위 자기앞수표를 압류할 수 없다.

3. 결론
D의 채권자는 위 자기앞수표를 압류할 수 없다. 만약, 압류하였다면 제3자이의의 소(민사집행법 제48조)를 제기할 수 있다.

> **문제해설**   [제3문] 문제 5. 해설

1. 문제
(1) 자동차 종합보험의 성격, (2) 불이익변경금지원칙 위배 여부가 문제 된다.

2. 자동차 종합보험의 성격

(1) 관련 법리
1) 자동차종합보험은 자기신체사고 손해보험(자손), 자기차량사고 손해보험(자차), 대인배상 책임보험(대인), 대물배상 책임보험(대물)으로 구성된 종합보험이다. 즉, 자손은 인보험, 자차는 물건보험, 대인과 대물은 책임보험의 성격을 갖는다.

2) 손해보험은 보험법의 일반적인 면책 법리에 따라 보험사고가 보험계약자 등의 고의뿐만 아니라 중대한 과실로 발생한 경우까지 보험자는 면책되지만(상법 제659조), 인보험은 보험사고가 보험계약자 등의 고의로 발생한 경우만 보험자가 면책된다(상법 제732조의2, 제739조). 이러한 면책사유를 보험자가 약관에서 확대한 경우 그러한 약관은 불이익변경 금지(상법 제663조)에 반하므로 무효가 된다.

(2) 사안의 경우
E가 자기신체사고로 입은 손해를 보상하는 보험은 인보험의 법적 성격을 지니며, 행인 F에 대한 대인배상사고로 입은 손해를 보상하는 보험은 손해보험의 법적 성격을 갖는다.

3. 불이익변경금지원칙 위배 여부

(1) E의 자손 부분
1) 관련 조문 - 당사자간의 특약으로 보험계약자 또는 피보험자나 보험수익자의 불이익으로 변경하지 못한다(상법 제663조).

2) 판례 - 무면허운전 면책약관이 보험사고가 고의로 평가되는 행위로 인한 경우뿐만 아니라 과실(중과실 포함)로 평가되는 행위로 인한 경우까지 포함되는 취지라면 불이익변경 금지의 원칙에 위반되어 무효이다(대법원 1990. 5. 25. 선고 89다카17591 판결).

3) 사안의 경우
① E의 자기신체사고로 입은 손해를 배상하는 보험은 인보험에 해당하므로 사고가 보험계약자 등의 고의로 발생한 경우에만 보험자가 면책되어야 하는데 丁보험회사의 무면허운전 면책약관이 과실로 평가되는 보험사고까지 포함하는 취지라면 불이익변경 금지의 원칙에 반하여 무효에 해당한다.

② 그런데, 운전자가 무면허운전 자체에 대하여는 고의성이 있지만 운전으로 인한 자기신체상해에 대하여는 직접적인 고의성이 있다고 할 수 없는바, E는 차량이 빙판길에 미끄러지면서 보험사고가 발생한 것이므로 E가 고의로 보험사고를 발생시킨 것이라고 볼 수 없다.

③ 따라서, 丁보험회사가 무면허운전 면책약관을 이유로 과실로 인한 자손 부분에 대하여 보험금의 지급을 거절한 것은 부당 하다.

(2) F의 대인 부분
   1) 관련 조문 - 제3자는 피보험자가 책임을 질 사고로 입은 손해에 대하여 보험금액의 한도내에서 보험자에게 직접 보상을 청구할 수 있다(상법 제724조 제2항).
   2) 판례 - 자동차종합보험의 무면허운전면책조항은 사고발생의 원인이 무면허운전에 있음을 이유로 한 것이 아니라 사고발생시에 무면허운전중이었다는 법규위반상황을 중시하여 이를 보험자의 보상대상에서 제외하는 사유로 규정한 것이므로 불이익변경금지원칙의 적용대상이 아니다(대법원 1991. 12. 24. 선고 90다카23899 전원합의체 판결).
   3) 사안의 경우 - 丁보험회사가 무면허운전 면책약관에 따라 F에 대한 대인배상으로 인한 보험금 청구를 거절한 것은 정당하다.

4. 결론

E의 자손에 관하여는 면책약관이 무효이므로 丁보험회사는 보험금을 지급해야 하고, F의 대인 부분에 관하여는 보험약관이 유효이므로 丁보험회사는 보험금의 지급을 거절할 수 있다.

COMPACT 변시 2024년 10모 민사법 해설

제3편
기록형

2024년도 제3차 변호사시험 모의시험 - 논술형(기록형)

시험과목	민사법(기록형)

응시자 준수사항

【공통사항】
1. 시험 시작 전 문제지의 봉인을 손상하는 경우, 봉인을 손상하지 않더라도 문제지를 들추는 행위 등으로 문제 내용을 미리 보는 경우 그 답안은 영점으로 처리됩니다.
2. 시험시간 중에는 휴대전화, 스마트워치, 무선이어폰 등 무선통신 기기를 비롯한 전자기기를 지녀서는 안 됩니다.
3. **답안은 반드시 문제번호에 해당하는 번호의 답안지**(제1문은 제1문 답안지 내, 제2문은 제2문 답안지 내)**에 작성**하여야 합니다. 즉, 해당 문제의 번호와 답안지의 번호가 일치하지 않으면 그 답안은 영점으로 처리됩니다. 다만, 수기로 작성하는 답안지에 한해 답안지를 제출하기 전 시험관리관이 답안지 번호를 정정해 준 경우에는 정상적으로 채점됩니다.
4. 답안지에는 문제 내용을 쓸 필요가 없으며, 답안 이외의 사항을 기재하거나 밑줄 기타 어떠한 표시도 하여서는 안 됩니다.
5. 지정된 시각까지 지정된 시험실에 입실하지 않거나 시험관리관의 승인 없이 시험시간 중에 시험실에서 퇴실한 경우, 그 시간 시험과 나머지 시간의 시험에 응시할 수 없습니다.
6. 시험시간 중에는 어떠한 경우에도 문제지를 시험실 밖으로 가지고 갈 수 없고, 그 시험시간이 끝난 후에는 문제지를 시험장 밖으로 가지고 갈 수 있습니다.

【IBT 방식】
1. 시험시간은 프로그램에 의해 자동 시작, 종료되며 시험이 종료되면 답안을 수정하는 등 답안 작성을 일절 할 수 없습니다.

【수기 방식】
1. 답안은 흑색 또는 청색 필기구(수성펜이나 연필 사용 금지) 중 한 가지 필기구만을 사용하여 답안 작성란(흰색 부분) 안에 기재하여야 합니다.
2. 답안지에 성명과 수험번호 등을 기재하지 않아 인적사항이 확인되지 않는 경우에는 영점으로 처리되는 등 불이익을 받게 됩니다. 특히 답안지를 바꾸어 다시 작성하는 경우, 성명 등의 기재를 빠뜨리지 않도록 유의하여야 합니다.
3. 답안을 정정할 경우에는 두 줄로 긋고 다시 써야 하며, 수정액·수정테이프 등은 사용할 수 없습니다.
4. 시험 종료 시각에 임박하여 답안지를 교체했더라도 시험시간이 끝나면 그 즉시 새로 작성한 답안지를 회수합니다.
5. 시험시간이 지난 후에는 답안지를 일절 작성할 수 없습니다. 이를 위반하여 **시험시간이 종료되었음에도 불구하고 계속 답안을 작성할 경우 그 답안은 영점으로 처리됩니다.**
6. **배부된 답안지는 백지 답안이라도 모두 제출**하여야 하며, **답안지를 제출하지 아니한 경우 그 시간 시험과 나머지 시험에 응시할 수 없습니다.**

법학전문대학원협의회
KOREAN ASSOCIATION OF LAW SCHOOLS

【문 제】

귀하는 변호사 나변호로서, 의뢰인 박정후와의 상담을 통해 아래 【상담내용】과 같은 사실관계를 청취하고, 【의뢰인 희망사항】 기재사항에 관한 본안소송의 대리권을 수여받고, 첨부된 서류를 자료로 받았다.

의뢰인을 위한 본안의 소를 제기하기 위한 소장을 작성하시오.

【작성요령】

1. 소장 작성일 및 소 제기일은 2024. 10. 21.로 하시오.
2. 일방 당사자가 여러 명인 경우 성명으로 특정하시오(예, '피고 홍길동').
3. 청구취지와 청구원인은 가급적 피고별로 나누어 기재하시오.

[이하의 작성요령은 실무의 기준과 다를 수 있음]

4. 관할권이 있는 법원 중 한 곳에 1건의 공동소송으로 제기하되, 공동소송의 요건은 갖추어진 것으로 전제하고, 전속관할이 있는 청구가 있으면 반드시 그 관할법원에 소를 제기하며, 주관적이든 객관적이든 예비적·선택적 병합청구는 하지 마시오.
5. 【의뢰인 희망사항】란에 기재된 희망사항에 부합하되, 현행법과 그 해석상 승소 가능한 최대한의 범위에서 청구하고, 소 각하나 청구기각 부분이 발생하지 않도록 하시오.
6. 【사건관계인의 주장】 및 【의뢰인 희망사항】으로 정리된 사항 중 원고의 주장 및 희망사항에 관하여는 해당 법리에 대한 판단을 거쳐서 청구 여부 및 범위를 결정하고, 피고의 주장에 관하여는 이유 있다고 판단되면 청구 여부 및 범위에 반영하되 이유 없다고 판단되면 해당 청구원인 부분에서 배척의 이유를 기재하시오.
7. 【의뢰인 상담일지】와 첨부자료에 기재된 사실관계는 모두 사실에 부합한 것으로 보고(작성자의 의견에 해당하는 사항은 제외), 기재되지 않은 사실은 없는 것으로 전제하며, 첨부된 서류는 모두 진정하게 성립된 것으로 간주하시오. 기록에 (인)으로 표시된 부분은 적법하게 날인된 것으로 간주하시오.
8. <증명방법>과 <첨부서류>란 기재는 생략하고, 부동산의 표시는 아래 [별지 목록]을 소장 말미에 첨부함을 전제로 하여 작성하므로 소장 말미에 [별지 목록]을 기재 내지 작성하지 마시오.
9. 이자나 지연손해금에 대하여는 다시 지연손해금 청구를 하지 마시오.
10. 관련 증거자료를 제시하여 기술할 필요는 없습니다.
11. 기록상의 날짜가 공휴일인지 여부, 문서의 서식이 실제와 부합하는지 여부는 고려하지 마시오.

> **목   록 (부동산의 표시)**
>
> 1. 경주시 강동면 유금리 544 대 300㎡
> 2. 서울 강남구 청담동 999
>   [도로명 주소] 서울 강남구 압구정로 499
>   지상 철근콘크리트구조 콘크리트지붕 단층 근린생활시설 100㎡. 끝.

[참고자료]

각급 법원의 설치와 관할구역에 관한 법률(일부)

제4조(관할구역) 각급 법원의 관할구역은 다음 각 호의 구분에 따라 정한다. 다만, 지방법원 또는 그 지원의 관할구역에 시·군법원을 둔 경우 「법원조직법」 제34조 제1항 제1호 및 제2호의 사건에 관하여는 지방법원 또는 그 지원의 관할구역에서 해당 시·군법원의 관할구역을 제외한다.

1. 각 고등법원·지방법원과 그 지원의 관할구역: 별표 3
   (이하 제2호 내지 제8호는 생략)

[별표3] 고등법원·지방법원과 그 지원의 관할구역(일부)

고등법원	지방법원	지원	관할구역
서 울	서울중앙		서울특별시 종로구·중구·강남구·서초구·관악구·동작구
	서울동부		서울특별시 성동구·광진구·강동구·송파구
	서울남부		서울특별시 영등포구·강서구·양천구·구로구·금천구
	서울북부		서울특별시 동대문구·중랑구·성북구·도봉구·강북구·노원구
	서울서부		서울특별시 서대문구·마포구·은평구·용산구

의뢰인 상담일지

변호사 나변호 법률사무소

서울 서초구 서초대로 38, 205호(서초동)

☎ : 02-530-8945, 팩스 : 02-530-7854, e-mail : nbh@kmail.com

접수번호	2024-1008	상담일시	2024. 10. 8.
상담인	박 정 후 010-5525-8972	내방경위	지인 소개

【상 담 내 용】

1. 유금리 토지 관련

    가. 박인천은 별지 목록 제1항 기재 토지(이하 '유금리 토지'라 한다)의 소유자였는데, 1975. 11.경 그 지상 미등기 건물(이하 '유금리 건물'이라 한다)을 신축하였다. 이후 위 건물과 대지는 박철수, 박만수에게 순차로 매도되어 인도되었다.

    나. 의뢰인의 아버지 박종범은 2014. 1. 1. 박만수로부터 유금리 토지와 건물을 매수한 후 원고의 어머니 김미란과 함께 그때부터 유금리 건물에 거주하였다.

    다. 의뢰인은 2022. 6. 박인천의 아들인 박민호가 박인천이 이미 매도한 유금리 토지를 자신 앞으로 등기한 사실을 알게 되었다. 놀란 의뢰인이 박종범에게 그 사실을 알려주자, 박종범은 2022. 7.경 유금리 토지의 매도인들인 박민호, 박철수 및 박만수를 상대로 순차로 소유권이전등기를 구하는 소를 제기하였으나, 2023. 2.경 패소 판결이 확정되었다.

    라. 한편 박민호는 2023. 9. 1. 유금리 토지를 오우석에게 매도 후 소유권이전등기를 마쳐주었고, 현재 오우석은 의뢰인을 상대로 유금리 토지의 인도를 요구하고 있는 상태이다.

    마. 김미란은 2024. 3. 20., 박종범은 2024. 5. 20. 차례로 사망하였고, 박종범의 사망 당시 상속인으로는 의뢰인과 의뢰인의 동생인 박정도, 박정민이 있었다.

    바. 의뢰인의 동생들은 2024. 6. 6. 의뢰인에게 유금리 토지 및 건물에 대한 소유권이전등기청구권을 양도하였고, 채권양도 통지가 같은 달 9. 오우석에게 도달하였다.

【의뢰인 희망사항】
오우석을 상대로 유금리 토지에 대한 취득시효 완성을 원인으로 하는 소유권이전등기를 청구하고 싶다. 한편 유금리 건물은 너무 낡아 오우석과의 소송이 정리되면 어차피 철거할 예정이므로 유금리 건물에 대해서는 별도의 청구를 할 의사는 없다.

【사건관계인의 주장】
오우석은 다음과 같이 주장한다.
가. 박민호는 박종범이 제기한 소송에 적극 응소하여 승소하였으므로, 그 무렵부터 취득시효는 중단되었다.
나. 설령 취득시효가 완성되었더라도, 자신은 취득시효가 완성된 후에 유금리 토지를 매수하였으므로, 의뢰인이 자신에게 취득시효 완성으로 대항할 수는 없다.
다. 박철수, 박만수, 박종범은 등기하지 않은 상태로 유금리 토지를 점유하였고, 박종범이 박민호를 상대로 제기한 소유권이전등기청구 역시 기각되었으므로, 이들의 점유는 소유의 의사를 가진 점유로 볼 수 없다.
라. 박정도, 박정민이 의뢰인에게 소유권이전등기청구권을 양도하였으나 그 과정에서 오우석의 동의나 승낙을 받은 적이 없으므로 의뢰인은 박정도, 박정민의 지분에 대해서는 오우석에게 대항할 수 없다.

2. 청담동 상가 관련
가. 의뢰인은 2022. 2.경 평소 잘 알고 지내던 친구 김지수에게 2억 5,000만 원을 변제기 2022. 9. 22.로 정하여 대여하였는데, 김지수는 현재까지 대여금 원리금을 한푼도 변제하지 않았다.
나. 의뢰인은 최근 김지수의 재산상황을 조사하다가, 김지수가 2022. 10.경 그의 유일한 재산인 청담동 소재 상가(이하 '청담동 상가'라 한다)를 김승환에게 매도한 사실을 알게 되었다.
다. 김지수는 의뢰인에게 돈을 빌리기 전부터 상당한 채무를 부담하고 있었는데, 의뢰인이 청담동 상가에 관한 등기부등본을 살펴본 결과 청담동 상가에는 2021. 3. 가압류등기가, 2021. 12. 주식회사 하남은행(이하 '하남은행'이라 한다) 명의의 근저당권설정등기가 각 마쳐져 있었다. 가압류등기는 2023. 2.경 말소되었고, 2023. 3.경 주식회사 신만은행(이하 '신만은행'이라 한다) 명의의 새로운 근저당권설정등기가 추가되었다.

【의뢰인 희망사항】
김지수가 김승환에게 매도한 청담동 상가를 김지수 명의로 돌려놓고 싶다. 만약 그 방법이 어렵거나 자신에게 더 유리한 해결책이 있다면 적절한 방향으로 해결하고 싶다.

【사건관계인의 주장】
김승환은 다음과 같이 주장한다.
가. 박교창이 청담동 상가에 관하여 의뢰인에 앞서 사해행위취소소송을 제기하여 승소하였으므로, 의뢰인은 김지수의 청담동 상가 매도에 대해 추가적으로 다툴 실익이 없다.
나. 만약 청담동 상가 매도가 사해행위로 인정된다면 김지수 명의로 이전해줄 의사는 있으나, 이 경우에도 청담동 상가에 관한 가압류채권자 오광현에게 변제한 5,000만 원을 지급받아야만 명의를 이전해 줄 수 있다.
다. 만약 자신이 의뢰인에게 일부 돈을 지급해야 하더라도, 그 액수는 김지수의 채권자들의 채권액에 비례하여 채권자별로 안분한 범위 내에서 정해져야 한다. 또한 그 액수를 정함에 있어 신만은행의 근저당권 채권최고액 2억 원과 오광현에게 변제한 5,000만 원도 반드시 고려되어야 한다.

3. 추심금 관련
가. 아이에스티건설 주식회사(이하 '아이에스티건설'이라 한다)는 2020. 10. 15. 추자욱으로부터 서초동 소재 건물 증축공사를 도급받고, 이에 대한 공사를 모두 완료하였다.
나. 추자욱이 공사대금을 변제하지 아니하자 아이에스티건설은 추자욱의 신만은행에 대한 예금채권을 가압류하였다.
다. 의뢰인은 2024. 7. 17. 아이에스티건설에 대한 2억 원의 금전소비대차계약공정증서에 기하여 아이에스티건설의 가.항 기재 공사대금채권에 대하여 압류 및 추심명령을 받았다.

【의뢰인 희망사항】
추자욱을 상대로 청구 가능한 최대한의 범위에서 추심금을 청구하고 싶다.

【사건관계인의 주장】
추자욱은 다음과 같이 주장한다.
가. 의뢰인의 채권자인 유성근이 의뢰인의 추심채권에 대하여 압류 및 추심명령을 받았으므로, 의뢰인은 그 부분에 대해서는 추심금을 청구할 수 없다.
나. 아이에스티건설의 자신에 대한 공사대금 채권은 시효로 소멸하였다. 아이에스티건설이 자신의 신만은행에 대한 예금채권을 가압류하였더라도, 자신은 신만은행에 예금계좌를 개설한 적이 없으므로 채권가압류는 효력이 없다.

4. 임대차보증금 관련
   가. 유니콘 주식회사(이하 '유니콘'이라 한다)는 주식회사 신화(이하 '신화'라 한다)에 물품을 공급하였고, 당시 김현종은 신화의 유니콘에 대한 물품대금 채무를 연대보증하였으나, 유니콘은 물품 잔대금 3억 5,000만 원을 지급받지 못하였다.
   나. 의뢰인은 2023. 6. 5. 유니콘으로부터 신화에 대한 물품대금 잔대금채권 3억 5,000만 원을 양수받았고, 유니콘의 양도통지가 2023. 6. 10. 신화에 도달하였다.
   다. 의뢰인이 보증인 김현종의 재산상황을 살펴보니 김현종의 유일한 재산으로는 마포구 소재 건물에 대한 임대차보증금 반환채권이 있었다.
   라. 김현종, 하재균은 2020. 7. 1. 정의지로부터 마포구 소재 건물을 임대차보증금 3억 원, 차임 월 300만 원으로 정하여 임차하면서, 같은 날 정의지에게 임대차보증금 3억 원을 지급하였다.
   마. 당시 유명 셰프인 하재균은 친구인 김현종에게 식당 개업 자금이 부족하다고 하면서 임대차보증금 중 일부를 마련해 주면 수익금을 지급하겠다고 약속하였는데, 김현종과 하재균은 보증금을 절반씩 투자하되 실제 식당 운영은 하재균이 하고, 하재균이 김현종에게 매달 일정액을 지급하기로 하였다.
   바. 하재균은 위 건물에서 식당을 운영하였으나 영업이 부진하여 2021. 3. 1.부터 차임 지급을 연체하였고, 위 건물의 소유권을 취득한 강현수로부터 2024. 6. 30. 임차보증금 잔액으로 2,500만 원을 지급받고 강현수에게 위 건물을 인도하였다.

사. 이수빈은 2024. 7. 30. 하재균의 강현수에 대한 임대차보증금 반환채권 중 1억 1,500만 원에 대하여 채권압류 및 전부명령을 받았다.

【의뢰인 희망사항】
가능한 최대한의 범위에서 강현수로부터 임대차보증금 및 이에 대한 지연손해금을 받고 싶다. 다만 신화는 자력이 전혀 없는 것으로 알고 있어 신화에 대해서는 양수금 청구를 하지 않을 생각이다.

【사건관계인의 주장】
강현수는 다음과 같이 주장한다.
가. 유니콘은 신화에 대한 물품대금 잔대금 채권을 의뢰인에게 양도하였을 뿐, 김현종에 대한 보증채권은 따로 양도한 바가 없다. 설령 보증채권 역시 양도된 것으로 볼 수 있다고 하더라도 보증인인 김현종에게는 채권양도통지를 하지 않았으므로 물품대금채권의 양도로써 김현종에게 대항할 수 없다. 따라서 위 채권양도가 유효함을 전제로 의뢰인이 자신에게 임대차보증금 반환청구를 할 수 없다.
나. 김현종은 대항력 없는 임차인이므로 자신에게 임대차보증금반환을 구할 수 없고, 정당한 임차인이라 하더라도 1/2 지분에 해당하는 1억 5,000만 원에 대해서만 임대차보증금반환을 구할 수 있다.
다. 임대차 기간이 만료되자, 자신은 하재균과 임대차보증금에서 연체차임 1억 2,000만 원, 하재균의 유하식품 주식회사에 대한 채무 1억 원, 하재균의 자신에 대한 차용금 채무 5,500만 원 합계 2억 7,500만 원을 공제하기로 합의하고, 나머지 2,500만 원을 하재균에게 지급하였다.
라. 또한 이수빈이 위 임대차보증금 반환채권 중 1억 1,500만 원에 대하여 채권압류 및 전부명령을 받았으므로 위 1억 1,500만 원 부분은 이수빈에게 이전되었다.

| 가 | 족 |

가 족 관 계 증 명 서   [폐쇄]

| 등록기준지 | 경상북도 경주시 강동면 유금리 1000 |

구분	성 명	출생연월일	주민등록번호	성별	본
본인	박종범(朴種範) 사망	1945년 05월 25일	450525-1******	남	密陽

가족사항

구분	성 명	출생연월일	주민등록번호	성별	본
부	박유지(朴有地) 사망	1927년 08월 12일	270812-1******	남	密陽
모	이길자(李吉子) 사망	1929년 06월 24일	290624-2******	여	全州
배우자	김미란(金美蘭) 사망	1946년 09월 15일	460915-2******	여	安東
자녀	박정후(朴正厚)	1973년 12월 28일	731228-1******	남	密陽
자녀	박정도(朴正到)	1977년 10월 11일	771011-1******	남	密陽
자녀	박정민(朴正民)	1981년 02월 25일	810225-1******	남	密陽

위 가족관계증명서는 가족관계등록부의 기록사항과 틀림없음을 증명합니다.

2024년 10월 01일

서울특별시 서초구청장

등기사항전부증명서(말소사항포함) - 토지

[토지] 경상북도 경주시 강동면 유금리 544   고유번호 1146-1981-177169

【 표 제 부 】 (토지의 표시)

표시번호	소재지번	지목	면적	등기원인 및 기타사항
1	경상북도 경주시 강동면 유금리 544	대	300㎡	

【 갑 구 】 (소유권에 관한 사항)

순위번호	등기목적	접수	등기원인	권리자 및 기타사항
1 (전 1)	소유권이전	1975년 1월 2일 제12호	1975년 1월 1일 매매	소유자 박인천 250115-1****** 경상북도 경주시 강동면 유금리 2421 부동산등기법 제177조의6 제1항의 규정에 의하여 2003년 2월 17일 전산이기
2	소유권이전	2022년 6월 1일 제32490호	1987년 5월 10일 상속	소유자 박민호 500225-1****** 서울특별시 양천구 목동동로 1000, 101동 601호(신월동)
3	소유권이전	2023년 9월 1일 제52105호	2023년 9월 1일 매매	소유자 오우석 800101-1****** 서울특별시 강남구 언주로300길2, A동 202호(도곡동)

— 이 하 여 백 —

수수료 금 1,000원 영수함
관할등기소 대구지방법원 경주지원 등기계 / 발행등기소 법원행정처 등기정보중앙관리소

이 증명서는 등기기록의 내용과 틀림없음을 증명합니다.

서기 2024년 10월 01일

법원행정처 등기정보중앙관리소 전산운영책임관

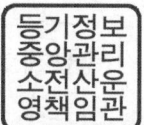

*실선으로 그어진 부분은 말소사항을 표시함.   *등기기록에 기록된 사항이 없는 갑구 또는 을구는 생략함.

소   장

원   고   박종범
                경주시 강동면 유금리 544

피   고   1. 박민호
                   서울 양천구 목동동로 1000, 101동 601호(신월동)
                2. 박철수
                   경주시 강동면 공정길 33-105
                3. 박만수
                   경주시 강동면 공정길 33-202

소유권이전등기 등 청구의 소

청 구 취 지

1. 경주시 강동면 유금리 544 대 300㎡에 관하여,
   가. 피고 박민호는 피고 박철수에게 1982. 1. 31. 매매를 원인으로 한,
   나. 피고 박철수는 피고 박만수에게 2004. 3. 4. 매매를 원인으로 한,
   다. 피고 박만수는 원고에게 2014. 1. 1. 매매를 원인으로 한
   각 소유권이전등기절차를 이행하라.
2. 소송비용은 피고들이 부담한다.
라는 판결을 구합니다.

청 구 원 인

존경하는 재판장님께 원고 박종범이 한 말씀 올립니다.

존경하는 재판장님!!

피고 박민호의 아버지인 박인천은 1975. 11.경 현재 본인이 살고 있는 경주시 강동면 유금리 544 대 300㎡에 건물을 짓고, 이 땅 및 그 지상에 있는 건물을 1982. 1. 피고 박철수에게 팔았습니다. 피고 박철수는 이 땅과 지상 건물을 2004. 3. 피고 박만수에게 팔았고, 2014. 1. 1. 제가 이 땅과 지상 건물을 샀습니다.

박인천, 박철수, 박만수와 저는 모두 한 동네에서 자란 먼 친척 사이로 가까운 사이였기에 별다른 의심 없이 계약서도 작성하지 않고 위 땅과 건물을 서로 사고 팔았습니다.

피고 박민호는 어린 시절 가출하여 박인천 형님이 1987. 5. 10. 돌아가셨을 때도 코빼기도 보이지 않다가, 우연히 이 땅의 소유권등기가 되지 않았다는 사실을 알고 갑자기 나타나 자신 명의로 등기하는 등 뒤늦게 욕심을 부리고 있습니다.

존경하는 재판장님!!

박철수, 박만수와 저는 친한 사이였지만, 선산 개발 문제로 크게 다툰 이후 현재는 사이가 좋지 못한 까닭에 박철수, 박만수도 현재 제 편이 아닙니다. 그러나 이 땅과 건물을 제가 박만수로부터 사서 지금까지 계속 살고 있는 것은 너무도 당연한 사실입니다. 각자 서로 돈까지 다 주고 받은 상황인데, 일이 이렇게 흘러가니 저로서도 답답해서 미치고 팔짝 뛸 지경입니다.

일단 제가 제 땅만이라도 완전하게 찾아서 등기할 수 있도록 제발 제 이야기를 믿어 주십시오.

감사합니다.

박종범 올림

2022. 7. 1

대구지방법원 경주지원 귀중

답 변 서

사　　건　　2022가단4153 소유권이전등기
원　　고　　박종범
피　　고　　박민호

위 당사자 사이의 소유권이전등기 청구 사건에 관하여 피고는 다음과 같이 답변합니다.

청구취지에 대한 답변

1. 원고의 청구를 모두 기각한다.
2. 소송비용은 원고가 부담한다.

라는 판결을 구합니다.

청구원인에 대한 답변

1. 경주시 강동면 유금리 544 땅은 피고의 부친인 박인천 소유였고, 박인천의 사망 후 유일한 상속인인 피고가 위 땅의 소유자입니다.
2. 제가 알기로 피고 부친인 박인천은 위 땅과 그 지상 건물을 결코 매도한 사실이 없습니다. 피고는 어린 나이에 고향을 떠난 이후 고향 소식을 잘 듣지 못하고 살았는데, 최근 원고의 소장을 받고 주변 어른들에게 어찌된 연유인지 알아보니 박철수가 마음씨 좋은 부친에게 위 토지 지상 건물에 하루 이틀 거주하며 약초를 캐는 것을 허락해 달라고 하여 먼 친척 사이에 이를 매정하게 거절할 수 없어, 부친이 이를 허락해주었다고 합니다.
3. 원고가 어떤 연유로 위 토지 및 그 지상 건물에 장기간 거주했는지 알 수 없으나, 피고의 부친은 이 사건 토지를 매도한 사실이 전혀 없으므로, 원고의 청구를 모두 기각해주시기 바랍니다.

2022. 8. 1

대구지방법원 경주지원 귀중

대구지방법원 경주지원
판 결

사 건	2022가단4153 소유권이전등기
원 고	박종범
	경주시 강동면 유금리 544
피 고	1. 박민호
	서울 양천구 목동동로 1000, 101동 601호(신월동)
	2. 박철수
	경주시 강동면 공정길 33-105
	3. 박만수
	경주시 강동면 공정길 33-202
변 론 종 결	2022. 12. 15.
판 결 선 고	2023. 2. 1.

주 문

1. 원고의 피고들에 대한 청구를 모두 기각한다.
2. 소송비용은 원고가 부담한다.

청 구 취 지

경주시 강동면 유금리 544 대 300㎡에 관하여, 피고 박민호는 피고 박철수에게 1982. 1. 31. 매매를 원인으로 한, 피고 박철수는 피고 박만수에게 2004. 3. 4. 매매를 원인으로 한, 피고 박만수는 원고에게 2014. 1. 1. 매매를 원인으로 한 각 소유권이전등기절차를 이행하라.

이 유

원고는, 피고 박철수가 피고 박민호의 아버지 박인천으로부터, 피고 박만수가 피고 박철수로부터, 원고가 피고 박만수로부터 청구취지 기재 부동산을 순차적으로 각 매수하였다고 주장하면서 피고들을 상대로 순차로 매매를 원인으로 한 소유권이전등기절차의 이행을 구하나 이를 인정할 아무런 증거가 없다.

그렇다면 원고의 청구는 더 나아가 살펴 볼 필요 없이 모두 이유 없으므로 이를 기각하기로 하여, 주문과 같이 판결한다.

판사 이주한

사실확인서

1. 본인 박철수는 돌아가신 박인천 형님으로부터 1982. 1. 31. 경주시 강동면 유금리 544 토지 및 건물을 샀고, 그 때부터 2004. 3. 4. 박만수에게 위 부동산들을 팔 때까지 위 건물에서 계속 거주한 사실이 있습니다.

2. 본인 박만수는 박철수 형님으로부터 2004. 3. 4. 경주시 강동면 유금리 544 토지 및 건물을 샀고, 그 때부터 2014. 1. 1. 박종범에게 위 부동산들을 팔 때까지 위 건물에서 계속 거주한 사실이 있습니다.

3. 본인들은 지난 번 박종범 동생이 제기한 소송에서는 과거의 다툼으로 마음이 풀리지 않아 경주지원 이주한 재판장님께 거짓을 말씀드렸습니다. 한 때 누구보다 가까웠던 박종범이 소송에서 지고 갑자기 세상을 떠나는 것을 보니 과거에 진실을 밝히지 못한 것이 너무 미안하고 후회됩니다. 박종범에게 진 마음의 빚을 갚기 위해 이제라도 모든 진실을 털어 놓고 싶습니다.

4. 이상의 내용은 모두 사실임을 다시 한번 확인합니다.

       2024년 9월 20일

확인자   1. 박 철 수 (인)
       경주시 강동면 공정길 33-105
      2. 박 만 수 (인)
       경주시 강동면 공정길 33-202

채권양도계약서

채권자(양도인)	박정도, 박정민
채 무 자	오우석
	서울 강남구 언주로300길2, A동 202호(도곡동)
채권양수인	박정후
	서울 서초구 신반포로 2700, 200동 1301호(반포동, 한강아파트)

채권자(양도인)들은 채무자에 대한 아래의 채권 일체를 채권양수인 박정후에게 양도하기로 하고, 이를 확인하기 위하여 채권자(양도인)들과 채권양수인은 본 채권양도계약서를 작성한다.

채권자(양도인)들은 채권양도통지권한을 채권양수인에게 위임한다.

- 아 래 -

박정도, 박정민이 오우석에 대하여 가지는 경주시 강동면 유금리 544 토지 300㎡에 관하여 취득시효완성을 원인으로 한 소유권이전등기청구권 일체

2024년 6월 6일

채권자(양도인) 박 정 도(771011-1348976) (인)
　　　　　　　 박 정 민(810225-1367590) (인)

채권양수인　　 박 정 후(731228-1386954) (인)
　　　　　　　 서울 서초구 신반포로 2700, 200동 1301호
　　　　　　　 (반포동, 한강아파트)

채권양도통지서

채권의 표시

박정도, 박정민이 오우석에 대하여 가지는 경주시 강동면 유금리 544 대 300㎡에 관하여 취득시효완성을 원인으로 한 소유권이전등기청구권 일체

채권자(양도인) 박정도, 박정민은 채권양수인 박정후에게 위 채권을 양도하기로 하고 채권양수인은 이를 수락하였습니다.
따라서 귀하에게 채권이 양도되었음을 통지하는 바입니다.

2024. 6. 7.

통지인 박정후
서울 서초구 신반포로 2700, 200동 1301호(반포동, 한강아파트)

오우석 귀하
서울 강남구 언주로300길2, A동 202호(도곡동)

본 우편물은 2024-06-07
제5175호에 의하여
내용증명우편물로 발송하였음을 증명함
서울서초우체국장

내용증명

발신인 박정후
　　　서울 서초구 신반포로 2700, 200동 1301호(반포동, 한강아파트)
수신인 오우석
　　　서울 강남구 언주로300길2, A동 202호(도곡동)

1. 안녕하십니까. 얼마 전 말씀 나눈 박정후입니다. 당시 연락을 주셨을 때는 갑작스런 상황에 저도 너무 당황하여, 제대로 말씀을 드리지 못했습니다.

2. 발신인의 아버지인 박종범은 2014년 박만수로부터 경주시 강동면 유금리 544 대 300㎡(이하 '유금리 토지')와 지상 건물을 적법하게 매수하였고, 박만수는 2004년 박철수로부터, 박철수는 1982년 박민호의 아버지인 박인천으로부터 유금리 토지와 건물을 매수하였습니다.

3. 박인천, 박철수, 박만수, 박종범이 모두 친척으로 가족처럼 지내다보니 소유권이전등기를 하지 않은 것일 뿐, 유금리 토지와 건물이 순차적으로 매도된 것은 경주 유금리 주변 사람들이 모두 아는 사실입니다. 박인천의 아들 박민호가 이러한 사실을 숨기고 귀하에게 유금리 토지를 매도한 것으로 보이나, 이는 귀하와 박민호 사이의 문제일 뿐 정당한 저의 권리가 침해되어서는 안 될 것입니다.

4. 주변에 알아보니 설령 박종범의 매수사실이 인정되지 않는다고 하더라도, 취득시효 완성으로 제 권리를 보호받을 수 있다고 합니다. 본인은 동생들인 박정도, 박정민으로부터 귀하에 대한 소유권이전등기청구권을 양도받아 단독으로 유금리 토지에 대한 권리를 행사할 수 있는 상태이므로 원만하게 협의가 이루어지지 않을 경우 귀하에게 곧 취득시효 완성으로 인한 소유권이전등기를 청구할 예정입니다. 법적절차가 진행되더라도 이 점 너그러이 양해하여 주시기 바랍니다.

　　　　　　　　　　　　2024. 6. 7.
　　　　　　　　　　　　박 정 후　(인)

본 우편물은 2024-6-7
제5176호에 의하여
내용증명우편물로 발송하였음을 증명함
서울서초우체국장

내용증명에 대한 답신

발신인: 오우석

수신인: 박정후

1. 안녕하십니까. 귀하가 보낸 내용증명과 채권양도통지서는 2024. 6. 9. 잘 받아 보았습니다. 거두절미하고 귀하의 친척들 사이에 어떤 일이 있었는지는 모르겠으나, 본인과는 관련 없는 일이오니 최대한 빠른 시간 안에 유금리 토지를 인도하여 주시기 바랍니다.

2. 귀하가 주장하는 취득시효에 대해서는 저도 주변 법조인들을 통해 자세히 알아보았습니다. 본인이 알기에 귀하의 부친인 박종범이 박민호를 상대로 제기한 소송에서 박민호가 승소한 것으로 알고 있고, 그때부터 취득시효가 중단되었다고 합니다.

3. 또한 박철수, 박만수, 박종범은 등기하지 않은 상태로 유금리 토지를 점유하였고, 귀하의 부친은 박민호를 상대로 제기한 소송에서 패소하였는데, 이러한 경우 아무리 장기간 점유하더라도 취득시효가 인정되지 않는 점유로 알고 있습니다.

4. 그리고 무엇보다 귀하가 취득시효를 주장하려면 위 토지의 최초 매수인이라 주장하는 박철수의 점유 시점부터 점유를 주장하여야 하는 것으로 알고 있습니다. 그러나 본인은 2023. 9. 1. 박민호로부터 유금리 토지를 매수하였는데, 이러한 경우 귀하가 본인에게는 취득시효 주장을 하는 것이 불가능한 것으로 알고 있습니다.

5. 마지막으로 귀하는 박정도, 박정민에게 소유권이전등기청구권을 양도받았다고 주장합니다. 그러나 소유권이전등기청구권의 양도 시에는 채무자의 승낙이 필요하기 때문에 본인에게 승낙을 받지 않으면 아무 의미가 없다고 합니다. 아무쪼록 잘못된 법률지식으로 무의미한 소송을 시작하지 않도록 주의바랍니다.

2024. 6. 12.

오 우 석 (인)

본 우편물은 2024-6-12
제6076호에 의하여
내용증명우편물로 발송하였음을 증명함
서울강남우체국장

차용증

김지수는 아래와 같이 박정후로부터 2억 5,000만 원을 이자 월 1%로 정하여 차용하고, 변제기일까지 이를 틀림없이 지급하기로 약속합니다.

원　금 : 250,000,000원
변제기 : 2022. 9. 22.
이　자 : 월 1%

2022. 2. 23.

채 권 자 : 박정후 (731228-1386954) (인)

채 무 자 : 김지수 (740111-1485759) (인)

등기사항전부증명서 (말소사항 포함) - 건물 [제출용]

[건물] 서울특별시 강남구 청담동 999 고유번호 1436-2010-250456

【 표 제 부 】 (건물의 표시)

표시번호	접 수	소 재 지 번	건물 내역	등기원인 및 기타사항
1	2010년 10월 5일	서울특별시 강남구 청담동 999 [도로명 주소] 서울특별시 강남구 압구정로 499	철근콘크리트구조 콘크리트 지붕 단층 근린생활시설 1층 100㎡	

【 갑 구 】 (소유권에 관한 사항)

순위번호	등기목적	접 수	등 기 원 인	권리자 및 기타사항
1	소유권보존	2010년10월5일 제32756호		소유자 김남준 590722-1****** 경기도 부천시 소사구 경인로 2222, 101호
2	소유권이전	2012년9월4일 제38958호	2012년9월4일 매매	소유자 김지수 740111-1****** 서울특별시 중구 세종로 17, 402호
3	~~가압류~~	~~2021년3월2일 제65133호~~	~~2021년3월2일 서울중앙지방법원의 가압류결정(2021카단34951호)~~	~~청구금액 금 50,000,000원 채권자 오광현 서울특별시 서초구 사평대로10길 1, 101호~~
4	소유권이전	2022년10월5일 제81258호	2022년10월5일 매매	소유자 김승환 740311-1****** 서울특별시 도봉구 마들로 7490, 168동 1002호 거래가액 금 450,000,000원
5	3번가압류등기말소	2023년2월2일 제14567호	2023년2월2일 해제	

【 을 구 】 (소유권 이외의 권리에 관한 사항)

순위번호	등기목적	접 수	등 기 원 인	권리자 및 기타사항
1	근저당권설정	2021년12월10일 제96597호	2021년12월10일 설정계약	채권최고액 400,000,000원 채무자 김지수 서울특별시 중구 세종로 17, 402호 근저당권자 주식회사 하남은행 110111-0****** 서울특별시 중구 을지로 300
2	근저당권설정	2023년3월1일 제26597호	2023년3월1일 설정계약	채권최고액 200,000,000원 채무자 김승환 서울특별시 도봉구 마들로 7490, 168동 1002호 근저당권자 주식회사 신만은행 110345-0****** 서울특별시 중구 세종대로900길 20

— 이 하 여 백 —

수수료 금 1,000원 영수함
관할등기소 서울중앙지방법원 등기국 / 발행등기소 법원행정처 등기정보중앙관리소

이 증명서는 등기기록의 내용과 틀림없음을 증명합니다.
서기 2024년 10월 01일
법원행정처 등기정보중앙관리소 전산운영책임관

*실선으로 그어진 부분은 말소사항을 표시함. *등기기록에 기록된 사항이 없는 갑구 또는 을구는 생략함.

문서 하단의 바코드를 스캐너로 확인하거나 인터넷등기소(http://iros.go.kr)의 발급확인 메뉴에서 발급확인번호를 입력하여 위·변조 여부를 확인할 수 있습니다. 발급확인번호를 통한 확인은 발행일부터 3개월까지 5회에 한하여 가능합니다.

발행번호 03347615221794219ULDO704942QNG26858142722   발급확인번호 WGIT-XOHR-3764   발행일 2024/10/01

이행최고서

발신인 박정후
      서울 서초구 신반포로 2700, 200동 1301호(반포동, 한강아파트)

수신인 김승환
      서울 도봉구 마들로 7490, 168동 1002호(도봉동)

1. 안녕하십니까. 본인은 김지수에게 2022. 2. 23. 2억 5,000만 원을 변제기 2022. 9. 22.로 정하여 대여한 채권자입니다.

2. 본인은, 변제기가 한참 지났음에도 김지수가 원리금을 전혀 변제하지 않아 채권을 확보할 수 있는 방법을 알아보던 중, 2024. 2.경 부동산등기부등본을 확인해 본 결과 김지수가 2022. 10. 5. 그 소유의 유일한 재산이던 서울 강남구 청담동 999 지상 상가를 귀하에게 매도하고 소유권을 이전한 사실을 알게 되었습니다. 김지수로부터 이야기를 들어보니 김지수는 2021년경 하남은행으로부터 3억 5,000만 원을 대출받고, 오광현에게 돈을 빌리는 등 그전부터 경제적으로 매우 어려운 상황이었다고 합니다. 특히 김지수에게 확인하였더니 위 상가의 매도 시점인 2022. 10. 5.에도 하남은행에 대한 근저당권의 피담보채무 원리금 잔액이 4억 원이었고, 이후에도 은행에 갚은 돈은 없다고 합니다.

3. 주변에 알아보니 이러한 경우 매매계약은 사해행위로 취소될 수 있다고 합니다. 제가 곧바로 소를 제기할 수도 있었으나, 상호간 법정에서 시시비비를 다투는 것보다는 귀하께서 직접 김지수에게 소유권을 원상회복하는 것이 서로 간에 시간과 비용을 절약할 수 있는 길이라 생각되어 이렇게 알려드리오니, 빠른 시간 내에 위 건물의 소유권을 김지수에게 돌려놓거나 또는 2억 5,000만 원 및 이에 대한 상당한 이자를 부가하여 본인에게 직접 지급하여 주시기 바랍니다.

                    2024. 3. 1.
                    박 정 후 (인)

본 우편물은 2024-3-1
제2098호에 의하여
내용증명우편물로 발송하였음을 증명함
서울서초우체국장

이행최고서에 대한 답신

발신인: 김승환

수신인: 박정후

1. 귀하가 보낸 이행최고서는 2024. 3. 3. 잘 받아보았습니다. 제가 김지수로부터 소유권을 이전받은 것은 사실이나, 귀하의 요구에는 응할 수 없음을 말씀드립니다.

2. 사실 귀하에 앞서 이미 김지수에게 5억 원을 대여하였다는 박교창이 저를 상대로 2023. 3. 15. 서울중앙지방법원 2023가단246898호로 사해행위취소소송을 제기하였고, 박교창의 승소로 위 판결이 2023. 7. 15. 확정되었습니다. 본인은 김지수가 모든 것을 해결해주겠다고 하여 소장을 받고 아무 것도 하지 않은 채 김지수만 믿고 있었는데, 어느 날 확인해보니 제가 소송에서 졌다는 사실을 알게 되었습니다.

3. 비록 박교창이 승소 후 아무런 후속조치를 취하지 않고 있으나, 김지수는 더 이상 연락도 되지 않고, 추가적으로 다툴 수도 없는 상황이라 너무 억울합니다. 다만 이런 경우 주변에 물어보니 귀하가 저를 상대로 추가적인 소를 제기한다고 하더라도 귀하의 소는 각하될 것이라고 들었습니다. 헛수고하지 마시기 바랍니다.

4. 그리고 정말 만에 하나 귀하의 주장이 인정되어 상가 매매계약이 사해행위로 인정되는 경우라도, 본인이 오광현 명의의 가압류등기를 말소하면서 지급한 5,000만 원을 지급받아야지만 김지수에게 명의를 이전해주겠습니다.

5. 무엇보다 앞으로 본인은 얼마나 많은 김지수의 채권자로부터 소를 제기당해야 하는지 짐작조차 할 수 없는 상황입니다. 그러므로 혹시 제가 귀하에게 돈으로 책임져야 할 부분이 있더라도 김지수의 채권자들의 채권액에 비례하여 채권자별로 안분한 범위 내에서만 책임을 지면 족할 것입니다.

6. 또한 앞서 말씀드린 것처럼 본인은 김지수의 채권자 오광현에게 5,000만 원을 변제 후 그 가압류등기를 말소하였고, 본인과 김지수의 관계를 전혀 알지 못했던 신만은행으로부터 1억 7,000만 원을 빌리면서 그에 대한 근저당권을 설정해주기도 하였습니다. 현재 신만은행에 대한 대여원리금이 2억 원을 훌쩍 넘긴 상황인데, 종전에 설정된 하남은행의 근저당권 피담보채권뿐만 아니라 오광현에 대한 변제금과 신만은행에 대한 근저당권의 채권최고액 합계금 역시 추후 반드시 고려되어야 할 것입니다.

2024. 3. 10.

김승환 (인)

본 우편물은 2024-3-10
제2911호에 의하여
내용증명우편물로 발송하였음을 증명함
서울도봉우체국장

감정평가서

수신 : 박정후

대상부동산 : 서울 강남구 청담동 999 지상 철근콘크리트구조 콘크리트지붕 단층 근린생활시설 100㎡.

의뢰하신 위 부동산의 시가를 아래와 같이 감정 평가합니다.

해당기간	건물 시가
2022. 2. 1. ~ 2022. 12. 31.	5억 원
2023. 1. 1. ~ 2023. 12. 31.	5억 5,000만 원
2024. 1. 1. ~ 현재	6억 원

2024. 10. 1.

강남감정평가사사무소

감정평가사 이현진 (인)

서울중앙지방법원
결정

사　　건	2024타채1154　채권압류 및 추심명령
채 권 자	박정후
	서울 서초구 신반포로 2700, 200동 1301호(반포동, 한강아파트)
채 무 자	아이에스티건설 주식회사
	서울 서초구 방배로 17, 102호(방배동, 서래빌딩)
	대표이사 김선수
제3채무자	추자욱
	서울 동작구 상도로21길 30, 303호(상도동, 상도하우스)

주　문

1. 채무자의 제3채무자에 대한 별지 기재 채권을 압류한다.
2. 제3채무자는 채무자에게 위 채권에 관한 지급을 하여서는 아니 된다.
3. 채무자는 위 채권의 처분과 영수를 하여서는 아니 된다.
4. 위 압류된 채권은 채권자가 추심할 수 있다.

청구금액

금 200,000,000원

이　유

채권자가 위 청구금액을 변제받기 위하여 공증인가 하늘합동법률사무소 증서 2020년 제123호 금전소비대차계약공정증서의 집행력 있는 정본에 기초하여 한 이 사건 신청은 이유 있으므로 주문과 같이 결정한다.

2024. 7. 17.

사법보좌관　　　백지성　(인)

정 본 입 니 다.
2024. 7. 17.
법원주사 송흥민

별 지

금 200,000,000원

　채무자가 2020. 10. 15.자 서울 서초구 서초동 777 소재 건물 증축공사계약에 따라 제3채무자에 대하여 가지는 공사대금 잔금채권 및 이에 대한 지연손해금 채권 중 위 금액에 이르기까지의 부분. 끝.

송 달 증 명 원

사　　　건	서울중앙지방법원 2024타채1154 채권압류 및 추심명령
채 권 자	박정후
채 무 자	아이에스티건설 주식회사
제3채무자	추자욱
증명신청인	박정후

　위 사건에 관하여 아래와 같이 송달되었음을 증명합니다.

채무자 아이에스티건설 주식회사　　2024. 7. 22. 채권압류및추심명령정본 송달
제3채무자 추자국　　　　　　　　　2024. 7. 22. 채권압류및추심명령정본 송달. 끝.

공사계약서

도급인 : 추자욱

수급인 : 아이에스티건설 주식회사

1. 공사명 : 서울 서초구 서초동 777 건물 증축공사
2. 공사금액 : 총 공사대금 2억 원 (계약금 5,000만 원은 계약 시, 잔금 1억 5,000만 원은 공사완공 시 지급)
   ※계약금을 계약 당일 지급받았음을 확인함. 아이에스티건설(주) 김선수(인)
3. 공사기간 : 2020. 10. 15.부터 2021. 6. 15.까지
4. 공사자재는 도급인이 공급한 것을 사용하되, 추가 자재 필요 시 상호 협의함
5. 하자보수책임기간 : 준공 후 1년

위 공사가 2021. 6. 15. 완공되었음을 확인함.
  2021. 6. 15. 추자욱 (인)

당사자들은 위와 같이 공사계약을 체결하고 계약서 2통을 작성하여 각각 1통씩 가진다.

2020. 10. 15.

도급인 : 추자욱 (인)
　　　　서울 동작구 상도로21길 30, 303호(상도동, 상도하우스)
수급인 : 아이에스티건설 주식회사 대표이사 김선수 (인)
　　　　서울 서초구 방배로 17, 102호(방배동, 서래빌딩)

이행최고서

발신인 박정후
　　　서울 서초구 신반포로 2700, 200동 1301호(반포동, 한강아파트)

수신인 추자욱
　　　서울 동작구 상도로21길 30, 303호(상도동, 상도하우스)

1. 댁내 두루 평안하시길 기원합니다.
2. 다름이 아니라, 본인은 아이에스티건설 주식회사에 2억 원을 대여한 채권자입니다.
3. 본인은 아이에스티건설 주식회사가 위 대여금을 변제하지 않아 채권을 확보할 수 있는 방법을 백방으로 알아보던 중, 아이에스티건설 주식회사가 서초동에 있는 건물 공사를 하고도 귀하로부터 공사대금 1억 5,000만 원을 지급받지 못하였다는 것을 알게 되었습니다.
4. 이에 본인은 2024. 7. 14. 위 공사대금 채권에 대한 압류 및 추심명령을 신청하여 압류 및 추심명령 결정을 받았습니다. 귀하도 이를 송달받았으니 잘 알고 있을 것입니다.
5. 본인은 귀하가 이를 이행하기를 기다려 왔으나, 더 이상은 도저히 기다릴 수 없으며, 빠른 시일 내에 변제하지 않는다면 필요한 법적 조치를 취할 것임을 분명히 말씀드립니다.
6. 이 내용증명을 받는 대로 즉시 추심금을 변제하시기 바랍니다.

　　　　　　　　　　　2024. 9. 6.
　　　　　　　　　　　박정후 (인)

본 우편물은 2024-9-6
제8489호에 의하여
내용증명우편물로 발송하였음을 증명함
서울서초우체국장

이행최고서에 대한 답신

발신인   추자욱
          서울 동작구 상도로21길 30, 303호(상도동, 상도하우스)
수신인   박정후
          서울 서초구 신반포로 2700, 200동 1301호(반포동, 한강아파트)

귀하가 추심명령에 기하여 추심금의 지급을 구하는 2024. 9. 6.자 최고서는 2024. 9. 10. 받아보았습니다.

그런데 위 추심명령은 다음과 같은 이유로 무효입니다.

첫째, 귀하의 채권자라고 주장하는 유성근이 귀하가 저를 상대로 받은 추심채권 중 5,000만 원에 대하여 다시 압류 및 추심명령을 발령받아 본인이 이를 송달받은 바 있습니다. 주변에 아는 변호사 형님이 있어 물어보니 추심명령을 받으면 소송을 제기할 수 있는 당사자적격이 없어진다고 합니다. 따라서 위 금액에 대해서는 귀하가 저에게 추심금을 달라고 청구할 수는 없는 것 같으니, 잘 확인해보시기 바랍니다.

둘째, 아이에스티건설 내부에서 여러 가지 문제가 있었던 것으로 알고 있고, 아이에스티건설이 본인에게 가지는 공사대금채권은 귀하가 압류하기 전에 이미 소멸시효가 완성된 것으로 보입니다.

첨부 : 채권압류 및 추심명령 각 1부

2024. 9. 15.

추 자 욱 (인)

본 우편물은 2024-9-15
제7121호에 의하여
내용증명우편물로 발송하였음을 증명함
서울동작우체국장

서울중앙지방법원
결정

사 건	2024타채1987 채권압류 및 추심명령
채 권 자	유성근
	서울 서초구 방배로 123, 105호(방배동, 방배빌라)
채 무 자	박정후
	서울 서초구 신반포로 2700, 200동 1301호(반포동, 한강아파트)
제3채무자	추자욱
	서울 동작구 상도로21길 30, 303호(상도동, 상도하우스)

주 문

1. 채무자의 제3채무자에 대한 별지 기재 채권을 압류한다.
2. 제3채무자는 채무자에게 위 채권에 관한 지급을 하여서는 아니 된다.
3. 채무자는 위 채권의 처분과 영수를 하여서는 아니 된다.
4. 위 압류된 채권은 채권자가 추심할 수 있다.

청구금액

금 50,000,000원

이 유

채권자가 위 청구금액을 변제받기 위하여 이 법원 2022. 10. 10.자 2022차8810호 집행력 있는 지급명령 정본에 기하여 한 이 사건 신청은 이유 있으므로 주문과 같이 결정한다.

2024. 8. 4.

사법보좌관 최강민 (인)

정본입니다.
2024. 8. 4.
법원주사 신유미

[서울중앙지방법원 법원주사 인]

별 지

금 50,000,000원

  채무자가 추심채권자로서 아래 압류 및 추심명령에 따라 제3채무자에 대해 가지는 추심금 채권 중 위 금액에 이르기까지의 금원. 끝.

추 심 명 령 : 서울중앙지방법원 2024타채1154 채권압류 및 추심명령
추심채권자 : 박정후
추심채무자 : 아이에스티건설 주식회사
제 3 채 무 자 : 추자욱
피압류 및 추심채권 : 채무자가 2020. 10. 15.자 서울 서초구 서초동 777 소재 건물
                    증축공사계약에 따라 제3채무자에 대하여 가지는 공사대금
                    채권. 끝.

송 달 증 명 원

사   건   서울중앙지방법원 2024타채1987 채권압류 및 추심명령
채 권 자   유성근
채 무 자   박정후
제 3 채 무 자   추자욱
증명신청인   추자욱

위 사건에 관하여 아래와 같이 송달되었음을 증명합니다.

채무자 박정후   2024. 8. 17. 채권압류및추심명령정본 송달
제3채무자 추자욱   2024. 8. 17. 채권압류및추심명령정본 송달. 끝.

이행최고서(2)

발신인 박정후
　　　　서울 서초구 신반포로 2700, 200동 1301호(반포동, 한강아파트)
수신인 추자욱
　　　　서울 동작구 상도로21길 30, 303호(상도동, 상도하우스)

1. 귀하가 보낸 답신은 2024. 9. 18. 잘 받아보았습니다만, 귀하가 몇 가지 오해를 하고 있는 것 같아 재차 몇 가지 알려드립니다.
2. 먼저 유성근이 한 추심명령은 본인도 송달받기는 하였으나, 유성근과 본인 사이에는 해결해야 할 문제가 있어 유성근에게 연락을 하였음에도 연락이 잘 되지 않고 있으니, 이 부분은 확인을 하고 다시 말씀드리겠습니다.
3. 그리고 공사대금 채권의 소멸시효는 상법상 5년이 적용되므로 아직까지 소멸시효가 완성되지도 않았을 뿐만 아니라 아이에스티건설은 귀하의 예금채권에 대하여 가압류를 하였는데 그 가압류가 취소되지 않은 한 그 효력이 현재까지 계속되고 있으므로, 시효소멸 주장은 당치도 않은 소리입니다.
4. 그 밖의 다른 주장도 제가 알아본 바에 의하면 일고의 가치가 없으므로, 한 달 내 임의 이행에 대한 회신이 없으면 소송을 제기할 수밖에 없음을 양지하시기 바랍니다.
5. 본인은 귀하가 이를 이행하기를 기다려 왔으나, 더 이상은 도저히 기다릴 수 없으며, 빠른 시일 내에 변제하지 않는다면 필요한 법적 조치를 취할 것임을 분명히 말씀드립니다.

첨부 : 채권가압류결정

　　　　　　　　　　　　　　2024. 9. 23.
　　　　　　　　　　　　　　　박정후 (인)

본 우편물은 2024-9-23
제9136호에 의하여
내용증명우편물로 발송하였음을 증명함
서울서초우체국장

서울중앙지방법원
결정

사　　건　　2024카단10071 채권가압류
채 권 자　　아이에스티건설 주식회사
　　　　　　서울 서초구 방배로 17, 102호(서래빌딩)
　　　　　　대표이사 김선수
채 무 자　　추자욱
　　　　　　서울 동작구 상도로21길 30, 303호(상도동, 상도하우스)
제3채무자　　주식회사 신만은행
　　　　　　서울 중구 세종대로900길 20
　　　　　　대표이사 방희성

주　문

채무자의 제3채무자에 대한 별지 목록 기재 채권을 가압류한다.
제3채무자는 채무자에게 위 채권에 관한 지급을 하여서는 아니 된다.
채무자는 다음 청구금액을 공탁하고 가압류의 집행정지 또는 그 취소를 신청할 수 있다.

청구채권의 내용　　2020. 10. 15.자 공사대금 잔금
청구금액　　　　　　금 150,000,000원

이　유

이 사건 채권가압류신청은 이유 있으므로 담보로 공탁보증보험증권(서울보증보험 주식회사 증권번호 제110-000-202400491388호)을 제출받고, 또한 담보로 10,000,000원을 공탁(2024. 1. 30. 중앙지법공탁관, 2024년 금 제99호)하게 하고 주문과 같이 결정한다.

2024. 1. 31.

판　사　　강우영

정 본 입 니 다.
2024. 1. 31.
서울중앙지방법원
법원주사 성현선

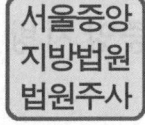

목 록

금 150,000,000원정

채무자 추자욱(790315-1009518)이 제3채무자에 대하여 가지는 아래 기재 채권(장래 입금되는 예금 포함) 중 위 청구금액에 이를 때까지의 금액

1. 압류되지 않은 예금과 압류된 예금이 있을 때에는 다음 순서에 의하여 가압류한다.
   가. 선행 압류, 가압류가 되지 않은 예금
   나. 선행 압류, 가압류가 된 예금
2. 여러 종류의 예금이 있을 때에는 다음 순서에 의하여 가압류한다.
   가. 보통예금 나. 당좌예금 다. 정기예금 라. 정기적금
   마. 저축예금 바. 자유저축예금 사. 기타 모든 예금
3. 같은 종류의 예금이 여러 계좌가 있는 때에는 ① 예금금액이 많은 것부터, ② 만기가 빠른 것, ③ 계좌번호가 빠른 것의 순서에 의하여 가압류한다.
4. 제3채무자 송달일 기준으로 위 청구금액에 이르지 못하는 경우 장래 입금될 예금(입금되는 순서에 따름)을 가압류한다. 끝.

송 달 증 명 원

채 권 자　　　아이에스티건설 주식회사
채 무 자　　　추자욱
제3채무자　　　신만은행 주식회사
증명신청인　　　아이에스티건설 주식회사

귀원 2024카단10071호 채권가압류사건에 관한 2024. 1. 31.자 가압류결정 정본이 2024. 2. 5. 제3채무자에게 송달되었음을 증명하여 주시기 바랍니다.

　　　　　　　　　　　2024. 9. 20.
　　　　　　　채권자　아이에스티건설 주식회사
　　　　　　　　　　대표이사 김선수 (인)

서울중앙지방법원　귀중

위 증명합니다.
2024. 9. 20.
서울중앙지방법원
법원주사 최성선 ㊞

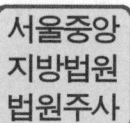

이행최고서(2)에 대한 답신

발신인 추자욱
　　　　서울 동작구 상도로21길 30, 303호(상도동, 상도하우스)
수신인 박정후
　　　　서울 서초구 신반포로 2700, 200동 1301호(반포동, 한강아파트)

　귀하가 보낸 이행최고서(2)는 2024. 9. 25. 잘 받아보았습니다.
　먼저, 유성근과 사이에 뭘 알아보시는지 모르겠지만, 채권에 대한 압류 및 추심명령이 있으면 제3채무자에 대한 이행의 소는 추심채권자만이 제기할 수 있다는 점을 다시 한번 강조드립니다.
　둘째, 아이에스티건설이 본인의 예금채권을 가압류한 것은 사실이지만, 본인은 신만은행에 아무런 계좌를 가지고 있지 않고, 앞으로도 그럴 생각이 전혀 없습니다. 따라서 존재하지도 않는 신만은행에 대한 예금채권을 가압류한 것은 가압류로서의 효력이 없으므로, 시효중단의 효력도 없다고 할 것입니다. 설령 위 가압류에 최고로서의 효력이 인정된다고 하더라도 귀하나 아이에스티건설이 그로부터 6월 내에 소제기를 한 바도 없습니다. 법적으로 그렇다고 하니 다시 잘 알아보시기 바랍니다.

　　　　　　　　　　2024. 9. 29.

　　　　　　　　　　추 자 욱 (인)

　　　　　　　　　　　　　본 우편물은 2024-9-29
　　　　　　　　　　　　　제8013호에 의하여
　　　　　　　　　　　　　내용증명우편물로 발송하였음을 증명함
　　　　　　　　　　　　　서울동작우체국장

채 권 양 도 계 약 서

채권자(양도인) 유니콘 주식회사
　　　　　　　　서울 종로구 평창11길 7(평창동)
　　　　　　　　대표이사 김지훈
채　무　자　　　주식회사 신화
　　　　　　　　서울 구로구 디지털로11길, 603호(구로동)
　　　　　　　　대표이사 유자은
채권양수인　　　박정후
　　　　　　　　서울 서초구 신반포로 2700, 200동 1301호(반포동, 한강아파트)

　채권자(양도인)는 채무자에 대한 아래의 채권을 양수인 박정후에게 양도하기로 하고, 이를 확인하기 위하여 양도인과 양수인은 본 채권양도계약서를 작성한다.

채권의 표시

[유니콘 주식회사의 주식회사 신화에 대한 2022. 7. 9. 자 매매계약에 기한 물품대금 잔대금 3억 5,000만 원 및 이에 대한 지연손해금 채권 일체]

첨부 : 물품매매계약서

2023. 6. 5.

채권양도인: 유니콘 주식회사
대표이사 김지훈 (인)
채권양수인: 박정후 (인)

물 품 매 매 계 약 서

매도인(甲) 유니콘 주식회사
　　　　　　서울 종로구 평창11길 7(평창동)
　　　　　　대표이사 김 지 훈
매수인(乙) 주식회사 신화
　　　　　　서울 구로구 디지털로11길, 603호(구로동)
　　　　　　대표이사 유 자 은
연대보증인(丙) 김현종
　　　　　　서울 양천구 목동동로 100, 101동 301호(신정동, 신정아파트)

1. 甲은 乙에게 포키몬 장난감(모델번호: Ke022) 5,000세트를 5억 원에 매도하기로 하고, 그 구체적 조건을 아래와 같이 정한다.

-아 래-

　가. 甲은 2022. 9. 9. 위 장난감을 乙이 지정하는 장소로 인도하여 준다.
　나. 乙은 위 대금 5억 원 중 계약금 5,000만 원은 2022. 7. 9. 계약 체결과 동시에 지급하고, 중도금 1억 원은 2022. 9. 9. 지급하며, 잔금 3억 5,000만 원은 2022. 11. 9.까지 지급한다.

2. 乙이 위 매매대금의 지급을 지체할 시에는, 위 각 지급기일의 다음날부터 월 0.5%의 비율에 의한 지연손해금을 가산하여 지급한다.
3. 乙이 위 매매대금을 지급하지 아니하는 경우 丙은 乙과 연대하여 위 매매대금을 지급하기로 한다.
4. 기타 사항은 법률과 상관례에 따른다.

2022년 7월 9일

매 도 인 　유니콘 주식회사
　　　　　　　　대표이사 김지훈 ㊞
매 수 인 　주식회사 신화
　　　　　　　　대표이사 유자은 ㊞
연 대 보 증 인 　김 현 종 ㊞

채 권 양 도 통 지 서

채권의 표시

[유니콘 주식회사의 주식회사 신화에 대한 2022. 7. 9. 자 매매계약에 기한 물품대금 잔대금 3억 5,000만 원 및 이에 대한 지연손해금 채권 일체]

1. 본사는 2022. 9. 9. 귀사에게 위 매매계약에 따라 포키몬 장난감(모델번호: Ke022) 5,000세트를 모두 인도하였고, 이에 따라 물품대금 잔대금 및 이에 대한 지연손해금 채권을 취득하였습니다.
2. 본사는 박정후[770117-1535513, 서울 서초구 신반포로 2700, 200동 1301호(반포동, 한강아파트)]에게 위 채권을 양도하였습니다.
3. 귀사는 위 물품대금 잔대금과 지연손해금 일체를 채권양수인 박정후에게 지급하기 바랍니다.

2023. 6. 5.

발신인 : 통지인 겸 채권양도인 유니콘 주식회사 대표이사 김지훈 (인)
  서울 종로구 평창11길 7(평창동)

수신인 : 채무자 주식회사 신화 대표이사 유자은
  서울 구로구 디지털로11길, 603호(구로동)

이 우편물은 2023년 6월 5일 등기 제3945호에 의하여
내용증명 우편물로 발송하였음을 증명함

서울종로우체국장 ㊞

우 편 물 배 달 증 명 서

수취인의 주거 및 성명
  서울 구로구 디지털로11길, 603호(구로동) 대표이사 유자은

접 수 국 명	서울 종로	접수연월일	2023년 6월 5일
접 수 번 호	제3945호	배달연월일	2023년 6월 10일
적 요 대리인수령 김민속 ㊞			서울구로우체국

사 업 자 등 록 증
(일반과세자)

등록번호 : 107-38-60201

상　　　　호 : 비오레스토랑
성　　　　명 : 하재균　　　　생 년 월 일 : 1985년 7월 14일
개업 연월일 : 2020년 7월 10일
사업장소재지 : 서울 마포구 동교로 330

사업의 종류 : |업태| 음식점업 |종목| 양식

교 부 사 유 : 신규
공동 사업자 :

사업자단위과세 적용사업자 여부: 여(　) 부(　∨　)

2020년 7월 10일
마포 세무서장

임대차계약서

정의지(이하 임대인이라 칭함)와 김현종, 하재균(이하 임차인이라 칭함)은 임대인 소유인 아래 표시 임대차 물건에 대하여 아래 조항과 같이 임대차계약을 체결함.

제1조(임대차 물건의 표시) : 서울 마포구 동교로 330 지상 철근콘크리트구조 콘크리트지붕 단층 근린생활시설 150㎡

제2조(임대차 기간) : 2020년 7월 1일부터 2024년 6월 30일까지 48개월

제3조(임대료) : 월세 삼백만 원(₩3,000,000), 매월 말일 후불(관리비 포함, 별도 납부 없음)

제4조(임대차보증금) : 삼억 원(₩300,000,000)
  임차인에게 임대료 연체, 기타 본 계약에 의한 채무의 불이행 또는 손해배상 채무가 있을 때는 임차인의 동의 없이 임차인의 보증금을 이에 충당할 수 있다.
  ※ 계약 당일 보증금 전액 지급하였고, 부동산을 인도하였음을 쌍방 확인함.
  정의지(인), 김현종(인), 하재균(인)

※ 특약사항 : 본 계약에 대한 모든 권리와 의무는 공동명의자가 공동하여 부담한다.

2020. 7. 1.

임대인   성 명 : 정의지 (인)
        주 소 : 인천 연수구 컨벤시아대로 155, 702호(송도동, 센트럴오피스텔)
임차인 1. 성 명 : 하재균 (인)
        주 소 : 서울 송파구 백제고분로 236, 1동 201호(삼전동, 삼전마을아파트)
임차인 2. 성 명 : 김현종 (인)
        주 소 : 서울 양천구 목동동로 100, 101동 301호(신정동, 신정아파트)

등기사항전부증명서 (말소사항 포함) - 건물 [제출용]

[건물] 서울특별시 마포구 연남동 171 고유번호 8795-2001-2015987

【 표 제 부 】 (건물의 표시)

표시번호	접 수	소 재 지 번	건 물 내 역	등기원인 및 기타사항
1	2001년 3월 17일	서울특별시 마포구 연남동 171 [도로명 주소] 서울 마포구 동교로 330	철근콘크리트구조 콘크리트지붕 단층 근린생활시설 1층 150㎡	

【 갑 구 】 (소유권에 관한 사항)

순위번호	등기목적	접 수	등 기 원 인	권리자 및 기타사항
1	소유권보존	2001년3월17일 제7785호		소유자 김영순 481114-2****** 서울특별시 서초구 양재동 21-93
2	소유권이전	2012년6월8일 제21847호	2012년6월8일 매매	소유자 정의지 820415-1****** 인천광역시 연수구 송도동 83
3	소유권이전	2021년5월1일 제10598호	2021년4월15일 매매	소유자 강현수 840102-1****** 서울특별시 송파구 송파대로 114, 121동 703호 (송파동, 호수아파트)

— 이 하 여 백 —

수수료 금 1,000원 영수함

관할등기소 서울서부지방법원 등기국 / 발행등기소 법원행정처 등기정보중앙관리소

이 증명서는 등기기록의 내용과 틀림없음을 증명합니다.

서기 2024년 08월 01일

법원행정처 등기정보중앙관리소 전산운영책임관

*실선으로 그어진 부분은 말소사항을 표시함.   *등기기록에 기록된 사항이 없는 갑구 또는 을구는 생략함.

문서 하단의 바코드를 스캐너로 확인하거나 인터넷등기소(http://iros.go.kr)의 발급확인 메뉴에서 발급확인번호를 입력하여 위·변조 여부를 확인할 수 있습니다. 발급확인번호를 통한 확인은 발행일부터 3개월까지 5회에 한하여 가능합니다.

발행번호 002194051876550190SLBO603943WOG16858151232   1/1   발급확인번호 QBTH-VOHR-1758   발행일 2024/08/01

내용증명

발신인 박정후
　　　서울 서초구 신반포로 2700, 200동 1301호(반포동, 한강아파트)
수신인 강현수
　　　서울 송파구 송파대로 114, 121동 703호(송파동, 호수아파트)

1. 댁내 두루 평안하시길 기원합니다.
2. 다름이 아니라, 본인은 유니콘 주식회사의 주식회사 신화에 대한 물품대금채권을 양수하였고, 김현종은 위 물품대금채무를 연대보증하였습니다.
3. 본인은 주식회사 신화와 김현종이 이를 변제하지 않아 위 채권을 확보할 수 있는 방법을 백방으로 알아보던 중, 김현종이 하재균과 함께 귀하 소유의 서울 마포구 동교로 소재 건물에 대한 임대차보증금채권을 가지고 있었는데, 그 임대차계약이 종료된 사실을 알게 되었습니다.
4. 주변에 알아보니 본인은 자력이 없는 김현종의 채권자로서 김현종이 귀하에 대하여 가지는 임대차보증금을 청구할 수 있다고 합니다. 본인이 위 건물에 가서 확인하였더니 김현종과 하재균이 위 임대차목적물을 이미 귀하에게 인도한 것으로 보이는바, 귀하는 임대차보증금을 본인에게 반환하기 바랍니다. 빠른 시간 내에 변제하지 않는다면 필요한 법적 조치를 취할 수밖에 없음을 양지하시기 바랍니다.

첨부 : 채권양도계약서(첨부생략)

　　　　　　　　　　　　　2024. 8. 21.

　　　　　　　　　　　박 정 후　 (인)

본 우편물은 2024-8-21
제7198호에 의하여
내용증명우편물로 발송하였음을 증명함
서울서초우체국장

내용증명

발신인 강현수 / 수신인 박정후

1. 보내준 내용증명은 2024. 8. 24. 확인하였습니다. 그러나 유감스럽게도 본인은 이미 하재균과 모든 정산을 마쳤으므로, 남아 있는 임대차보증금이 없습니다.

2. 서울 마포구 연남동 171 건물은 본인이 정의지로부터 매수하였는데, 건물을 매수할 때부터 임차인들은 차임을 제대로 지급하지 아니하고 있었습니다. 그러나 당시 코로나19로 인하여 많은 자영업자들이 어려움을 겪는 시기였고, 하재균이 본인과 같은 교회에 다니는 신자이기도 하여 본인은 하재균에게 차임을 독촉하지 않고, 오히려 급한 자금이 필요하다고 간청하여 이를 빌려주기까지 하였습니다.

3. 본인과 하재균은 2024. 6.경 하재균의 거래처인 유하식품 주식회사에 대한 채무 1억 원은 본인이 인수하기로 하고, 위 돈과 그 동안의 연체차임 1억 2,000만 원 및 하재균에 대한 대여원리금 5,500만 원을 임대차보증금에서 공제한 후 나머지 돈을 반환하기로 합의하였습니다. 위와 같이 하재균과 합의한 후 남은 임대차보증금 2,500만 원은 이미 하재균의 계좌로 입금하여 주었습니다.

4. 귀하는 김현종이 공동임차인이라고 주장하지만, 저는 김현종을 만난 적이 없습니다. 하재균에게 들은 바에 의하면 하재균이 식당을 단독으로 운영하였고, 김현종은 아무런 관여도 하지 않아 사업자등록상 공동사업자로 되어 있지도 않았습니다. 법을 좀 알아보니 김현종은 사업자등록을 하지 않았기에 대항력도 없어 직접 임대차계약을 체결한 바 없는 본인에게 임대차계약 관계를 주장할 수 없습니다. 설령 김현종이 정당한 임차인이라고 하더라도, 임대차보증금 3억 원 중 1/2 지분에 해당하는 1억 5,000만 원은 하재균의 몫이므로, 이에 대해서는 김현종의 채권자에 불과한 귀하가 반환을 구할 수 없습니다.

5. 한편, 귀하는 김현종에 대한 채권자라고 주장하지만, 귀하가 보낸 내용증명에 첨부된 채권양도계약서에는 보증채권을 양도한다는 내용이 없고, 하재균을 통하여 김현종에게 확인하여 보니 김현종은 유니콘으로부터 채권양도 통지를 받은 적이 없다고 합니다. 귀하가 신화에게 물품대금을 청구하든지 말든지 본인이 알 바 아니지만 김현종에게 채권양도 통지도 하지 않았으면서 김현종의 채권자라고 주장하는 것은 어불성설입니다.

6. 마지막으로 이수빈이 귀하에 앞서 임대차보증금반환채권 중 1억 1,500만 원에 대하여 전부명령을 받았으므로, 적어도 위 부분에 대해서는 귀하가 청구할 수 없습니다.

첨부 : 채권압류 및 전부명령, 합의서, 차용증

2024. 8. 26.

강 현 수 (인)

본 우편물은 2024-8-26
제2793호에 의하여
내용증명우편물로 발송하였음을 증명함
서울송파우체국장

서울송파우체국
2024. 8. 26.
24 - 2793

서울중앙지방법원
결 정

사 건	2024타채1894 채권압류 및 전부명령
채 권 자	이수빈
	서울 관악구 남부순환로 70, 301호(봉천동)
채 무 자	하재균
	서울 송파구 백제고분로 236, 1동 201호(삼전동, 삼전마을아파트)
제3채무자	강현수
	서울 송파구 송파대로 114, 121동 703호(송파동, 호수아파트)

주 문

채무자의 제3채무자에 대한 별지 기재 채권을 압류한다.

채무자는 위 채권의 처분과 영수를 하여서는 아니 된다.

제3채무자는 채무자에게 위 채권의 지급을 하여서는 아니 된다.

위 압류된 채권은 지급에 갈음하여 채권자에게 전부한다.

청 구 금 액

금 115,000,000원

이 유

채권자가 위 청구금액을 변제받기 위하여 이 법원 2024. 2. 20.자 2024차1165호 집행력 있는 지급명령 정본에 기하여 한 이 사건 신청은 이유 있으므로 주문과 같이 결정한다.

정본입니다

2024. 7. 30.   2024. 7. 30.

법원주사 김주혁

사법보좌관   이 선 욱 (인)

압류할 채권의 표시

금 115,000,000원

채무자(임차인)가 아래 임대차계약 종료에 따라 제3채무자(임대인)에 대하여 가지는 임대차보증금 반환채권 원금 중 위 금액에 이르기까지의 금원

 임 차 목 적 물 : 서울 마포구 동교로 330 지상 철근콘크리트구조 콘크리트지붕 단층
　　　　　　　　 근린생활시설 150㎡
 임대차보증금 : 300,000,000원
 임 대 차 기 간 : 2020. 7. 1. - 2024. 6. 30. 끝.

송달 및 확정 증명원

사　　　　건　　서울중앙지방법원 2024타채1894 채권압류 및 전부명령
채　권　자　　이수빈
채　무　자　　하재균
제 3 채 무 자　　강현수
증명신청인　　강현수

위 사건에 관하여 아래와 같이 송달 및 확정되었음을 증명합니다.

채무자 하재균　　2024. 8. 5. 채권압류및전부명령정본 송달, 2024. 8. 13. 확정
제3채무자 강현수 2024. 8. 5. 채권압류및전부명령정본 송달, 2024. 8. 13. 확정. 끝.

2024. 8. 14.

서울중앙지방법원
법원주사 박 주 원　[서울중앙지방법원 법원주사]

합의서

서울 마포구 연남동 171 1층 건물에 대한 임대차계약이 종료됨에 따라 임대인(갑)과 임차인(을)은 갑이 지급할 임대차보증금에서 아래 각 항목을 공제하기로 합의한다.

1. 을이 종전 소유자 정의지 및 갑에게 연체한 차임 1억 2,000만 원
1. 갑이 인수한 유하식품 주식회사에 대한 을의 채무 1억 원
1. 을의 갑에 대한 2023. 7. 1. 자 차용원리금 채무 5,500만 원

갑은 위와 같이 공제된 금액을 제외한 임대차보증금 잔액 2,500만 원을 2024. 6. 30. 을에게 지급하고, 이와 동시에 을은 위 부동산을 갑에게 반환하였음을 쌍방 확인한다.

2024. 6. 30.

임대인(갑) 강현수(840102-1569833) (인)
임차인(을) 하재균(850714-1459722) (인)

차 용 증

금 액 : 금 50,000,000원
이 자 : 연 10%
변제기 : 2024. 6. 30.

차용인 하재균(850714-1459722)은 강현수(840102-1569833)로부터 위와 같이 차용하기로 하고 위 돈을 지급받았으며, 변제기에 확실히 변제하겠습니다.

2023. 7. 1.

차용인 하재균 (인)

기록이면표지

확 인 : 법학전문대학원협의회

소　장

원　고　　박정후
　　　　　서울 서초구 신반포로 2700, 200동 1301호(반포동, 한강아파트)
　　　　　소송대리인 변호사 나변호
　　　　　서울 서초구 서초대로 38, 205호(서초동)
　　　　　전화 02-530-8945, 팩스 02-530-7854, 이메일 nbh@kmail.com

피　고　　1. 오우석
　　　　　　서울 강남구 언주로300길2, 에이(A)동 202호(도곡동)
　　　　　2. 김승환
　　　　　　서울 도봉구 마들로 7490, 168동 1002호(도봉동)
　　　　　3. 추자욱
　　　　　　서울 동작구 상도로21길 30, 303호(상도동, 상도하우스)
　　　　　4. 강현수
　　　　　　서울 송파구 송파대로 114, 121동 703호(송파동, 호수아파트)

소유권이전등기 등 청구의 소

청 구 취 지

1. 피고 오우석은 원고에게 별지 목록 제1항 기재 부동산에 관하여 2024. 3. 4.[1] 취득시효 완성을 원인으로 한 소유권이전등기절차를 이행하라.

2. 가. 김지수와 피고 김승환 사이에 별지 목록 제2항 기재 부동산에 관하여 2022. 10. 5. 체결된 매매계약을 200,000,000원의 한도 내에서 취소한다.

   나. 피고 김승환은 원고에게 200,000,000원 및 이에 대하여 이 판결확정일 다음 날부터 다 갚는 날까지 연 5%의 비율로 계산한 돈을 지급하라.

3. 피고 추자욱은 원고에게 150,000,000원 및 이에 대하여 2021. 6. 16.부터 이 사건 소장 부본 송달일까지는 연 6%의, 그 다음 날부터 다 갚는 날까지는 연 12%의 각 비율로 계산한 돈을 지급하라.

4. 피고 강현수는 원고에게 155,000,000원 및 이에 대한 2024. 7. 1.부터 이 사건 소장 부본 송달일까지는 연 6%의, 그 다음 날부터 다 갚는 날까지는 연 12%의 각 비율로 계산한 돈을 지급하라.

5. 소송비용은 피고들이 부담한다.

6. 제3, 4항은 각 가집행할 수 있다.

라는 판결을 구합니다.

---

[1] 2024. 3. 4. 이후 소 제기일까지의 날짜를 기재하였다면 모두 옳은 청구취지가 됩니다.

청 구 원 인

1. 유금리 토지 관련하여

가. 피고 오우석에 대한 청구

1) 점유취득시효 완성을 원인으로 한 소유권이전등기청구

가) 오우석 토지에 대한 20년의 점유

박인천은 1975. 1. 2. 별지 목록 제1항 기재 부동산(이하 '유금리 토지'라 합니다)에 관하여 1975. 1. 1. 매매를 원인으로 한 소유권이전등기를 마쳤습니다. 박인천은 1975. 11.경 유금리 토지 지상 미등기 건물(이하 '유금리 건물'이라 합니다)을 신축하고, 유금리 토지를 유금리 건물의 부지로 이용하였습니다. 박인천은 1987. 5. 사망하였고, 박인천의 유일한 상속인인 박민호는 상속등기를 마친 후 2023. 9. 1. 유금리 토지를 피고 오우석에게 매도하였으며, 같은 날 매매를 원인으로 피고 오우석 명의의 소유권이전등기를 마쳐 주었는바, 유금리 토지의 현재 소유자인 오우석입니다.

박철수는 1982. 1. 31. 박인천으로부터, 박만수는 2004. 3. 4. 박철수로부터, 원고의 아버지인 박종범은 2014. 1. 1. 박만수로부터 각 유금리 토지 및 유금리 건물을 매수하고, 위 각 일자로부터 유금리 토지를 계속 점유하여 왔습니다. 박만수, 박종범은 2004. 3. 4.부터 20년 이상 유금리 토지를 계속하여 점유하여 왔고, 소유의 의사로 선의 및 평온, 공연하게 유금리 토지를 점유한 것으로 추정되므로, 박종범은 2024. 3. 4. 유금리 토지를 시효취득하였습니다.

나) 박종범의 사망 및 소유권이전등기청구권의 양도

원고의 어머니인 김미란은 2024. 3. 20., 원고의 아버지인 박종범은 2024. 5. 20. 차례로 사망하였고, 박종범의 사망 당시 상속인으로는 원고와 원고의 동생인 박정도, 박정민이 있었습니다. 박종범의 사망으로 원고, 박정도, 박정민이 유금리 토지에 관한 점유취득시효 완성을 원인으로 한 소유권이전등기청구권을 각 1/3 지분씩 상속하였고, 박정도, 박정민은 2024. 6. 6. 원고에게 유금리 토지에 관한 점유취득시효 완성을 원인으로 한 소유권이전등기청구권을 양도하였으며, 채권양도 통지가 2024. 6. 9. 피고 오우석에게 도달하였습니다. 그렇다면, 취득시효 완성 당시 소유자인 피고 오우석은 특별한 사정이 없는 한 원고에게 유금리 토지에 관하여 2024. 3. 4. 취득시효 완성을 원인으로 한 소유권이전등기절차를 이행할 의무가 있습니다.

2) 피고 오우석의 예상되는 항변

가) 응소로 인한 시효중단

피고 오우석은, 박종범이 유금리 토지에 관한 취득시효 완성 전인 2022. 7.경 유금리 토지에 관하여 매매를 원인으로 한 소유권이전등기절차의 이행을 구하는 소를 제기하였고, 박민호가 매매사실을 다투며 응소하여 박종범의 청구가 기각되었으므로, 이러한 응소로 인하여 점유취득시효가 중단되었다고 주장합니다.

그런데, 점유자가 소유자를 상대로 소유권이전등기 청구소송을 제기하면서 그 청구원인으로 '취득시효 완성'이 아닌 '매매'를 주장함에 대하여, 소유자가 이에 응소하여 원고 청구기각의 판결을 구하면서 원고의 주장 사실을 부인하는 경우에는, 이는 원고 주장의 매매 사실을 부인하여 원고에게 그 매매로 인한 소유권이전등기청구권이 없음을 주장함에 불과한 것이고 소유자가 자신의 소유권을 적극적으로 주장한 것이라 볼 수 없으므로 이를 시효중단사유의 하나인 재판상의 청구에 해당한다고 볼 수 없습니다.

또한, 피고 오우석이 위 소송에 응소하면서 자신의 소유권을 적극적으로 주장하였음을 인정할 수 있는 아무런 증거가 없습니다.

따라서, 피고 오우석의 항변은 타당하지 않습니다.

나) 점유 시점의 임의 선택 불가

피고 오우석은, 2023. 9. 1. 박민호로부터 유금리 토지를 매수하였는데, 원고가 주장하는 점유기간 중 유금리 토지의 소유자가 변동되었으므로, 원고는 전 점유자 중 일부만을 임의로 선택할 수 없다고 주장합니다.

그런데, 점유가 순차 승계된 경우에 있어서는 취득시효의 완성을 주장하는 자는 자기의 점유만을 주장하거나 또는 자기의 점유와 전 점유자의 점유를 아울러 주장할 수 있는 선택권이 있는 것이고, 전 점유자의 점유를 아울러 주장하는 경우에도 어느 단계의 점유자의 점유까지를 아울러 주장할 것인가도 이를 주장하는 사람에게 선택권이 있고, 다만 전 점유자의 점유를 아울러 주장하는 경우에도 그 점유의 개시 시기를 어느 점유자의 점유기간 중의 임의의 시점을 선택할 수 없습니다.

그렇다면, 원고로서는 박철수, 박만수, 박종범의 점유를 모두 주장할 수도 있으나, 원고의 선택에 따라 박만수, 박종범의 점유만을 선택적으로 주장할 수도 있습니다.

따라서, 피고 오우석의 항변은 타당하지 않습니다.

다) 타주점유 전환

피고 오우석은, 박종범이 박민호를 상대로 소유권이전등기청구소송을 제기하였다가 패소한 이후 박종범의 점유는 타주점유로 전환되었고, 또한 박철수, 박만수, 박종범 등이 유금리 토지를 매수할 당시 등기명의인이 별도로 존재하였으므로 점유자들의 자주점유 추정 역시 복멸 되었다고 주장합니다.

그런데, 점유자가 스스로 매매와 같은 자주점유의 권원을 주장하였는데, 이것이 인정되지 않는다는 사유만으로는 자주점유의 추정이 깨진다고 볼 수는 없고, 또한 매수한 토지가 타인 소유여서 매수인이 곧바로 그 소유권을 취득하지 못하고 등기를 수반하지 않은 채 점유한 것이라 하더라도 매도인에게 처분 권한이 없다는 것을 잘 알면서 매수하였다는 등의 특별한 사정이 없는 한 매수인의 점유를 타주점유라고 할 수 없습니다.

따라서, 피고 오우석의 항변은 타당하지 않습니다.

라) 소유권이전등기청구권 양도 제한

피고 오우석은, 부동산의 소유권이전등기청구권은 그 권리의 성질상 양도가 제한되고 그 양도에 채무자의 승낙이나 동의를 요하므로 통상의 채권양도와 달리 양도인의 채무자에 대한 통지만으로는 채무자에 대한 대항력이 생기지 않으며 반드시 채무자의 동의나 승낙을 받아야 대항력이 생긴다고 주장합니다.

그런데, 취득시효 완성으로 인한 소유권이전등기청구권은 채권자와 채무자 사이에 아무런 계약관계나 신뢰관계가 없고, 그에 따라 채권자가 채무자에게 반대급부로 부담하여야 하는 의무도 없는바, 취득시효 완성으로 인한 소유권이전등기청구권의 양도의 경우에는 매매로 인한 소유권이전등기청구권에 관한 양도 제한의 법리가 적용되지 않습니다.

따라서, 피고 오우석의 항변은 타당하지 않습니다.

다. 소결

이에, 피고 오우석은 원고에게 유금리 토지에 관하여 2024. 3. 4. 취득시효 완성을 원인으로 한 소유권이전등기절차를 이행할 의무가 있습니다.

2. 청담동 상가 관련하여

가. 피고 김승환에 대한 청구

1) 사해행위취소 및 가액배상청구

가) 피보전채권의 존재

원고는 2022. 2. 23. 김지수에게 2억 5,000만 원을 변제기 2022. 9. 22. 이자 월 1%로 정하여 대여하였습니다.

나) 사해행위 및 사해의사

김지수는 원고에게 대여금을 전혀 변제하지 않다가 2022. 10. 5. 피고 김승환에게 별지 목록 제2항 기재 부동산(이하 '청담동 상가'라 합니다)을 4억 5,000만 원에 매도하였고, 같은 날 위 매매계약(이하 '이 사건 매매계약'이라 합니다)을 원인으로 하는 소유권이전등기를 마쳐주었습니다. 이 사건 매매계약 당시 김지수는 시가 5억 원 상당의 청담동 상가 이외에 다른 적극재산은 없었던 것으로 보이고, 원고에 대한 채무 2억 5,000만 원 이상, 박교창에 대한 채무, 하남은행에 대한 채무 4억 원, 오광현에 대한 가압류채무 5,000만 원 등의 채무가 있어 채무초과상태에 있었습니다.

이와 같이 김지수가 채무초과상태에서 자신의 유일한 재산인 청담동 상가를 피고 김승환에게 매도하고 소유권이전등기를 마쳐준 것은 특별한 사정이 없는 한 사해행위에 해당하고, 김지수의 사해의사도 추정되며, 수익자인 피고 김승환의 악의 역시 추정되는바, 김지수와 피고 김승환 사이의 이 사건 매매계약은 사해행위로서 취소되어야 합니다.

다) 취소의 범위와 가액배상청구

피고 김승환은 2023. 3. 1. 사해행위 사실을 알지 못한 주식회사 신만은행(이하 '신만은행'이라 합니다)으로부터 1억 7,000만 원을 대출받으며, 청담동 상가에 관하여 주식회사 신만은행에 같은 날 채권최고액을 2억 원으로 하는 근저당권설정등기를 마쳐주었습니다.

위와 같이 사해행위 후 선의의 제3자인 신만은행이 근저당권을 취득한 이상 신만은행은 그 명의 등기를 말소할 실체법적 의무가 없고, 피고 김승환 명의의 소유권이전등기 말소를 승낙할 의무도 없으며, 위와 같이 신만은행이 소유권이전등기의 말소를 승낙하지 아니하는 한 피고 김승환 명의의 등기말소는 불가능하므로(부동산등기법 제57조 제1항) 결국 원상회복은 가액배상의 방법에 의하여야 합니다.[2]

채권자가 채권자취소권을 행사할 때에는 원칙적으로 자신의 채권액을 초과하여 취소권을 행사할 수 없고, 사해행위의 취소 및 가액배상은 취소채권자의 피보전채권액과 사해행위 목적물이 가지는 공동담보가액을 비교하여 그 중 적은 금액을 한도로 이루어져야 합니다.

그런데, 저당권이 설정되어 있는 부동산에 관하여 사해행위가 이루어진 경우 그 사해행위는 부동산의 가액에서 저당권의 피담보채권액을 공제한 잔액의 범위 내에서만 성립한다고 보아야 하는데, 그 부동산 가액의 산정은 사실심 변론종결 시를 기준으로 하여야 합니다.

그렇다면, 김지수는 사해행위 이전인 2021. 12. 10. 주식회사 하남은행(이하 '하남은행'이라 합니다) 으로부터 3억 5,000만 원을 대출받고, 청담동 상가에 관하여 같은 날 하남은행 명의로 채권최고액 4억 원으로 정한 근저당권설정등기를 마쳐주었으며, 현재 위 근저당권의 피담보채권액이 채권최고액인 4억 원을 초과하는 상황입니다.

따라서 청담동 상가 중 일반채권자들의 공동담보에 해당하는 부분은 청담동 상가의 현재 시가[3] 6억 원에서 청담동 상가에 설정되어 있는 하남은행 명의의 근저당권 채권최고액 4억 원을 공제한 2억 원인바, 원고의 김지수에 대한 채권액은 현재 2억 5,000만 원을 초과하므로 사해행위 취소 및 가액배상 금액은 공동담보가액 2억 원과 원고의 피보전채권액 중 적은 금액인 2억 원이 됩니다.

2) 피고 김승환의 예상되는 항변

가) 소의 이익이 없어 부적법

피고 김승환은, 김지수의 다른 채권자인 박교창이 사해행위취소소송을 제기하여 이미 승소 확정 판결을 받았으므로, 권리보호의 이익이 없어 이 사건 소는 각하되어야 한다는 취지로 본안 전 항변을 하고 있습니다.

그런데, 어느 한 채권자가 동일한 사해행위에 관하여 채권자취소 및 원상회복청구를 하여 승소 판결을 받아 그 판결이 확정되었다는 것만으로 그 후에 제기된 다른 채권자의 동일한 청구가 권리보호의 이익이 없어지게 되는 것은 아니고, 그에 기하여 재산이나 가액의 회복을 마친 경우에 비로소 다른 채권자의 채권자취소 및 원상회복청구는 그와 중첩되는 범위 내에서 권리보호의 이익이 없게

---

[2] 채권자는 원상회복으로 수익자를 상대로 채무자 앞으로 수익자 명의 등기 말소를 구하는 대신, 채무자 앞으로 직접 진정명의회복을 원인으로 한 소유권이전등기절차 이행을 구할 수도 있다. 그러나 이 사안에서 진정명의회복을 원인으로 한 소유권이전등기를 구한다면, 사해행위 후 청담동 상가에 관하여 설정된 신만은행 명의의 근저당권설정등기가 유효한 상태로 등기 명의가 이전되어, 책임재산 확보의 측면에서 이는 가액배상보다 원고에게 더 불리하므로 원고에게 더 유리한 해결을 위해서는 진정명의회복이 아니라 가액배상을 구하여야 합니다. 한편 원상회복의무의 이행으로 가액배상을 명하는 이상, 오광현에 대한 변제금의 지급과 김지수에 대한 등기이전이 동시이행 관계에 있다는 피고 김승환의 주장에 대해서는 추가적으로 판단할 필요가 없습니다.

[3] 부동산의 가액 산정은 사실심 변론종결 시를 기준으로 하여야 하므로, 변론종결 시에 가장 가까운 소장 작성일 당시 현재 시가를 기준으로 합니다.

되는 것이므로, 박교창의 승소 후 현재까지 재산이나 가액이 회복되었다고 볼 수 없는 이상 피고 김승환의 본안 전 항변은 이유 없습니다.

또한, 박교창이 받은 사해행위취소 및 원상회복판결의 기판력은 원고에게 미치지 않습니다.

따라서, 피고 김승환의 항변은 타당하지 않습니다.

나) 채권자별로 채권액에 안분 비례하여 가액반환

피고 김승환은, 가액배상의 범위는 김지수의 모든 채권자에 대한 전체 채권액 중 원고의 채권이 차지하는 비율로 제한되어야 한다는 취지의 주장을 합니다.

그런데, 여러 명의 채권자가 사해행위취소 및 원상회복청구의 소를 제기하여 수익자 또는 전득자가 가액배상을 하여야 할 경우에는 수익자 등이 반환하여야 할 가액을 채권자의 채권액에 비례하여 채권자별로 안분한 범위 내에서 반환을 명할 것이 아니라, 수익자 등이 반환하여야 할 가액 범위 내에서 각 채권자의 피보전채권액 전액의 반환을 명하여야 하는 것이므로, 이러한 주장 역시 이유 없습니다.

따라서, 피고 김승환의 항변은 타당하지 않습니다.

다) 신만은행의 근저당권 채권최고액이 가액배상액에서 공제

피고 김승환은, 신만은행의 근저당권 채권최고액 2억 원이 가액배상에서 공제되어야 한다고 주장합니다.

그런데, 가액배상에 있어서는 일반 채권자들의 공동담보로 되어 있어 사해행위가 성립하는 범위 내의 가액의 배상을 명하여야 하는 것이므로, 사해행위 후 그 목적물에 관하여 선의의 제3자가 저당권을 취득하였음을 이유로 가액배상을 명하는 경우에는 사해행위 당시 일반 채권자들의 공동담보로 되어 있었던 부동산 가액 전부의 배상을 명하여야 할 것이고, 그 가액에서 제3자가 취득한 저당권의 채권최고액을 공제할 것은 아닙니다.

따라서, 피고 김승환의 항변은 타당하지 않습니다.

라) 가압류채권액이 가액배상액에서 공제

피고 김승환은, 자신이 오광현에게 변제한 가압류채권액 5,000만 원이 가액배상에서 공제되어야 한다는 주장을 합니다.

그런데, 사해행위 당시 어느 부동산이 가압류되어 있다는 사정은 채권자 평등의 원칙상 채권자의 공동담보로서 그 부동산의 가치에 아무런 영향을 미치지 아니하므로, 사해행위 후 수익자가 가압류청구채권을 변제하여 그 가압류를 해제시켰다 하더라도 법원이 사해행위를 취소하면서 가액배상을 명하여야 하는 경우에 그 변제액을 공제할 것은 아닌바, 피고 김승환이 가압류권자인 오광현에게 변제한 5,000만 원을 가액배상에서 고려할 필요는 없습니다.

따라서, 피고 김승환의 항변은 타당하지 않습니다.

3) 소결

이에, 김지수와 피고 김승환 사이에 체결된 이 사건 매매계약은 2억 원의 한도 내에서 사해행위로 취소되어야 하고, 그에 따른 원상회복으로서 피고 김승환은 원고에게 2억 원 및 이에 대하여 이 판결확정일 다음 날부터 다 갚는 날까지 민법이 정한 연 5%의 비율로 계산한 지연손해금을 지급할 의무가 있습니다.

3. 추심금 관련하여

가. 피고 추자욱에 대한 청구

1) 추심금 청구

가) 추심채권의 존재

피고 추자욱은 2020. 10. 15. 아이에스티건설 주식회사(이하 '아이에스티건설'이라 합니다)와 사이에 서울 서초구 서초동 777 소재 건물 증축공사에 관하여 총 공사대금 2억 원으로 하는 공사계약(이하 '이 사건 공사계약'이라 합니다)을 체결하면서, 잔금 1억 5,000만 원은 위 공사 완공시 지급하기로 약정하였습니다. 아이에스티건설은 2021. 6. 15. 이 사건 공사계약에 따른 공사를 완료하였는데, 피고 추자욱은 공사대금 중 잔금 1억 5,000만 원을 지급하지 않고 있습니다.

나) 추심명령 및 제3채무자에 대한 송달

원고는 집행력 있는 금전소비대차계약공정증서(공증인가 하늘합동법률사무소 증서 2020년 제123호)에 기초하여 2024. 7. 17. 아이에스티건설의 추자욱에 대한 위 공사대금 잔금채권 및 이에 대한 지연손해금 채권에 관하여 서울중앙지방법원 2024타채1154호로 청구금액 2억 원으로 하는 채권압류 및 추심명령을 받았으며, 위 결정정본은 2024. 7. 22. 제3채무자 추자욱에게 송달되었는바, 피고 추자욱은 특별한 사정이 없는 한 원고에게 위 추심금 및 이에 대한 지연손해금을 지급할 의무가 있습니다.

2) 피고 추자욱의 예상되는 항변

가) 원고의 추심채권에 대한 압류 및 추심명령

피고 추자욱은, 원고의 채권자 유성근이 원고의 피고 추자욱에 대한 추심채권 중 5,000만 원에 대하여 압류 및 추심명령을 받았으므로, 위 부분에 대한 소는 원고의 당사자적격이 없어 부적법하다는 본안전 항변을 합니다.

그런데, 금전채권에 대한 압류 및 추심명령이 있었다고 하더라도 이는 강제집행절차에서 압류채권자에게 채무자의 제3채무자에 대한 채권을 추심할 권능만을 부여하는 것으로서 강제집행절차상의 환가처분의 실현행위에 지나지 아니한 것이며, 이로 인하여 채무자가 제3채무자에 대하여 가지는 채권이 압류채권자에게 이전되거나 귀속되는 것이 아니므로, 이와 같은 추심권능은 그 자체로서 독립적으로 처분하여 환가할 수 있는 것이 아니어서 압류할 수 없는 성질의 것이고, 이에 대한 유성근의 압류 및 추심명령은 무효이며 원고의 추심권 행사에 아무런 영향을 미칠 수 없습니다.

따라서, 피고 추자욱의 항변은 타당하지 않습니다.

나) 공사대금채권(피압류채권)의 소멸시효 완성 주장 1

피고 추자욱은, 아이에스티건설의 추자욱에 대한 공사대금채권은 민법 제163조 제3호의 공사에 관한 채권으로서 그 소멸시효가 3년에 해당하므로, 위 채권은 공사완료일인 2021. 6. 15.로부터 3년이 경과한 2024. 6. 15. 소멸시효 완성으로 소멸하였다고 주장됩니다.

그런데, 채무자인 아이에스티건설이 소멸시효 완성 전인 2024. 1. 31. 1억 5,000만 원 공사대금 채권 전체를 피보전권리로 하여 서울중앙지방법원 2024카단10071호로 추자욱이 제3채무자인 신만은행에 대하여 가지는 현재 예치된 예금 및 장래 입금될 예금을 포함한 예금채권에 대한 가압류결정을 받았고, 그 가압류결정이 2024. 2. 5. 제3채무자인 신만은행에 송달되었으므로, 위 공사대금채권의 소멸시효는 중단되었습니다.

따라서, 피고 추자욱의 항변은 타당하지 않습니다.

다) 공사대금채권(피압류채권)의 소멸시효 완성 주장 2

피고 추자욱은, 위 가압류결정이 송달될 당시 자신은 신만은행에 대하여 예금계좌를 가지고 있지 않아 실제 집행이 되지 못하였고, 그로부터 6개월 내 소제기도 없어 소멸시효 중단의 효력이 없다고 주장합니다.

그런데 채권자가 채무자의 제3채무자에 대한 채권을 가압류할 당시 그 피압류채권이 부존재하는 경우에도 집행채권에 대한 권리행사로 볼 수 있어 특별한 사정이 없는 한 가압류집행으로써 그 집행채권의 소멸시효는 중단됩니다. 다만, 가압류결정 정본이 제3채무자에게 송달될 당시 피압류채권 발생의 기초가 되는 법률관계가 없어 가압류의 대상이 되는 피압류채권이 존재하지 않는 경우에는 가압류의 집행보전 효력이 없으므로, 특별한 사정이 없는 한 가압류결정의 송달로써 개시된 집행 절차는 곧바로 종료되고, 이로써 시효중단사유도 종료되어 집행채권의 소멸시효는 그때부터 새로이 진행합니다.

그렇다면, 아이에스티건설이 그 공사대금채권을 피보전권리로 하여 피고 추자욱의 예금채권에 대하여 한 가압류집행으로써 그 집행채권인 공사대금채권의 소멸시효가 중단되었고 그때부터 새로이 소멸시효가 진행되며, 채무자가 권리주체의 지위에서 한 시효중단의 효력은 집행법원의 수권에 따라 피압류채권에 대한 추심권능을 부여받아 일종의 추심기관으로서 그 채권을 추심하는 추심채권자에게도 미치므로, 원고가 위 시효중단일인 2024. 2. 5.로부터 3년이 경과하기 전인 2024. 10. 21. 이 사건 소를 제기하고 있는 이상 피압류채권의 소멸시효는 완성되지 않았습니다.

따라서, 피고 추자욱의 항변은 타당하지 않습니다.

3) 소결

이에, 피고 추자욱은 원고에게 1억 5,000만 원 및 이에 대하여 공사완료일 다음날인 2021. 6. 16.부터 이 사건 소장 부본 송달일까지는 상법이 정한 연 6%의, 그 다음 날부터 다 갚는 날까지는 소송촉진 등에 관한 특례법이 정한 연 12%의 각 비율로 계산한 지연손해금을 지급할 의무가 있습니다.

4. 임대차 보증금 관련하여

가. 피고 강현수에 대한 청구

1) 임대차 보증금 반환 대위 청구

가) 임대차 계약체결 및 임대차 보증금 지급

김현종, 하재균은 2020. 7. 1. 정의지로부터 서울 마포구 동교로 330 지상 철근콘크리트구조 콘크리트지붕 단층 근린생활시설 150㎡(이하 '마포구 건물'라고 합니다)을 임대차보증금 3억 원, 차임 월 300만 원(매월 말일 지급), 기간 2020. 7. 1.부터 2024. 6. 30.까지 4년으로 정하여 임차하면서(이하 '이 사건 임대차계약'이라고 합니다), 위 임대차계약에 따른 권리와 의무를 공동으로 부담하기로 약정하였고, 같은 날 정의지에게 임대차보증금을 전부 지급하였습니다.

나) 임대차 기간만료로 인한 종료

김현종과 하재균은, 하재균이 마포구 건물에서 '비오레스토랑'이라는 상호로 식당(이하 '이 사건 식당'이라 합니다)을 운영하기로 하였고, 하재균은 2020. 7. 1. 마포구 건물을 정의지로부터 인도받은 뒤 2020. 7. 10. 사업자등록을 마쳤는바, 이로써 김현종과 하재균은 상가건물 임대차보호법 제3조 제1항에 의한 대항력을 취득하였습니다.

한편 피고 강현수는 2021. 4. 15. 정의지로부터 마포구 건물을 매수하고, 2021. 5. 1. 소유권이전등기를 마침으로써 동법 제3조 제2항에 의하여 임대인 지위를 승계하였습니다. 이 사건 임대차계약은 2024. 6. 30. 기간만료로 종료되었고, 하재균은 같은 날 마포구 건물을 피고 강현수에게 인도하였습니다.

그렇다면, 공동임차인으로서 임대차계약을 체결하면서 임대차계약에 따른 권리의무를 공동으로 부담하겠다고 약정한 경우 공동임차인의 임대차보증금 반환채권은 불가분채권으로 볼 것이므로, 각 채권자는 채무자에 대하여 전부의 이행을 청구할 수 있고(민법 제409조), 이에 따라 피고 강현수는 특별한 사정이 없는 한 김현종에게 임대차보증금 전액 및 이에 대한 지연손해금을 지급할 의무가 있습니다.

다) 원고 대위 청구

유니콘 주식회사(이하 '유니콘'이라 합니다)는 2022. 7. 9. 주식회사 신화(이하 '신화'라 합니다)에 포키몬 장난감(모델번호 : Ke022) 5,000세트를 5억 원에 매도하되, 계약금 5,000만 원은 계약 당일, 중도금 1억 원은 2022. 9. 9., 잔금 3억 5,000만 원은 2022. 11. 9.까지 지급받기로 약정하였고, 2022. 9. 9. 신화에 장난감을 모두 인도하였으며, 위 계약 당시 김현종은 신화의 유니콘에 대한 물품대금 채무를 기명날인 있는 서면으로 연대보증하였습니다. 그러나 신화는 유니콘에 계약금 및 중도금만을 지급하였을 뿐, 물품대금 잔대금 3억 5,000만 원을 지급하지 않았습니다. 이에 유니콘은 신화 및 김현종에 대하여 물품대금 잔대금 3억 5,000만 원 및 이에 대한 잔금지급기일 다음 날인 2022. 11. 10.부터 발생한 지연손해금 채권을 가지게 되었습니다.

유니콘은 2023. 6. 5. 원고에게 위 물품대금 및 지연손해금 채권 일체를 양도하였고, 같은 날 신화에게 채권양도 통지를 하여 그 통지가 2023. 6. 10. 도달하였으며, 이로써 보증인 피고 김현종에 대한 채권도 원고에게 함께 양도되었습니다.

김현종이 가진 재산은 피고 강현수에 대한 임대차 보증금 반환 채권이 유일한 반면, 채무는 원고에 대한 3억 5,000만 원의 양수금에 대한 연대보증 채무가 있는바, 김현종은 무자력 상태에 있으므로, 원고는 김현종에 대한 양수금 채권을 보전하기 위하여 김현종의 피고 강현수에 대한 임대차보증금반환 채권을 대위 행사할 보전의 필요성이 인정되는바, 원고는 김현종을 대위하여 임대차 보증금 및 이에 대한 지연손해금을 지급을 구합니다.

2) 피고 강현수의 예상되는 항변

가) 피보전채권의 부존재

피고 강현수는, 유니콘은 신화에 대한 물품대금 잔대금 채권을 원고에게 양도하였을 뿐, 김현종에 대한 보증채권은 따로 양도한 바가 없고, 설령 보증채권 역시 양도된 것으로 보더라도 보증인인 김현종에게는 채권양도통지를 하지 아니하여 채권양도로써 김현종에게 대항할 수 없으므로, 원고가 김현종을 대위하여 임대차보증금반환을 구하는 이 사건 소는 피보전채권이 없어 부적법하다는 본안전 항변을 합니다.

그런데, 보증채무는 주채무에 대한 부종성 또는 수반성이 있어서 주채무자에 대한 채권이 이전되면 당사자 사이에 별도의 특약이 없는 한 보증인에 대한 채권도 함께 이전하고, 이 경우 채권양도의 대항요건도 주채권의 이전에 관하여 구비하면 족하며, 별도로 보증채권에 관하여 대항요건을 갖출 필요는 없습니다.

따라서, 피고 강현수의 항변은 이유가 없습니다.

나) 김현종이 대항력 있는 임차인이 아님

피고 강현수는, 김현종이 마포구 건물에 대한 사업자등록을 마치지 않은 이상 상가건물 임대차보호법상 대항력을 취득할 수 없으므로, 피고 강현수가 마포구 건물을 양수하였더라도 김현종에 대한 관계에서는 정의지의 임대인 지위를 승계하지 않는다고 주장합니다.

그런데, 주택의 공동임차인 중 1인이라도 주임법 제3조 제1항에서 정한 대항력 요건을 갖추게 되면, 그 대항력은 임대차 전체에 미치므로, 임차 건물이 양도되는 경우 특별한 사정이 없는 한 공동임차인에 대한 보증금반환채무 전부가 임대인 지위를 승계한 양수인에게 이전되며, 위 법리는 상가건물에도 마찬가지로 적용되는바, 김현종도 대항력을 갖춘 임차인에 해당하므로 피고 강현수는 김현종에게 임대차 보증금을 반환할 의무가 있습니다.

따라서, 피고 강현수의 항변은 이유가 없습니다.

다) 분할채권

피고 강현수는 이 사건 임대차계약상 임차인은 김현종, 하재균이므로 공동임차인인 김현종은 임대차 보증금 중 1/2 지분만을 구할 수 있다고 주장합니다.

그런데, 이 사건 임대차보증금 반환채권은 불가분채권이므로, 각 채권자는 민법 제409조에 근거하여 모든 채권자를 위하여 이행을 청구할 수 있고 채무자는 모든 채권자를 위하여 각 채권자에게 이행할 수 있습니다.

따라서, 피고 강현수의 항변은 이유가 없습니다.

라) 연체차임의 공제 및 공제 합의, 임대차 보증금 일부 변제

피고 강현수는 임대차계약을 합의 해지하면서, 하재균의 이 사건 식당 운영상 채무 중 유하식품 주식회사(이하 '유하식품'이라 한다)에 대한 채무 1억 원을 피고 강현수가 인수하고, 연체차임 1억 2,000만 원과 피고 강현수가 하재균에게 대여해 준 대여 원리금 5,500만 원 합계 2억 7,500만 원을 임대차 보증금 3억 원에서 공제하기로 합의하고 남은 2,500만 원을 하재균에게 변제하였으므로, 이로써 임대차 보증금이 모두 소멸하였다고 주장합니다.

그런데, 김현종, 하재균은 2021. 3. 1.부터 2021. 4. 30.까지는 정의지에게, 피고 강현수가 마포구 건물의 소유권을 취득한 2021. 5. 1.부터 이 사건 임대차계약이 종료된 2024. 6. 30.까지는 피고 강현수에게 차임 총 1억 2,000만 원(= 300만 원 × 40개월)을 미지급하였습니다. 이는 민법 제495조가 유추적용되고, 임차 건물의 양수인이 건물 소유권을 취득한 후 임대차 관계가 종료되어 임차인에게 임대차 보증금을 반환해야 하는 경우에 임대인의 지위를 승계하기 전까지 발생한 연체차임도 임대차 보증금에서 당연히 공제되어야 하는바, 임대차계약 종료일까지의 연체차임 1억 2,000만 원은 피고 강현수가 반환하여야 할 임대차 보증금에서 공제되어야 합니다.

또한, 피고 강현수가 채권자 중 1인인 하재균에 대하여 한 2,500만 원의 보증금 일부 변제는 민법 제409조에 따라 김현종에 대하여도 효력이 있으므로, 피고 강현수의 이 부분 주장은 반영합니다.

다만, 이 사건 임대차계약과 직접적인 관련이 없는 이 사건 식당 운영에 관한 채무인 하재균의 유하식품에 대한 채무 1억 원, 피고 강현수에 대한 차용금 채무 5,500만 원은 이 사건 임대차계약의 공동임차인 하재균, 김현종과 피고 강현수 사이에서 별도의 합의가 없는 한 이 사건 임대차보증금으로 담보되는 것으로 보기 어렵습니다. 그런데 불가분채권자의 1인인 하재균이 다른 불가분채권자인 김현종의 관여 없이 혼자서 피고 강현수와 위와 같은 채무를 이 사건 임대차보증금에서 공제하기로 합의한 것이므로 그 효력이 김현종에게 미치지 않습니다. 만약, 하재균이 김현종으로부터 공제합의와 관련한 대리권을 수여받았다면, 이 사건 공제합의의 효력이 김현종에게도 미칠 수 있을 것이나, 그러한 사정이 없습니다.

따라서, 피고 강현수의 항변은 일부 고려합니다.

마) 압류 및 전부 명령의 효력

피고 강현수는 하재균의 채권자 이수빈의 채권압류 및 전부명령에 의하여 임대차 보증금 반환채권 중 1억 1,500만 원이 이수빈에게 2024. 8. 5. 이전되었으므로, 이 사건 임대차 보증금 반환채권은 전부금액을 제외한 나머지 금액만 남게 되었다고 주장합니다.

그런데, 수인의 채권자에게 금전채권이 불가분적으로 귀속되는 경우에, 불가분채권자들 중 1인을 집행채무자로 한 압류 및 전부명령이 이루어지면 그 불가분채권자의 채권은 전부채권자에게 이전되지만, 그 압류 및 전부명령은 집행채무자가 아닌 다른 불가분채권자에게 효력이 없으므로, 다른 불가분채권자의 채권의 귀속에 변경이 생기는 것은 아닙니다.

즉, 다른 불가분채권자는 모든 채권자를 위하여 채무자에게 불가분채권 전부의 이행을 청구할 수 있고, 이러한 법리는 불가분채권의 목적이 금전채권인 경우 그 일부에 대하여만 압류 및 전부명령이 이루어진 경우에도 마찬가지이므로, 위 채권압류 및 전부명령은 하재균이 아닌 김현종에게는 효력이 없습니다.

따라서, 피고 강현수의 항변은 이유가 없습니다.

3) 소결

이에, 피고 강현수는 김현종을 대위하는 원고에게 공제 내지 변제 후 남은 임대차보증금 1억 5,500만 원(= 임대차 보증금 3억 원 - 연체차임 1억 2,000만 원 - 변제금 2,500만 원) 및 이에 대한 마포구 건물의 인도일 다음 날인 2024. 7. 1.부터 이 사건 소장 부본 송달일까지는 상법이 정한 연 6%[4]의, 그 다음 날부터 다 갚는 날까지는 소송촉진 등에 관한 특례법이 정한 연 12%의 각 비율로 계산한 지연손해금을 지급할 의무가 있습니다.

5. 결어

이상과 같은 이유로 원고는 청구취지와 같은 판결을 구합니다.

2024. 10. 21.

원고 소송대리인
변호사 나변호

서울중앙지방법원 귀중

---

[4] 김현수는 상행위에 해당하는 음식점 운영을 위하여 이 사건 임대차계약을 체결하였고, 이 사건 임대차계약의 체결은 상법 제47조 제1항의 보조적 상행위에 해당하므로, 당사자 일방에 대하여만 상행위가 되는 행위로 인한 채권도 상사법정이율이 적용되는바(대법원 2000. 10. 27. 선고 99다10189 판결 등 참조), 상사법정이율 6%가 됩니다.

지은이 **이관형** 변호사(辯護士), 법학박사(法學博士)

[학력]
- 인천 세일고 졸업
- 성균관대 법학과 졸업
- 경북대 법학전문대학원 졸업
- 성균관대 일반대학원 법학과 졸업(Ph. D - 조세법)

[경력]
- 제7회 변호사시험 합격, 법무법인 세지원 구성원 변호사
- 베리타스 법학원 민사법 전임강사
- 강남대학교 정경학부 세무학과 겸임교수(兼任敎授)
- 한국조세법학회 우수 박사학위 논문상 수상
- 대법원 국선변호인
- 인천광역시 환경분쟁조정위원
- 인천광역시 부평구청 법률고문·재건축분쟁조정위원·행정자치위원·의정비심의위원

[저술]
- 학위논문 "상속형 신탁 활성화를 위한 상속·증여 세제 개선방안에 관한 연구" - 지도교수 이전오
- 학술논문 "상속형 신탁과 유류분의 관계", 「법학논고」 제79권, 2022. 10. - 윤진수 교수님 著 친족상속법 강의 제5판 참고문헌 기재
- COMPACT 변시기출 연도별 민사법사례연습(학연, 2023)
- COMPACT 변시모의 연도별 민사법사례연습(학연, 2023)
- COMPACT 변시 진도별 환경법사례연습(학연, 2023)
- COMPACT 변시 청구별 민사기록연습(학연, 2023)
- 한 눈에 보는 COMPACT 민사집행법(학연, 2023)
- 한 눈에 보는 COMPACT 어음수표법(학연, 2023)
- 한 눈에 보는 COMPACT 친족상속법(학연, 2023)
- COMPACT 변시 진도별 민법사례연습(학연, 2024)
- COMPACT 변시 진도별 민사소송법사례연습(학연, 2024)
- COMPACT 변시 진도별 상법사례연습(학연, 2024)
- COMPACT 변시 진도별 민법선택연습(기출편)(학연, 2024)
- COMPACT 변시 진도별 민법선택연습(모의편)(학연, 2024)
- COMPACT 변시 진도별 민사소송법선택연습(기출편)(학연, 2024)
- COMPACT 변시 진도별 민사소송법선택연습(모의편)(학연, 2024)
- COMPACT 변시 민법의 感(판례편)(학연, 2024)
- COMPACT 변시 민법의 感(이론편)(학연, 2024)
- COMPACT 변시 민사소송법의 感(이론편/판례편)(학연, 2024)
- COMPACT 변시 환경법의 感(이론과 사례)(학연, 2024)
- COMPACT 변시 진도별 상법선택연습(기출편)(학연, 2024)
- COMPACT 변시 진도별 상법선택연습(모의편)(학연, 2024)
- COMPACT 변시 2024년 6모 민사법(선택사례기록형) 해설(학연, 2024)
- COMPACT 변시 2024년 8모 민사법(선택사례기록형) 해설(학연, 2024)

지은이 **송재광** 변호사(辯護士)

[학력]
- 대구고등학교
- 서울대학교 국사학과(학사),
- 서울대학교 법학전문대학원 졸업(석사)
- 13회 변호사시험 합격

[저술]
- COMPACT 변시 2024년 6모 민사법(선택사례기록형) 해설(학연, 2024)
- COMPACT 변시 2024년 8모 민사법(선택사례기록형) 해설(학연, 2024)

COMPACT 변시 2024년 10모 민사법(선택·사례·기록형) 해설

발 행 일 : 2024년 11월 14일
저　　자 : 이 관 형, 송 재 광
발 행 인 : 이 인 규
발 행 처 : 도서출판 (주)학연
주　　소 : 충청북도 진천군 백곡면 명암길 341
출판등록 : 2012.02.06. 제445-2510020120000013호
www.baracademy.co.kr / e-mail:baracademy@naver.com / Fax : 02-6008-1800

저자와 협의하여 인지를 생략함

정가 : 18,000 원　　　　ISBN: 979-11-94323-03-7(93360)

* 파본은 구입하신 서점에서 바꿔드립니다
* 본 서는 저작권법에 의하여 보호를 받는 저작물이므로 무단 전재와 복제를 금합니다.